이제는 멈춰야 할
대치동

이제는 멈춰야 할 대치동

발행일	2025년 6월 30일

지은이	손성은		
펴낸이	손형국		
펴낸곳	(주)북랩		
편집인	선일영	편집	김현아, 배진용, 김다빈, 김부경
디자인	이현수, 김민하, 임진형, 안유경	제작	박기성, 구성우, 이창영, 배상진
마케팅	김회란, 박진관		
출판등록	2004. 12. 1(제2012-000051호)		
주소	서울특별시 금천구 가산디지털 1로 168, 우림라이온스밸리 B동 B111호, B113~115호		
홈페이지	www.book.co.kr		
전화번호	(02)2026-5777	팩스	(02)3159-9637
ISBN	979-11-7224-680-8 03590 (종이책)		979-11-7224-681-5 05590 (전자책)

잘못된 책은 구입한 곳에서 교환해드립니다.
이 책은 저작권법에 따라 보호받는 저작물이므로 무단 전재와 복제를 금합니다.
이 책은 (주)북랩이 보유한 리코 장비로 인쇄되었습니다.

(주)북랩 성공출판의 파트너

북랩 홈페이지와 패밀리 사이트에서 다양한 출판 솔루션을 만나 보세요!

홈페이지 book.co.kr • **블로그** blog.naver.com/essaybook • **출판문의** text@book.co.kr

---

작가 연락처 문의 ▶ ask.book.co.kr

작가 연락처는 개인정보이므로 북랩에서 알려드릴 수 없습니다.

대한민국 부모와 아이들의 멈출 수 없는 입시 열차 이야기

이제는 멈춰야 할 대치동

손성은 지음

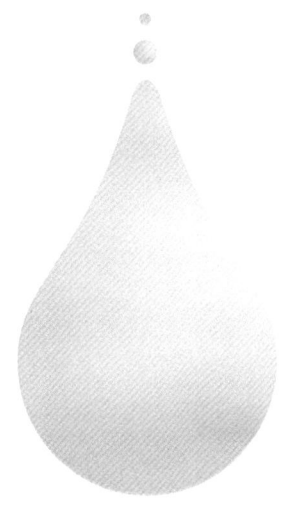

북랩

들어가는 말

대치 맘은 무슨 죄?

개그우먼 이수지 씨가 유튜브 채널에 대치동 제이미맘을 연기해 화제가 되고, 대치동 아이들 교육과 관련된 드라마도 유행하고 있습니다. 엄마도 입고, 아이도 입히는 고가의 패딩, 영어유치원을 보내면서 서로를 소피아맘, 에블린맘으로 부르고, 아이에게 영어와 존댓말을 섞어서 쓰는 교양 있는 말투, 4살짜리가 과자를 세는 걸 보면서 영재적 모멘트를 발견했다며 수학학원을 등록하고, 배변훈련 과외를 예약하고, 장차 수행평가에 반영될 수 있다며 남보다 발 빠르게 제기차기 과외선생님으로 청학동 장인을 모시려 하는 에피소드에 사람들은 웃음을 터트렸습니다. 하지만 현재의 교육 세태를 비슷하게 반영한다는 데에 많은 사람이 공감했을 겁니다.

엄마로서는 이런 때가 한편으로 가장 희망에 부풀고 즐거울 때입니다. 자식을 낳아 기르면서 아이에게 최고의 교육을 시켜주고 싶은 마음, 아이의 성취에 기뻐하는 만족감, 그리고 능력과 부를 자랑하는 즐거움을 이해할 수는 있지요.

멈춰야 할 눈먼 사랑

하지만 그냥 웃고 넘길 문제가 아닙니다. 교육 경쟁이 과열되면서 아이들은 아프고, 부모도 함께 몸과 마음에 병이 들고, 사회도 분열되고 있습니다. 대치동이 교육특구로 상징화되고 부각되어서 그렇지, 전국 어딜 가나 제이미맘과 비슷한 엄마들이 있다며 공감하는 의견들이 많습니다. 그렇습니다. 비단 대치동만의 이야기가 아닙니다. 교육과 관련해서 대한민국 아이들이 처한 상황은 전국 어딜 가나 다르지 않습니다. 부모님과 아이들이 우리나라 교육 현실, 사회 상황의 피해자가 되고 있습니다.

'이제는 멈춰야 할 대치동'이라는 책 제목은 대치동을 폄하하는 것이 아닙니다. 자식을 통한 인간의 욕망이 적나라하게 드러나는 행태를 이야기합니다. 대치동이 없어져도 이러한 부모의 욕망은 다른 식으로 계속 반영될 겁니다. 자발적인 의식의 깨임이 집단지성으로 연결되어 함께 변화하기까지는 말이죠. 멈춰야 하는 건, 부모님들의 눈먼 사랑입니다. 그리고 아이들을 아프게 하는 입시 시스템입니다.

이제는 말해야 한다

대치동 한티역, 학원들이 빽빽한 나무숲처럼 즐비한 이곳에서 20년 넘게 같은 진료실에서 소아청소년 정신건강의학과 의사로 아이들과 부모를 만났습니다. 강남이라 부유하고, 전문직 부모를 둔 가정이 많은 이곳, 오늘도 숱한 사연들이 쏟아집니다. SNS에 올린 행복한 사진이 다가 아닙니다. 어느 집에나 고통의 무게가 있고, 문제가 있습니다. 그런데 엄마들이 호소하는 괴로움의 말들이 마치 녹음기를 틀듯이 비슷할 때가 있습니다. 오랜 기간 대치키드들의 성공 과정과 실패 과정을 관찰하면서, 어쩌면 그렇게 달라지지 않고 똑같은 상황과 고민이 반복되는지 놀라울 정도입니다.

아이들이 건강하고 행복하고, 자기능력을 발휘하고 잘 사는 것, 모든 부모의 바람일 것입니다. 그 바람을 위해 노력을 하지만, 배가 산으로 가는 경우가 너무 많습니다. 부모님들은 아이들이 잘 자라라고 세심하게 보호하면서 영양분을 듬뿍 주었지만 도리어 뿌리가 썩은 나무가 됩니다. 요즘 아이들이 왜 이렇게 슬픈 건지. 자해, 자살이 늘고, 타해, 타살의 가능성까지 있는 아이들이 왜 탄생하게 되는지요? 탈이 안 나면 이상하다 싶을 정도로 교육상황은 가혹합니다.

불행한 아이들과 부모님

아이가 대학을 갈 때까지 아이 학원에 노예가 되어 있는 부모들은 학원비에, 라이드에, 매일 숙제 챙기랴, 아이랑 싸우랴, 마음도 몸도 멍들어갑니다. 학원에 가야 해서 맘 편히 여행도 잘 못 갑니다.

그동안 정신건강의학과 의사로서 부모와 아이들을 위한 책을 다섯 권은 쓴 것 같습니다. 그런데 대치동과 교육에 대해 책을 내자는 제안이 많이 들어왔지만, 응한 적이 없었습니다. 비밀을 털어놓는 아이들과 부모님들의 이야기를 함부로 책이나 글로 풀어서는 안 된다는 생각, 그리고 제가 마음을 다해 돕고 있는 대치동 아이들과 엄마들을 비난 대상으로 만들고 싶지 않았습니다.

그런데 진료 예약이 밀리고, 제가 만날 수 있는 인연이 되는 아이들과 가정도 제한적인데, 해를 거듭할수록 이제는 무언가 말해야 할 필요성이 더 커지는 듯합니다. 너무나 불행한 대한민국의 부모들을 위해, 분열되는 가정을 위해, 그리고 부모가 되기를 망설이는 청년들(출산율이 낮아진다고 걱정이죠.)을 위해 말이죠.

이렇게 고민 많은 부모님들을 위하여, 그리고 괴로운 아이들을 위하여, 제가 진료실에서 해드려 온 이야기들을 나눠볼까 합니다. 어떤 문제들이 있는지, 그리고 그 해결책은 무엇인지 함께 생각해보기로 해요.

지금 행복하면 안 될까요?

잘된 아이들의 소문에 입시열차가 움직이지만, 정작 실패한 엄마들은 말이 없습니다. 누군가는 이제 나서서 이야기해야 합니다. 부모님들이 지혜를 얻고, 더 좋은 선택을 할 수 있도록요.

지금 좀 행복해도 대세에 지장 없습니다. 아니 더 잘 됩니다. 건강하게 성공할 수 있다는 자신감과 그 방법을, 그리고 우리 사회가 함께 잘 살 수 있는 방법들에 대해 같이 고민해 봅시다.

좋은 곳으로 간다는 소문의 열차에 치열한 경쟁을 뚫고 아이 손을 잡고 겨우 탑승했지만, 사실 그 열차가 지옥으로 가는 열차였다면? 이미 열차 안에서부터 아수라장입니다. 그 열차에서 아이는 아프고, 죽은 아이들이 밖으로 던져집니다. 그래도 부모는 아직 내리지 못합니다. 어떻게 하면 잘못된 열차에서 소신껏 안전하게 내릴 수 있을까요? 정말로 제대로 된 열차를 타고, 바깥 풍경을 즐기면서 즐겁게 여행하듯 목적지에 도달할 수는 없을까요? 함께 생각해보고 싶습니다.

지금 여러분이 탄 기차 상황이 어떤가요? 불편하다면 행선지를 확인해볼 필요가 있습니다.

지금 행복한 열차가 행복한 곳으로 갑니다.

2025년 6월
손성은

---

* 이 책의 케이스들은 특정 아이와 가정의 사연이 아닙니다. 이미 알려진 기사와 고민 등을 일반적인 질문 사연과 함께 풀어보았습니다. 그리고 이 책에서는 복잡한 통계나, 어려운 전문용어, 학술적인 인용들을 별로 쓰지 않았습니다. 부모님들이 편하게 읽고 마음이 움직여지고, 행동이 변할 수 있는 실용적인 책이 되었으면 합니다.

* 책 표지에는 눈물방울이 그려져 있습니다. 우리 아이들이 건강하게 눈물을 닦으면서 아름답게 성장하기를 진심으로 바랍니다.

차례

5 들어가는 말

잘못된 열차를 타고 있지는 않나요?
가족 붕괴, 사회 문제

16 우리나라 교육현실, 아이들 정신건강
25 대치동에 가면 성공하나?
32 가정이 파괴되고 있다
41 엄마, 아빠들의 정신건강문제도 심각해요
51 완벽한 부모가 되리라
65 완벽한 아이를 원함
79 사회도 위험해진다

아이들이 위험하다
진료실에서 만나는 아픈 아이들

- 88   몸이 아픈 걸까요? 마음이 아픈 걸까요?
- 97   시험불안에 시달리는 아이들
- 104   이상한 버릇이 생겼어요
- 111   학교에 늦는 아이
- 119   본격적인 등교거부
- 127   우울증에 걸린 아이들
- 137   왜 이렇게 청소년들이 자해를 많이 하죠?
- 149   그놈의 게임을 어떻게 할까요? 중독문제
- 155   모범생도 아파요?
- 163   터져 나오는 사춘기 이후 성 문제들
- 176   참지 못하는 아이들
- 190   사회성에 대한 관심이 돌아오고 있다

3부 지금 행복해도 될까요?
입시, 교육 문제

- 208 　초4 성적이 대학을 좌우? 초4부터 더욱 위험하다
- 217 　선행이 기본이 된 시대, 선행시켜야 하나요?
- 228 　대한민국에서 공부 못하는 아이, 느린 아이의 엄마로 산다는 것은?
- 245 　세 살 아이가 과외받는 사연
- 253 　과외를 해야 할까요?
- 262 　학원에 대하여
- 271 　학원에 안 다닐 수도 있을까요?
- 279 　어떤 학교를 보낼까요?
- 294 　예체능에서도 똑같이 과열된 사교육 열풍
- 305 　유학에 대하여
- 312 　지금 문제아라서 고민이 많아요
- 317 　어떻게 하면 공부 잘할까요?
- 327 　공부도 몸으로 하는 거다
- 334 　운도 능력이다
- 339 　작은 성공 그 이후
- 345 　행복역으로 가는 열차

353 　부모님을 위한 시간 함께 하는 몸마음 공부

1부

잘못된 열차를 타고 있지는 않나요?

가족 붕괴, 사회 문제

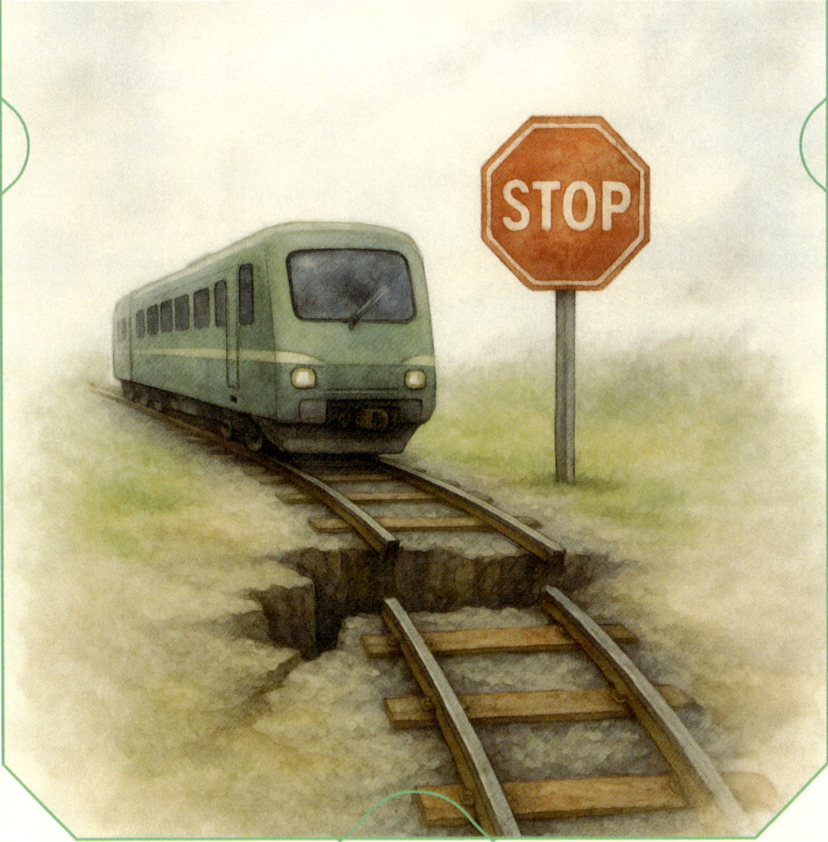

우리나라
교육현실,
아이들
정신건강

아픈 아이들 많죠?

대치동에서 소아정신과를 한다고 하면 많이 듣게 되는 말이, "요새 아이들 심각하죠?", "아픈 아이들 많죠?", "어떤 아이들이 소아정신과에 오나요?" 와 같은 질문입니다.

대치동뿐만 아니라 전국 방방곡곡이 교육 때문에 난리지요. 많은 사람이 우리나라 아이들의 상태가 심각해지고 있다고 걱정합니다. 자해, 자살, 타해, 타살, 범죄, 잘못된 인성, 학교 붕괴에 관한 이야기가 계속 나오고 있지요. 왜 이런 일이 벌어질까요?

이제 제가 의사가 된 지 30년이 넘었습니다. 그리고 2006년 대치동에 소아정신과를 열어서, 올해(2025년)로 20년간 같은 장소, 똑같은 진료실에서 아이들과 부모들을 만나왔습니다. 대치동 학원가 한복판에 병원이 있고 이름마저 〈생각과느낌〉이다 보니 국어 학원으로 오해를 받기도 합니다. (아이들이 혹시라도 정신과로 써진 곳을 오면 상처를 받을까봐 어떤 간판이나 사인도 그렇게 붙이지를 않았습니다.)

그동안 대치키드들이 어떻게 성장하는지, 어떤 아이들이 잘되는지 볼 수 있었고 아무에게도 말하지 못할 남모를 부모님들과 아이들의 고민을 함께 풀어가면서 **어떤 요소가 성공과 실패의 원인이 되는지도** 알 수 있었습니다.

대치키드 다 잘되나?

우리나라 부모님들의 교육에 관한 관심과 열정은 나라를 성장시킨 원동력이라 볼 수도 있죠. 하지만 모든 것이 지나치면 병이고, 변하는 사회에 맞추어 움직여지지 않으면 폐해가 됩니다. 좀 더 균형을 맞추면서 아이들을 키울 수 있어야 합니다.

교육의 경쟁이 치열해져 4세 고시, 7세 고시 이야기까지 나오고 있습니다. 학원 테스트에 합격하기 위해 과외를 받고, 결과에 따라 희비가 엇갈립니다. 아이들은 공부가 무서워지고 시험불안이 생깁니다. 그리고 우울증에 빠진 부모님이 등장합니다.

교육의 목표가 무언지, 정말 부모로서 아이에게 바라는 것이 무엇인지, 생각해봐야 합니다. **아이들이 건강하고 행복하고, 자기능력을 발휘하고 잘 사는 것이 가장 큰 목표는 아닐까요? 그러려면 무엇이 필요할까요?**

대학을 잘 보내는 것, 중요합니다. 하지만 이 목표에 매여 (아이가 태어나고 성인이 되기까지) 불행한 20년을 보냈는데, 결과도 좋지 않고, 가족마저 파괴되는 집이 얼마나 많은지요. 결국 큰 목표도 작은 목표도 다 놓치게 됩니다.

'학'부모가 되면서

좋은 부모가 되기 위해 육아서와 심리학 서적을 많이 읽고 육아를 하지만 현실 육아는 책과 다릅니다. 아이마다 기질(감각예민성과 통합 성향)이 다르고 부모의 성격도 다르기 때문이죠. 게다가 아이가 유아기를 지나 학습모드에 돌입하게 되면서 (빠르면 4세 영어유치원), 부모가 '학'부모가 되고, 상황이 달라집니다. 처음에 아이를 이렇게 키워야겠다고 생각했던 포부와 품었던 뜻은 달라지기 시작합니다. 교육에 대해 나름 줏대를 가지려 했던 부모들도 하나둘 아이가 초등학교 고학년이 되고 중학생이 되면서 학원에 보내기 시작하고, 갈등하다가 어느덧 그런 교육의 현실에 맞춰 바뀌어 갑니다.

아이는 나의 프로젝트

어떤 부모들은 결혼 전에 자신의 행적을 SNS, 인스타, 카톡 프로필 등에 올리며 과시하던 것처럼 아이를 데리고 여행한 것을 비롯해 아이에 관한 정보를 올리며 은근히 자랑하거나, 서로를 비교합니다. 부모가 아이와 자신을 동일시하고, 아이가 프로젝트가 되면서, 열심히 아이를 챙깁니다. (일하다가 그만두고 주부가 된 엄마들이 가장 열심입니다.) 아이의 성공이 내 성과물이 되기 시작하는 것이지요. 점점 아이를 관리하고 사육하는 부모가 되어갑니다. 영어학원 숙제가 몇 쪽까지인지 아이 본인은 별 생각이 없고, 부모인 내가 챙기며 못 해갈까봐 안달복달입니다.

대치동으로 이사 가볼까?

타 지역에 거주하는 학부모들은 대치동에 대한 막연한 환상도 있고, 대치동으로 학원 라이드를 해보면서, 대치동 이사를 고민합니다. 대치동의 흔한 현실 상황을 한번 살펴볼까요?

대치동에 이사 오는 아이들은 초교 입학 전, 중학교 들어갈 무렵도 많지만, 초4 쯤에 오기도 합니다. 아이가 목동이나 상계동, 반포, 잠원, 압구정, 용산, 평촌 등에서 생활하면서 두각을 나타내면 학원 수준도 더 높은 곳으로 가야 하지 않을까 생각이 듭니다. 대치동으로 학원을 다니면서, 오고가는 시간도 많이 걸리니 자연스럽게 이사를 고려합니다.

잘하는 형 따라 이사를 오게 된 동생은 준비 없이 갑자기 대치키드가 됩니다. 경기도, 혹은 지방도시에서 주말부부나 기러기를 감수하고 이사 오는 경우도 있습니다. 워낙에 전세나 월세 등 거주비가 비싸서 이렇게 이사를 올 수 있는 집은 경제적인 여건이 되는 경우일 테니, 부러운 상황에 속합니다.

보통 더 작은 집으로 이사 오기 쉽고, 집을 마련하기 위해 무리해서 대출을 받는 경우가 생깁니다. 강남이라 상대적으로 비싼 물가, 이전에 살던 집보다 더 작고 불편한 집에 사는 것을 감수하고라도 아이의 성공을 위해서 참고 희생합니다. 거기다 비싼 학원비까지 가세해서 부모의 부담과 기대는 고스란히 아이에게는 전가됩니다.

중2병이 생기는 이유

그런데 이런 압박감 속에서 아이가 더 열심히 달리지 않고 부모에 기대에 못 미치는 생활 태도와 결과를 보여주게 되면, 부모와 아이들 사이에 불화가 시작됩니다. 특히 학교 성적이 나오기 시작하는 중1 말, 중2쯤 되어 그 갈등은 더 확연해집니다. 더 열심히 하라는 부모의 성화에 보답은커녕, 어느 정도 머리가 큰 아이들은 자기표현을 행동으로 나타내기 시작합니다. 학원을 거부하는 것부터 시작해, 학교에 빠지고, 게임 중독, 자해, 자살 시도, 부모를 때리고, 욕하고, 칼을 들고 위협하고, 집 비밀 번호를 바꿔버리는 행패를 부리고, 가출하는 등 일탈행동으로 이어지기도 합니다.

이런 교육시스템에 반기를 들지 못하고 세뇌된 아이들은 지쳐도 탈출구를 찾지 못하고 계속 강행군을 하면서, 불안, 강박, 우울증에 시달립니다. 좋은 성적을 받기 위해 노력하지만 앞날은 암담하게 끝이 안 보이고, 점점 절망에 빠집니다. 공부를 잘하는 아이들은 실수 없이 받아내야 하는 내신 성적의 압박에 지칩니다.

잘하는 애들은 잘하는 애들대로

성적이 좋은 아이들도 입시 기간이 길어지고 있습니다. 점점 의치한 (의대, 치대, 한의대), 스카이(SKY, 서울대, 연세대, 고려대) 진학을 위해 재수, 삼수를 불사하는 상황이 됩니다. 혹시 강남의 ○○고 졸업생의 90프로 이상이 재수한다는 말 들어보셨나요? 매해 수십 명씩 의대와 명문대를 보내는 학교이지만, 처음 간 학교에 만족해서 안주하지 않고 더 좋은 학교로 옮기기 위해 재수를 하기 때문에 그렇습니다. 지방의대에 진학한 아이들은 인서울 의대를 위해, 스카이를 간 아이들은 의치한을 위해 다시 공부합니다. 어차피 직장인도 의대 정원이 늘면서 의대를 가기 위해 직장을 뛰쳐나올 판에 삼수 사수 정도 하는 것은 대학을 가도 취업 준비를 해야 하니 괜찮은 선택이라고 생각합니다.

이 과정에서 점점 입시 폐인들도 늘어납니다(과거에 사법고시를 준비하는 사시 폐인을 연상케 하지요). 계속 공부하다 보니 사회성도 떨어지고, 자기관리가 안 되는 아이들이 늡니다.

안 되면 다른 방향으로

이런 한국 입시에서 부모의 위신을 제대로 세워주지 못한(?) 아이들은 예체능, 국제학교나 해외 유학으로 방향전환을 하는 경우도 많습니다. 수포자(수학 포기자) 고등학생들은 수학이 입시에 반영이 안 되는 미대 진학을 위해 미술학원을 다니기 시작하고, 체대 입시를 준비하며, (어릴 때부터 꾸준히 시간을 투자해야 하는 클래식 악기로 진입하는 경우는 상대적으로 드물고) 미술, 댄스, 실용음악, 만화 일러스트 등으로 방향을 트는 아이들도 있지요. 정말로 좋아서 그 길을 가는 아이들도 있겠지만, 공부로 원하는 학교에 가기가 어렵다고 판단해서, 괜찮은 학교에 진학하기 위해 다른 방법을 찾게 됩니다. 이 과정에도 부모의 의견이 상당히 작동합니다. (예체능 입시를 하는 아이들을 폄하하는 것은 절대 아닙니다. 똑똑하고 야무지게 재능을 발휘하고 꿈을 찾아가는 아이들도 있으니까요) 그런데 더 문제가 되는 건, 유학이든, 예체능이든 무엇이든 간에 부모가 아무리 해주려 해도, 거부하고 아무것도 하고 싶어 하지 않는 아이들입니다.

낮은 출산율이 교육 탓이라고?

출산율이 낮다고 걱정들입니다. 너도나도 남을 의식하면서 비싼 명품백 선물과 함께 좋은 곳에서 보란 듯이 프로포즈를 받고, 연봉이 얼마는 되어야 한다는 식의 세태가 있어, 결혼 진입부터 힘들다는 말도 나옵니다. 결혼을 해도 아이를 안 낳는 부부가 늘어나는 것도, 아이를 낳는 순간부터 또다시 경쟁의 구도가 시작되는 것이 두려워서랍니다. 돌도 안 된 아기를 명품 배내옷을 입혀 SNS에 올리는 것부터 열등감과 좌절감을 느낀다면서, 애초에 아이에게 최고의 것을 선사할 수 없는 상황이라고 생각한다면 그 게임 리그에 들어서지 않고 싶다는 고백도 합니다. 자신들이 겪었던 경쟁적인 사회와 교육환경에서 힘들게 아이를 키우고 싶지 않는 거죠. 맞습니다. 아이를 낳고, 학원비 내고, 입시 치르고, 고생하다 보면 늙어 있습니다. 이런 일을 반복하고 싶지 않습니다. 그런데 교육을 정말 그렇게 해야 하는 걸까요? 무엇이 이렇게 비교와 경쟁을 일으키고, 자연스럽게 할 수 있는 일(결혼과 출산)도 미리 좌절하여 못하게 만들까요?

남이 만들어 놓은 명품 옷을 입힐 게 아니라, 명품 미소와 따뜻한 마음을 갖는 것이 더 우위인 시대가 될 수는 없을까요? 우리 모두가 깨어나서 서로 연결되어 사회적인 깨달음을 만들어갈 수는 없을까요? "남보다 더 높은 곳에 올라가고 싶은" 인간의 속물 본성에서 벗어나, **우리 안에 장착된 다른 고귀한 본성인 "함께 잘 산다"는 "더 높은 가치"로 나갈 수는 없을까요?** 아니, 그래야만 우리는 진정으로 행복할 수 있기 때문에 이제는 깨어나 이동해야 합니다.

부모로서의 마음의 확장

출산율이 낮다지만 귀한 생명들의 자살률도 높습니다. 어떻게 하면 생명들이 삶의 숱한 테스트 들을 이겨내고 성숙해지고, 서로에게 도움을 주는 관계로 성장하게 될까요?

아이를 키우면서 부모는, 자신이 얼마나 감정적인지, 유치한지, 이기적인지, 욕심이 많은지. 감정조절이 안 되는지, 적나라하게 봅니다. 그러면서 자신을 돌아보고, 더 나은 사람이 됩니다. 어쩌면 아이를 키운다는 것은 신이 인간의 성장을 위해 안겨주는 고난도의 테스트일 수 있습니다.

60살 자식을 90살 노모가 걱정하지요. 자식이 없으면 겪지 않을 끝이 없는 자식 걱정과 사랑입니다. **자식과 맺어진 연을 통해 저를 포함한 부모님들이 삶의 테스트를 멋지게 통과하시기를 바랍니다.**

아이도 부모도 같이 성장합니다. 그리고 부모의 마음 확장이 바로 세속적인 의미로서 아이의 '성공'은 물론 '행복'까지 가능하게 하는 버튼입니다.

(성공역과 행복역에 대해서 책의 말미에 더 이야기 나눕니다.)

대치동에 가면 성공하나?

그렇게 달렸는데

대치동에 대해 환상을 품은 경우가 많습니다. 좋은 학원도 많고, 좋은 대학도 많이 간다는 곳.

아이들이 학교에 다니기 시작하는 나이가 되면, 대치동으로 이사가서 교육시켜야 할 것 같은 조바심을 느낍니다. 그런데 많은 똑똑한 아이들이 대치동으로 모이지만, 다 잘되는 건 아닙니다. 아니, 잘되지 않는 아이들이 더 많을 수도 있습니다. 잘 되는 것만 부각되고, 힘든 이야기들이 소문이 안 나서 그렇지요.

하준이는 지금 재수 중이다. 하준이 엄마 채민씨는 한숨이 나온다. 본인도 강남에서 자랐고, 결혼하면서 자연스럽게 도곡동에 살게 되었다. 하준이를 낳고, 영유(영어유치원)부터 시작해 열심히 꼬박꼬박 영어 학원에 보냈고, 여기저기서 정보를 얻어들으면서 수학학원을 보냈다. 그런데 아이의 성적은 처참하다. 그렇게 영어에 투자했는데, 수능 영어가 4등급이라는 사실이 믿기지 않는다. 수학은 더하다. 하준이는 순한 성격이긴 하지만 별 열정도 없고, 생각도 없어 보인다. 이름 없는 대학에 보낼 수는 없는데, 아이의 상황이 이러니 답답하기만 하다. 지금도 재수하느라 돈을 쓰고는 있지만, 별 희망은 없다. 무엇을 위해 그 많은 돈을 들이고, 그렇게 애를 고생시키고, 돈을 쏟아 부었는지, 차라리 그 시간에 다른 일을, 사교육비 모아서 저축하는 게 나았을 거라는 생각도 해본다. 풍족한 편이지만 아이에게 물려줄 것이 많은 것도 아니고, 뭐하나 만들어 먹을 줄도 모르고 엄마가 주는 것만 받아먹고, 주변 영향을 받아 생활 수준만 높은 아이를 보면 걱정이 앞서고 우울해진다.

어디서 말도 못 하는 우리 아이 성적

이렇게 열심히 달린 것에 비해 좋지 않은 결과를 보여주는 아이들과 엄마들이 많습니다.

잘된 아이들의 케이스만 보고 대치동, 대치동 하지만, 그 이면은 그렇지 않습니다. 하준이의 경우는 그래도 나은 편입니다. 정신적으로 건강하지 않은 아이들, 가족관계가 엉망이 된 집도 많고, 불행히도 아이를 잃은 경우도 있습니다. **반짝거리는 성공 케이스만 바라보고 달릴 것이 아니고, 많은 실패 케이스를 참고하는 것이 현명합니다. 있을 수 있는 불행도 예견하고 참고하는 데서 지혜가 나옵니다.**

차를 타고 멋지게 드라이브를 하고, 사진을 찍고 기분이 좋을 수 있습니다. 하지만 운전에는 항상 자동차 사고의 위험도 있는 것이지요. 그래서 보험도 들고 안전 운전하고 조심하지 않나요. 이렇게 **위험성을 알고 조심하는 것이 바로 지혜입니다.**

보이는 게 다가 아니다

인생을 운전에 비유한다면 우리 가족이 탄 차는 잘 가고 있나요? 가끔씩 살펴볼 필요가 있습니다. 내비게이션에 목표는 어디인지, 제대로 찍혔는지(가끔 목표도 수정이 필요할 때가 있습니다.) 그리고 그 목표에 맞게 잘 가고 있는지, 안전하게 가는지, 차량에는 문제가 없는지, 차에 탄 가족들의 상태는 어떤지 살필 수 있는 지혜도 필요합니다. 목표를 향해 빠르게 서둘러 가야 한다면서 운전하는 가장이 수시로 욕을 하고, 아이들은 소리를 지르고 앞 좌석을 차고, 부모끼리도 다투는 차도 있을 것입니다. 상상이 안 가겠지만, 겉으로는 정말 멀쩡해 보이고 부유하고, 애 보는 아줌마가 상주하고, 골프를 치러 다니고, 완벽한 커플처럼 보여도 아빠가 엄마나 아이들에게, 엄마가 아빠나 아이들에게 행하는 언어폭력, 신체 폭력이 심각한 집도 많습니다. 못 배워서도 아닙니다. 의사고, 변호사고, 박사고 교수인 부모들이 집에서 쌍욕을 합니다. 엄마는 뛰어내린다고, 자살한다고 아이들에게 공공연히 협박합니다. 아이들 마음속에 큰 상처를 주지요.

여전히 SNS에 멋진 가족 사진을 올리지만 그 속내는 다릅니다. 겉으로 보이는 것이 다가 아닙니다. 그리고 너무 겉으로 보이려고 살 필요도 없습니다. 실속을 챙겨야 합니다. 그렇지 않으면 모래성처럼 한순간에 무너지거나, 곪았던 고름이 어느 순간 터져 나오게 됩니다.

실속을 챙깁시다!

그렇다면 실속은 뭘까요? 입시 결과도 좋고, 가족 간의 관계도 화목하고, 아이도 좋은 성격으로 자라나고, 무엇보다 몸과 마음이 편안하고 건강하게 인생을 살아가는 것이겠죠? **삶의 어려움에도 굴하지 않고, '깨지지 않는 평온'과 '무조건적인 기쁨과 행복'을 누리는 능력을 챙기는 것입니다.** 지금 당장 남의 눈에 멋있게 보이고, 인정을 받기보다, 삶의 크고 작은 테스트에 마음의 평정을 잃지 않고 버티면서 해결해 나가는 능력을 기르는 게 실속입니다.

학원의 노예가 된 아이들과 부모

학원 가고, 숙제하고…. 벗어나지 못하고 쳇바퀴 돌 듯 반복되는 아이들과 부모들의 일상입니다. 왜 많은 사람이 노예가 되기를 자처할까요?

아이의 성취에 대한 열망 때문입니다. 열망이 지나치면 욕심이 됩니다. 그리고 무엇이든 지나친 것은 불행을 낳습니다.

우리나라 사람들은 항상 교육에 관심이 많았고, 관련된 문제가 존재했었습니다. 조선시대 과거제도도 과열되어 편법까지 등장했다지만, 시험을 치를 수 있는 층은 따로 존재했습니다. 대학교육, 자격증에 대한 열광은 꾸준히 있었습니다. 〈행복은 성적순이 아니잖아요〉라는 영화가 1989년에 나왔지요. 그런 영화 제목이 나온 것은 이미 행복이 성적순이라고 주입받는 사회적인 상황이었다는 걸 의미합니다. 서태지가 부른 〈교실 이데아〉가 나온 게 1994년입니다. 2024년이 되었고, 30년이 흘렀는데, 어쩌면 교육 상황은 별로 바뀌지 않았습니다.

아이는 나의 분신

줄 세우기에서 자신이 성공한 부모들은 성공한 대로, 실패한 엄마들은 실패한 대로 다시 자식을 줄 세우고 싶어 합니다. 자신이 도달한 곳보다 더 높은 곳에 도달하게 만들고 싶습니다. 의사가 된 엄마는 또 의사를 만들고 싶어 하고, 원하는 대학에 못 들어간 엄마들은 다시 한번 아이를 통해 재도전과 성공을 꿈꿉니다. 자신이 못 한 일, 자신이 잘한 일을 아이들한테 반복해서 실행하고자 합니다. 아이를 사랑(?)하기 때문이지요. 그런데 아이가 정말 그런 삶을 지금 원하고 있는지는 중요하지 않아 보입니다.

> 대치동에서 흔한(?) 부부 의사인 아빠가 이야기합니다. "애가 초4 때부터 유명하다는 학원들 세팅을 해서 다니고 있는데, 국어는 ○○○, 수학은 ○○, 영어는 ○○○ 이런 식이에요. 들어가기도 어렵지만, 들어가도 세 가

> 지를 모두 소화하면서 따라가는 것도 진짜 쉽지 않아요. 그래서 영어 학원은 빼고 제가 직접 봐주고요. 나머지 국어. 수학은 학원 진도 잘 따라가게 도와주는데 사실 아이도 힘들어하고 놀려고 하죠. 어찌 보면 불쌍하다는 생각도 들기도 하지만, 다른 아이들 보면 또 쉽게 그만두기 힘들어요."

나라 전부가 미쳐가요

이렇게 조기교육과 사교육 문제가 대두되는 것은 SNS나 각종 블로그, 카페 등도 한몫합니다. '상위 1% ○○', 'ㅇ스쿨', 'ㅇㅇ맘' 등에서 입시와 교육 정보, 학원 정보, 대치동 관련 정보가 넘쳐납니다. 학원 관계자들도 은근히 들어와 정보를 흘리며 호객행위를 합니다. 정보 공유가 너무 빠릅니다. 이런 상황에서 조금씩 가중되기 시작한 선행과 앞서가려는 생각들이 아이를 아프게 하고 있습니다.

진료실에 온 다른 부모도 열변을 토합니다.

> "나라 전부가 미친 거예요. 어려운 문제 풀기를 시키는 게 점점 아래로 내려가고 있어요. 저도 강남에서 컸고 서울대 나왔습니다. 그런데 애들 영어, 수학하는 것 보면 미친 것 같아요. 결국은 학원 돈벌이만 하고, 애들은 죽어나고, 부모들은 초조해하는 구조에요."
> "근데 나라가 미친 거 맞는데 그렇다고 다른 답이 없잖아요? 다 같이 멈춰야 하는데 그럴 수가 있을까요?"

모두 경쟁적인 패러다임 안에서 하는 말입니다. 같은 종이 위를 도는 2차원적 평면적 사고로는, 종이를 뛰어넘어 공간에서 갑자기 종이에 점을 찍는 3차원의 움직임을 이해하기 어렵습니다. 어떻게 하면 나부터 이 구조 속에서 자유로움을 얻고 아이를 편안하게 성공시킬 수 있을까요? 저는 부모님들과 시공간 바꾸고 인식을 확장시키는 다양한 작업을 진료실에서의 상담 또는 온라인 수업으로 함께 해오면서, 편안하게 감옥을 탈출하고 자유롭게 살아가는 연습을 하고 있습니다.

가정이
파괴되고
있다

여보, 딴지 좀 걸지 마

> 초3 지안이 엄마는 남편이 입을 좀 닥치면 좋겠다고 생각한다. 자신에게 분명한 교육의 로드맵(road map, 종합계획)이 있는데 자꾸 요즘 교육 상황을 잘 알지도 못하는 남편이 헛소리를 하고 반대의견을 내기 때문이다. 결국 애들이 좋은 대학에 가지 못하면 엄마가 집에서 뭐 했냐며 온갖 욕은 자신이 먹을 텐데, 미래가 불안할 뿐이다.

교육에 있어서 엄마의 정보력, 남편의 무관심, 할아버지의 경제력이 필요하다는 말이 유행한 적이 있었습니다. 어쩌면 지금도 이런 말을 믿고 있는 부모님들이 있을지도 모르겠습니다. 엄마가 수집해온 정보에 아이들이 고통당하고, 아빠는 무시당하고, 재력이 없는 조부모님들은 원망을 들어야 하는, 가족을 분열시키는 나쁜 이야기입니다.

소외되는 아빠들

6살 지오 아빠는 한숨이 나온다. 이러려고 결혼했나 싶다. 자신이 생각하는 교육과 전혀 딴판이다. 본인은 지방 소도시에서 컸고 사교육 한 번 안 받고 의대를 나와 피부과 전문의가 되었다. 결혼정보회사를 통해 부유한 집안의 현재 아내와 결혼해 처가에서 사준 강남의 아파트에 살고 있고, 자신도 꽤 많은 돈을 벌고 있다. 하지만 아이 숙제를 봐주지 않았다고 면박을 주고 (아이 숙제라고 해봤자 나중에는 1주일이면 다 배울, 아무것도 아닌 내용인데 그걸 매일 챙기라고 한다.) 애를 봐주러 온 장모님까지 나서서 사위가 쉬는 꼴을 못 보고 비난하니 미칠 지경이다. 모든 것이 아이들 위주로 돌아가고 있다. 아내와의 관계도 소원하다. 아내의 관심사는 오로지 지오의 숙제 챙기기와 놀러 간 곳 인스타에 올리기, 영유 엄마들과 함께 아이들을 위한 이벤트 만들기 등이다. 둘도 아니고 아이 하나 가지고 왜 이렇게 온 가족이 쩔쩔매며 신경을 쓰는지 한심하다. 지오도 그렇지만 아빠에게도 탈출구가 없다. 지오는 가끔씩 쓰다듬어 주고 예뻐해 주는 엄마와 외할머니, 외할아버지가 있지만, 아빠는 외롭다. 결국 아빠는 외도를 했고, 이 일로 상황은 아주 복잡해졌다.

조바심을 느끼는 엄마들

이렇게 가정마다 소외되는 아빠들이 많습니다. 아빠가 나서서 아이 사교육을 시키고, 몸소 뛰는 경우도 있지만, 대부분 아빠가 돈을 벌어오고, 엄마가 아이 교육을 담당하는 편이지요. 지오 엄마 입장에서 이야기를 들어봐도 그동안 쌓인 감정도 많습니다. 남편이 자라난 배경이 자신과 달라 마음이 안 맞을 때가 많고, 구석기 시대 이야기를 하는 것처럼 요즘 교육을 모르고 말이 안 통한다고 느낍니다. 차라리 남편은 돈 벌러 집 밖에 나가 있거나 (부유한 친정을 가진 엄마는 때로는 그 돈도 시시합니다.) 간섭을 안 하는 게 마음 편할 것 같습니다. 그냥 아이를 생각해, 이혼 가정 만들기 싫으니 아빠를 대외적으로 유지하는 것일 뿐, 남편은 귀찮기만 하다고 합니다.

그런데 조용하던 남편이 사고를 치기 시작하면서부터 지오 엄마는 분노와 함께 머리에 경고등이 커지기 시작했습니다. 이런 위기를 잘 넘겨서 가족이 더 좋아지는 경우도 있지만, 서로 비난하고, 한 치의 양보도 없이 평행선을 달리다 결국 멀어져 버리기도 합니다. 여기서 상처받는 것은 또 지오 같은 아이들입니다.

인간은 사랑받고, 관심받고 싶고, 행복하고 싶어 합니다. 요즘 아이들은 학원에 시달리며, 협박받고, 감시받고, 즐거움이 없지만, 그건 부모님 즉 남편과 아내도 마찬가지입니다. 서로 공허합니다. 쫓기듯이 살고 있습니다. 가정이 왜 이렇게 되었을까요? 아무런 숙제도, 조바심도 **없이 그냥 우리 가족이 함께 웃고 떠들고 서로를 쳐다보며 부족한 대로 웃는 그런 시간을 가져본 게 언제인가요.**

🕐 부모님을 위한 시간 〉〉〉 가장 소중한 사람

잠시 눈을 감고 배우자(남편이나 아내)를 떠올려봅니다. 잘 떠오르나요?
(잘 떠오르지 않는 경우도 많습니다. 그만큼 소원하다는 것입니다.)

얼굴이 어떻게 보입니까?
밝은가요? 힘든 표정인가요?

그리고 이렇게 한번 말해봅니다.
'당신은 저에게 우리 가정에서 가장 소중한 사람입니다.'

제가 아동학대범이라고요?

초2 서아의 이야기이다. 엄마가 수학 공부를 시키면서 소리를 지르며 폭언을 하고, 머리와 얼굴을 여러 차례 때리고 의자를 발로 차는 등 난폭한 모습을 하는 장면을, 중학생 큰 딸인 언니 서라가 몰래 영상으로 찍어서 아버지에게 보냈다. 서라는 자기가 자라면서 엄마로부터 받은 상처로 괴로운데 엄마가 동생에게까지 똑같은 행동을 시작했다면서 멈춰달라고 아버지에게 구조신호를 보냈다고 말했다. 아버지는 사업상 출장이 잦고 집을 비울 때가 많았는데 부부 사이가 좋지 않았다. 서아 엄마는 남편에게도 언어폭력이 심했고, 남편은 그럴 때마다 아이들 앞에서 싸우지 않으려고, 아내를 피했다. 아버지는 일단 아동학대 관련 센터에 전화를 걸어 동영상을 보여주며 상담했고, 즉각적인 엄마와 아이들의 분리가 이루어졌다. 엄마는 미술전공으로 유학을 다녀왔고, 집안 살림을 깔끔하게 하고, 유기농으로 최고의 음식을 만들어 먹이는 등 아이들에게 최선을 다하는 엄마였다. 보통 때는 아이들에게 다정다감했는데, 공부 문제나 생활 습관에 있어서는 아이들이 마음대로 되지 않을 때 분노를 참지 못하고 표출했다.

서아 엄마 입장에서도 할 말이 많습니다. 남편한테 쌓인 분노, 시댁에 대한 서운함이 컸습니다. 학창 시절 본인이 못했던 수학을 아이가 못하니 자신의 과거를 향한 분노였을 수 있습니다. 서아는 정서 문제가 심각했고, ADHD가 의심되었지만 엄마는 아이에게 이런 어려움이 있다는 것을 인정하지 않았습니다. 아이가 수학을 못할 때는 아직 그 단계의 문제를 풀만큼 뇌가 충분히 성숙하지 않았거나, 주의력에 문제가 있거나, 이미 수학에 대해 공포심을 느끼고 있거나, 공부 환경이 강압적인 것 등 여러 이유를 따져보아야 합니다. 무작정 화를 내고 몰아붙인다고 아이가 수학을 잘하게 되는 것이 아닙니다.

아이를 위해 이혼했습니다

초2 도훈이 아빠는 아내가 아이를 공부시키면서 "너 멍청이야?", "나가 뒈져"라는 말과 함께 아이의 입과 뒤통수를 손으로 때리는 행동이 찍힌 홈캠을 보고 깜짝 놀랐다. 아내의 행동에는 광기가 어려 있었다. 숙제 때문에 아이와 엄마가 실랑이를 벌이는 것은 알고 있었지만 이 정도인지는 몰랐다. 아빠가 말릴 때마다 "당신은 알지도 못하면서 끼어들어서 애 버릇을 망친다."며 부부싸움으로 이어졌다. 아빠는 가끔은 엄마 편을 들어보기도 하고, 도훈이를 달래보기도 했고, 아내와 진지하게 대화를 시도해

보기도 했지만, 아내를 제지할 수는 없었고 아내는 점점 더 폭군으로 변해갔다. 이런 아내를 1~2년을 참고 지켜보던 아버지는 직접 경찰에 신고했다. 아빠는 이런 게 바로 지옥이라면서 도훈이를 위해서라도 이혼할 결심으로 아내를 신고했다고 말했다.

이렇게 아이들의 공부문제, 숙제시키는 문제, 사소한 일상을 챙기는 것 때문에 부부 갈등이 심화되는 경우가 많습니다. 부부생활이나 자신의 삶에서 만족감을 느끼지 못하는 엄마(아빠)들은 더욱 아이에게서 만족감을 얻으려고 하고, 아이를 자신의 목적대로 세뇌시키거나, 조종하면서 쌓인 감정을 해소하고 위안을 받고자 합니다. 그럴수록 아이가 느끼는 부담감은 커지고 몸과 마음에 탈이 나게 됩니다.

너무 감정조절이 안 돼요, 제가 미친 것 같아요

감정기복이 너무 심하거나, 화 조절이 안 돼 감정폭발을 하거나, 너무 우울하고 죽고 싶은 생각이 들 정도인 부모님들도 꽤 계십니다. '내가 미친 거 아닐까?' 생각이 들곤 한다고 고백합니다. 엄마들의 경우에는 생리주기에 따라 감정기복이 더 심해지기도 하지요. 이럴 때는 항우울제나 감정조절제를 일정 기간 복용하는 것도 좋습니다. 약을 쓰는 것을 겁내는 분들도 간혹 계신데요. 집 근처의 정신건강의학과 선생님들과 상의해서 부작용 없는 범위 내에서 안전한 약을 처방받아 복용하시면 좋습니다. 열이 나면 해열제를 먹고, 세균감염이 되었을 때 항생제를 먹고, 생리통이 심할 때 진통제를 먹듯이, 나와 가족을 태워버리는 부정적인 감정으로부터 나를 지키는 뇌신경계 조절약을 조금 복용하는 것은 현명한 일입니다.

부모님이 감정조절제 복용할 수 있어요

감정조절제를 뇌신경계의 영양제라고 생각해도 좋습니다. 뇌에서 우울회로와 널뛰는 감정기복 회로 등 부정적인 회로가 고착화되지 않게 해주니, 뇌를 보호해주는 역할을 해주는 것이지요. 내가 나를 지키고 가족을 보호하기 위해서 선택할 수 있는 방법 중 하나입니다. 약을 오래 복용할 거라는 두려움도 너무 갖지 마세요. 약을 처음 시작해 1~2주 정도 써보고, 그만 쓰고 싶다고 느낄 때는 중단할 수도 있습니다. 약의 시작도 중단도, 본인의 생각과 동의하에 합니다. 약을 복용하면서 몸·마음 공부, 즉 자신을 조절하고 균형을 찾는 연습을 해나가 보세요. 증상이 좋아지면 주치의 선생님과 상의해서 약을 천천히 줄이고 종결할 수 있습니다.

오랫동안 감정조절이 안 된 채로 행동하고 살아가게 되면, 뇌에서 좋지 않은 회로가 많이 생기고 자존감이 낮아집니다. 주변 가족들과의 관계도 오염되고, 아이들의 뇌회로에도 좋지 않은 영향을 주기 시작합니다. 좋지 않은 행동은 가능한 한 빨리 멈출 수 있어야겠지요? 약을 조금 복용했는데, 마음이 많이 편해진 분들을 보면서 정신건강의학과 의사들도 함께 기뻐합니다.

중1 딸이 엄마를 신고했어요

유리는 엄마를 경찰서에 직접 신고했다. 밤에 늦게 들어와서 엄마가 야단을 치자, 대들면서 서로 싸우게 되었는데 엄마가 자신을 밀고, 등을 때리자 화가 나서이다. 결국 엄마는 조사를 받게 되었다. 유리의 경우 엄마가 때린 일이 처음 있었던 일이었지만, 아동학대 교육을 학교에서 많이 받기 때문에 자신의 권리에 대해서 잘 알고 있었다. 아동학대를 보면 신고하라는 전화번호를 본인이 직접 이용한 것이다. 전문직이었던 엄마는 아동학대와 관련해 자신의 직업에 영향을 미칠까봐 전전긍긍했고 위기감을 느꼈다.

    유리의 신고는 앞으로 진행될 폭행을 막는 현명한 것이었을까요? 아니면 조금이라도 자신을 침해하는 것을 용납하지 않는 요즘 아이들의 지나친 행동일까요? 엄마는 자신의 주장을 내세우는 유리를 앞으로 어떻게 교육할 수 있을까요? 가족에게, 사랑하는 자녀에게 신고가 되는 것은 엄마 입장에서는 경악할 일입니다. 친구가 나를 고소했다고 생각하면 이해가 쉬울 겁니다. 앞으로 그 관계는 어떻게 될까요?
    이 일이 서로에게 도움이 되는 방향으로 흐르게 관계 조절이 필요한 경우였습니다. 아동학대는 반드시 막아야 합니다. 아이들의 몸과 마음을 병들게 하니까요. 그런데 무엇이 정말 학대인지 감별할 필요는 있겠습니다. 때리지 않는다고 해도, **놀지 못하게 하면서 공부를 시키는 것도, 정서학대는 아닐까요?**

밀폐된 가정이 아니라 열린 가정으로

아동학대가 쉽게 일어나는 건, 아이들은 자신을 지킬만한 힘이 없고, 다른 사람이 보지 않는 집이라는 폐쇄적인 공간 때문입니다. 말 못 하는 어린아이들에게 일어나기도 쉽지요. 아이들은 부모가 때로 심하게 대하거나, 때려도 부모에게 의존합니다. 엄마를 신고할 생각을 못 하고, 당하고만 있는 아이들도 많습니다. 하지만 무기력하게 당하던 아이들이 초등학교 3학년만 되어도 이제 직접 신고를 할 만큼의 능력이 생깁니다.

아이에게 모진 말과 행동을 하는 부모님이 이 책을 보고 계시다면, 가정 내에서의 아이와의 대화 상황이 녹화되고 다른 사람이 보고 있다고 한번 생각해 보세요. 자신의 말과 아이와의 상호작용을 객관적으로 바라보는 데 도움이 됩니다. **내 아이는 맘대로 할 수 있는 소유물이 아니라, 생각이 있고 감정이 있고, 엄마와 전혀 다른 행동을 할 수 있는 타자입니다. 그리고 우리 사회로부터 보호받는 귀한 한 사람입니다.** 아이가 우리 집에 잠깐 맡겨져서 위탁된 것이고, 사회의 아이들이라고 상상해 보세요. **다른 사람을 존중하고, 배려하면서 능력 발휘를 하도록** 가정 내에서 가르치라는 위탁 교육 말입니다.

다른 사람에게는 친절한 사람도 정작 가족(아이들, 부모님)에게는 모질게 대하는 경우가 많습니다. 가까울수록 예의가 없어지고, 막 대하기 쉽습니다. **아이가 커갈수록 건강한 거리 조절이 필요합니다.**

엄마, 아빠들의 정신건강문제도 심각해요

흔들리는 부모들

초4 로건이 엄마가 말한다.
"아이가 어릴 때는 머리가 좋은 것 같았는데 지금 보니 아닌 것 같아요. 어려운 문제나 조금이라도 부정적인 결과가 나올 것 같으면 회피해버리고, 끝까지 하려고 하지 않아요."
"숙제하는 속도가 느리니 맨날 11시 넘어서 자게 되고요. 욕심은 있는데 빨리빨리 움직이지 않으니 자꾸 보상을 걸어줘야 해요. 숙제가 밀려서, 학원이 너무 많은 것 같아 줄여주려 해도, 자기가 불안해서 못 끊게 하네요. 이렇게 하다가 진짜 중고등학교 가서 적응 못 할까 제 맘도 불안합니다. 가슴이 바짝바짝 타는 것 같아요."
"애가 좀 기분이 좋으면 제 기분도 나아지는데, 애가 자꾸 짜증을 내니 힘드네요. 아무리 구슬려도 말을 안 들으니 미칠 것만 같아요."

엄마들이 클리닉에서 하는 말들은 비슷한 사연들이 많습니다. 로건이와 엄마는 함께 흔들리고 있습니다. 엄마는 똑똑한 로건이를 위해 모든 것을 챙기며 지금까지 잘 왔는데, 아이가 흔들리니 엄마의 인생플랜이 흔들립니다. 아직 초4여서 갈 길이 먼데 말이죠.

로건이의 경우, 머리가 좋은 ADHD일 수 있고, 눈-손 협응 능력이 부족해 쓰기가 느려서 숙제 속도가 느린지, 소아우울증은 아닌지, 부모와 아이 사이는 어떤지 살펴봐야 합니다. 아이도 문제 상황에 박혀서 옴짝달싹하지 못하는 상황일 수 있습니다. 문제를 해결하지 않고 계속 공부하게 하면 머리가 좋은 아이라도 공부를 싫어하게 되고 여러 새로운 증상이 생기게 됩니다. 로건이의 현재 상태는 **다른 방향으로 살도록 변화를 촉구하는 삶의 메시지**로 읽을 수 있습니다.

급속 노화하고 있어요

아이들도 그렇지만 엄마들도 함께 잠이 부족해지고 있습니다. 학원, 숙제 때문이기도 하고, 아이들의 휴대폰 사용을 관리하느라고 그렇습니다. 잠은 몸·마음 건강의 기본이지요. 수면시간은 뇌신경계를 정화시키는 시간입니다. 그런데 직장에 다니는 엄마들의 경우는 낮에도 쉬지 못하니 피곤함이 가중됩니다. 예쁘고 젊었던 엄마들이 아이들을 키우며, 특히 아이들의 고등학교 입시를 거치면서 급속 노화가 진행됩니다. 갱년기가 겹치는 나이이기도 하지만 마음고생이 그들을 삭게 만듭니다.

암 진단을 받는 부모님들도 있습니다. 병에 걸리고 수술을 받는 데는 여러 원인이 있지만 아이들 문제로 받는 스트레스도 무시할 수 없지요. 정신적인 심한 스트레스가 면역력과 몸의 기능에 영향을 미쳐 여러 질환을 일으키니까요.

지금 청소년들의 부모 세대는 낀 세대입니다. 아이가 고등학생 쯤 되거나 입시가 끝나면 양가 부모님이 여기저기 아프고, 병원에 모시고 다니고 부모님 케어를 시작하는 나이이기도 합니다.

엄마됨을 후회함

애 둘을 대학에 보낸 수희씨가 말한다.
"엉겁결에 결혼해서 정신없이 애 낳아서 열심히 20년 넘게 키우고 입시 치르다 보니 인생이 훅 지나갔네요. 저는 맞벌이라 정말 억척같이 살았네요. 이제야 애들 입시도 끝나고 해서 못 만났던 친구들도 조금씩 만날 수 있어요. 여고 동창 아이들끼리 만나면 '너 하나도 안 변했다' 하면서 웃지만, 다들 나이 들어가네요. 정말 동안이라고 소문났던 친구들도 이젠 늙어요. 슬프네요. 결혼 안 해서 노처녀 소리를 듣고 불쌍해 보였던 미혼 친구들은 아직 얼굴도 젊고, 고생을 안 해서 그런지 파릇파릇해서 부러워요. 자식 없이 사는 부부들은 아직도 신혼 같아요. 애 키우면서 애 땜에 싸우느라 부부 사이가 유리조각처럼 부서졌어요. 애 아니면 싸울 일이 뭐가 있었겠어요. 애가 안 생겨서 걱정해주던 친구네는 그동안 책임질 아이들도 없고 학원비도 안 들어가니, 둘이서 좋은 거 먹고, 좋은데 놀러 가고, 알콩달콩 잘 사네요. 무자식이 상팔자라는 말이 이해가 가요."
"요새 시어머니가 여기저기 편찮으셔서 검사받느라 병원에 모시고 다니는데 나중에 저는 며느리가 이렇게 해줄지. 뭐 요새 애들한테 뭘 바라겠어요."

자식이 주는 기쁨을 어디에 비할 수 있을까요? 하지만 그 기쁨을 넘어서는 고통과 괴로움이 있다면 누구든 애를 낳고 키우기가 겁날 것입니다. 아이를 키우는 기쁨과 이득(?)이 고통과 손실보다 더 큰 상황이 되면 출산율 걱정하지 않아도 될 겁니다. 시키지 않아도 아이를 낳을 겁니다. 그러려면 **육아와 양육이 좀 더 기쁘고, 좌절감이 없고, 쉬워져야 합니다.**

대치동의 미용실이 가장 한가한 때는?

시험 전에는 아이들도 신경이 날카로워지지만 엄마들도 마찬가지입니다. 대치동에서 미용실도 텅 빈다고 하는 시기가 바로 중간고사, 기말고사 1~2주 전입니다. 아이들을 더 감시(?)하고 챙겨야 하니 엄마들도 외부 출입을 줄이고 집에서 아이들에게 집중하기 때문이지요. 엄마나 아이들 모두 긴장된 얼굴로 변해가고 짜증도 늘어납니다.

아이가 아침밥을 잘 안 먹으니 비타민과 영양제를 잔뜩 먹인다는 엄마. 아이를 깨우면서 주의력 약을 입에 털어 넣는다는 엄마.

하지만 그 어떤 영양제나 약보다 좋은 것은 엄마의 웃는 표정 아닐까요? 이럴 때일수록 "너 이거 했어? 언제 하기로 했어?"와 같이 확인하는 말은 삼가고 안 하는 게 낫습니다. 좋은 의미로 하는 말이라도 엄마들의 언어가 이미 많이 오염(?)되어 있어 아이의 부정회로를 깨웁니다.

부모님들은 아이가 많이 논다고 느끼지만, 아이들 입장은 다릅니다. 그래서 부모의 확인과 채근에 아이들은 억울해합니다. 그리고 더 분발하기보다 기분이 나빠지거나 손을 아예 놓고 싶은 쪽으로 가는 역효과가 납니다.

아빠한테 일러주기

엄마들은 아이를 위해서 하는 말이지만 아이 귀에 들어가 뇌를 변화시키고 행동을 변화시키지 못하고, 아이 기분을 잡치게 할 때가 많습니다. 귀한 말이 잔소리가 되어 땅에 떨어져 버려집니다.

잔소리는 반복적으로 하지만 효과 없는 말입니다. 말하는 사람은 입이 아프고, 듣는 사람은 귀가 아픕니다. 둘다 마음이 답답해집니다. 잔소리해도 아이가 따라주지 않으면, 아빠에게 이른다고 협박하거나 실제로 남편이 오면 아이 흉을 보는 엄마들이 있습니다. "당신이 좀 혼내줘", "당신이 좀 어떻게 해봐"처럼요.

이럴 때 아빠가 개입하기 시작하면 아이는 더욱 억울하고 기분이 나빠지고, 행동은 반대 방향으로 갑니다. 부모 사이도 덩달아 나빠집니다. 잔소리와 일러주기가 아닌 **신중한 마음의 소리가 아이를 움직이고, 부모인 나도 살립니다.** 비난이 아닌 **인정의 말**, 강압이 아닌 **바람의 말**, 부정이 아닌 **긍정의 말**이 부모와 아이 모두에게 필요합니다.

말버릇은 뇌회로입니다. 서로를 나쁜 쪽으로도 오염시키고, 좋은 쪽으로도 공명시키고 닮아가게 합니다.

부모님 표정부터 푸세요

엄마, 아빠 스스로의 집에서의 표정을 살펴보세요. 부부끼리는, 부모와 아이들은 언제 서로 마주보고 웃었나요? 미간을 찌푸리고 있지는 않은지요? 표정이 굳어 있지는 않나요?

가정을 이루는 두 개의 기둥인 부모가 든든하게 서서 버텨 주어야 아이들이 이 안전한 공간 안에서 편안하게 능력 발휘를 합니다. 부모는 스스로를 위해서 아이들을 위해서 얼굴 표정부터 풀어야 합니다. 아이들의 성적을 위한다면 시험 때 더 웃으셔야 합니다. 몸도 마음도요.

잘되는 집은 다들 표정이 밝습니다. 잘 나가서 표정이 밝을 수도 있지만, 밝기에 잘됩니다.

그리고 부부끼리 아이들을 칭찬해주세요. "오늘 ~잘했다.", "전보다 ~ 게 더 늘었다.", "당신 닮아서 ~ 잘하고 예쁘다." 이런 이야기들이 오가면 좋습니다. **부모가 서로 웃을 때 아이들의 마음에 얼음이 녹고 공부머리 회전속도가 올라갑니다.**

유연한 생각, 많은 선택지

절대적으로 꼭 이렇게 되어야 한다는 부모의 고집을 스스로 살펴볼 필요가 있습니다. 아이가 부모와 성향, 기질이 다르고, 세대가 30년이나 차이가 나는데도, 부모인 내가 경험하고 믿는 그 방식이 절대적으로 맞을까요? 내가 무조건 맞다면서 아이를 끌고 가려는 부모의 태도가 아이와 부모 모두를 아프게 합니다.

지금 영어 수준은 어디까지 올려야 한다. 수학은 선행을 어디까지 빼야 한다. 중간고사 성적은 어느 정도는 나와 줘야 한다. 학교는 어디 정도는 나와야 한다. 결혼은 ~정도 이상 되는 사람과 해야 한다. 모두 다 부모의 기준이고 생각일 뿐입니다.

아이는 전혀 다른 세계를 살고 있다는 것을 기억해주세요. **지금 내가 옳다고 생각하는 것이 틀릴 수도 있다는 생각의 유연함과 열린 태도가 부모로서 가장 필요한 덕목입니다.** 절대적인 것이 없고 우리가 찾았다고 믿었던 진리 또한 계속 변화하며 움직이고 있다는 사실을 기억해야 합니다. 유연하고 어느 방향으로든 필요한 때 움직일 수 있는 자유로운 몸이 건강한 몸이듯이 유연한 사고가 바로 정신적 건강함입니다. 유연한 생각은 많은 선택지를 만들어주고, 조바심 대신 여유가 생기게 하는 지혜가 됩니다.

흔들리면서 균형잡는 능력

부모들은 외롭습니다. 어쩌다 보니 어느새 어른이 되었고, 부모가 되었습니다. 어려운 일이 있을 때 딱히 속 시원히 말할 사람도 없는 경우도 많습니다. 이 외로운 인생길을 살아가면서 자기 지지와 확신, 큰 감정 저장고 없이는 쉽게 흔들립니다. 부모가 흔들릴 때 자녀도 흔들립니다. 흔들리지 않고 피는 꽃이 어디 있을까요? 흔들리는 것은 당연한 것입니다. 그래서 흔들리면서 균형을 잡아 나가는 능력을 계속 기르면 됩니다. 필요한 것은 내가 어디에 있나, 무엇을 하고 있나, 어느 방향으로 가고 있나에 대한 '자각'과 스스로에게 그리고 아이에게 용기를 주는 '따듯함'입니다. 좋은 사람이 되지 않고는 좋은 부모가 되기 힘듭니다. 신은 부모라는 자리를 우리에게 주면서, 자신을 확장하는 선물을 줍니다. 좋은 전문가는 엄마가 항상 물어봐야 하는 존재가 아니라, 엄마가 결국 스스로를 살펴 배려하고, 스스로의 의견에 소신을 갖고, 앞으로 힘차게 나가도록 돕는 사람입니다.

🕐 부모님을 위한 시간 》》》 내 몸과의 대화 (자기 돌봄)

눈을 감고 내 몸을 느껴봅니다.
두 손을 가슴에 대고 심장을 느껴봅니다.
내 손의 따뜻한 열기가 심장에 전해질 수 있도록 가만히 손을 대고 기다려봅니다.

내 생명이 시작되어 지금까지 계속 쉬지 않고 나를 위해 일해 온 심장의 소리를 귀와 손으로 들어봅니다.

그리고 심장에게 이야기해줍니다.
'고생이 많습니다.'
'고맙습니다.'

심장은 곧 또 다른 나입니다. 나의 중요한 장기에 손을 대고 듣는 과정이 나와 연결되고 나를 사랑하는 과정입니다. 자기 사랑은 형이상학적인 말로 표현하는 복잡한 것이 아니라 지금 여기 뛰고 있는 심장을, 내 몸을 느껴보는 것처럼 직접적이고 쉬운 것입니다.

인생을 즐기지 못하는 부모들

어쩌면 지금 부모 세대들은 인생을 즐기지 못하고 큰 세대일 수도 있습니다. 목표 지향적 교육 방식을 이미 주입받았다고 볼 수 있어요.

이런 방식으로 자란 사람들은 항상 쫓기든 '뭔가를 해야 한다', '이뤄야 한다', '열심히 살아야 한다'는 압박감이 있고, 쉬고 있으면 불안하고 만성적인 공허함을 갖기 쉽습니다. **경쟁 구도인 입시와 교육환경에서 커서 다른 사람이 내려가면 자신이 올라가는 묘한 뇌회로의 길이 익숙하고, 다른 사람에 대한 진정한 공감이 어려운 경우도 많습니다. 이 부모들은 대한민국 입시 사교육의 피해자이면서 다시 가해자가 되는 구조입니다.**

> 강남구의 여고를 나왔지만 원하던 상위권 대학 입시에 실패하고, 반복적인 우울증으로 치료받아온 서은 씨, 이제 27살이 되었지만, 자신을 닦달했던 엄마에 대한 극심한 분노와 피해의식에 아직도 시달린다. 완벽주의 엄마는 똑똑하고 모범생인 오빠와 비교하면서 서은 씨를 많이 구박했다. 그러면서도 엄청난 과외 사교육비를 쏟아부었다. 엄마는 서은 씨가 고3 때 심리적으로 무너지고 정신과에 입원하게 된 후에도 수년이 지나서야 겨우 딸의 상황을 받아들일 수 있었다. 그런데 어느 날 서은 씨가 이렇게 말한다. "저는 나중에 아이 낳으면 우리 엄마보다 더할 것 같아요. 아이를 저보다 더 완벽하게 키우려고 막 그럴 것 같아요."

교육의 피해자가 다시 가해자가 되는 현실

서은 씨의 엄마도 마찬가지입니다. 자신이 자라온 것보다 훨씬 좋은 조건으로 남매를 키우겠다는 일념으로 아이들을 위해 헌신했습니다. 하지만 욕심이 앞선 만큼 여러 부작용이 있었습니다. 그런 입시 지옥에서 헤매던 서은 씨가 스스로 다시 그 게임을 하겠다고 하는 것입니다. 서은 씨의 뇌는 자신이 성취하지 못한 엄마의 기대를 자신의 딸에게 다시 전가해 보상을 얻으려 합니다. **이렇게 깨달음과 교훈을 얻지 못하는 뇌는 대를 이어 계속 문제 행동을 반복하고 자신과 가족을 지옥으로 이끕니다.**

부모님을 위한 시간 〉〉〉 나를 지지함

눈을 감고 두 팔로 나를 안아줍니다.
그리고 나에게 소리 내어 말해줍니다.

'나는 나를 배려한다.'
'내가 널 지켜줄게.'

알고 있는 말이지만, 물리 현상인 소리가 될 때 실제적인 삶이 달라집니다.

완벽한 부모가 되리라

열등감에 시달리는 강남부모들

명문대를 나와 기자 생활을 했고, 지금은 전업주부 대치동 맘으로 살고 있는 아람 씨, 요새 심기가 많이 불편하다. 집 바로 건너편 새로 지어진 아파트에 사는 아이들끼리 그룹을 짜서 운동을 시키고, 오래된 자신의 아파트에 사는 아이들은 거기에 못 낀다는 생각이 들기 때문이다. (다 대치동 고가 아파트다.) 새 아파트 놀이터가 더 크고 좋아서 가서 놀 때면, 같은 학년인데도 눈치가 보인다. 친정에 부탁을 해서 무리해서라도 그 새로 생긴 아파트로 이사를 가야 할 것만 같다.

강남에 자가 아파트를 가지고 있다고 하면 행복할 것 같지만, 실상은 그렇게 좋지도 않습니다. 무리해서 큰 액수의 돈을 대출받고, 이자를 내느라 쪼들리는 경우도 많고, 아파트 값이 올라가니 기분이 좋다가도, 살고 있는 아파트 값이 오르는 것뿐이니 현금자산이 생기는 것도 아니고, 도리어 보유했다고 세금만 많이 내게 되어 부담이 커집니다. 게다가 아파트 평수가 신분이 될 수도 있는 시대에 상대적인 열등감에 시달리는 부모들도 많습니다.

> 반포의 대단지 아파트에 사는 의사인 재우 씨, 남들은 여기에 산다고 하면 부러워한다. 운 좋게 가격이 좋을 때 아파트 소형평수를 사게 되어 다행이지만, 아이가 점점 커 가는데, 70평도 넘는 평수가 있는 이 아파트에서 아이가 기죽을 생각을 하니 마음이 안 좋다. 다들 어쩜 그리 돈이 많은지 무슨 일을 하는지 아이들을 데리러 오는 아빠들은 낮에도 출근하지 않고, 그들이 아이를 태우고 가는 외제차 수준도 장난이 아니라 평범한 의사 아버지는 기가 죽는다.

부족한 대로 위로하는 가족이 필요하다

어딜 가나 나보다 더 돈 많은 사람이 있고, 더 예쁜 사람이 있고, 더 능력이 좋은 사람이 있기 마련입니다. 경쟁심이나 우월감, 비교하는 마음을 갖기보다 그냥 그러한 대로 인정할 수는 없을까요?

저는 가끔 아이의 능력치를 넘어서는 성적을 요구하는 것이, 아빠 엄마에게 더 많은 연봉을 가져오라고 옆집 잘사는 부모와 비교하면서 요구하는 것과 비슷하다는 말을 해드리곤 합니다.

어쩔 수 없는 못 가짐, 능력 없음이 바로 나인데, **그런 나에게 조금 더 친절하면 안 될까요?** 부모인 나도 좀 덜 가졌고, 남보다 좀 부족한 우리 아이인데, **그런 우리 가족이 서로 위하고, 위로하고 살면 안 될까요?** (조금더 잘 할 수 있는 용기와 힘도 여기서 나옵니다.)

어차피 험하고, 거친 사회에서 어렵게 살아가야 하는 우리 가족이 어디서 위로를 받을까요? 가정에서까지 내몰리면 어디로 갈까요? **비난하고 지적하는 시선을 의식하지 않고 편안하게 있을 수 있는 곳이 우리에게는 필요합니다.**

아이가 인생을 살아가면서 힘이 빠지고 용기를 잃을 때, 괜찮다고 따듯한 눈으로 자신을 바라보고 위로할 수 있는 힘을 기를 수 있도록 도와주세요.

⏱ 부모님을 위한 시간 ⟩⟩⟩ 조금 부족해도…

눈을 감고 두 팔을 가슴 위로 교차해 반대편 위팔에 손바닥을 하나씩 놓습니다. 그리고 번갈아 가볍게 팔을 두드립니다.

그리고 나에게 소리 내어 말해 줍니다.

'괜찮아.'
'지금 이대로, 좀 부족해도 나는 네 편이야.'

나의 뇌를 좌우 통합하고, 위로할 수 있는 방법 중 하나랍니다.
스스로 이런 마음을 장착해야 아이도 이런 마음으로 대할 수 있습니다.

부족하지 않게 키우고 싶어요

사랑하는 아이에게 좋은 것을 주고 싶은 마음은 부모로서 당연한 마음입니다. "아이가 원하는 거, 하고 싶은 거 충분히 할 수 있게 서포트 해주고 싶어요", "상처받지 않게 키우고 싶어요."

그런데 이런 부모님의 태도에 대해 다시 한번 생각해볼 필요가 있습니다. 일단 삶은 상대적으로는 부족할 수밖에 없는 원리인데 이를 인정하지 않고 환상을 품게 하고, 자칫하면 과보호로 쉽게 흐르기 때문입니다. 아이가 무엇을 정말 원하는지 알기도 전에 부모가 원하는 방향으로 행동을 먼저 해버리는 식으로요.

원하는 것을 갖지 못할 때가 있다는 것, 살아가면서 원하는 것을 얻기 위해 참고 기다려야 하는 때가 있다는 것을 경험하지 않은 아이의 삶은 위험합니다. 좌절을 겪고, 시련을 이겨내면서, 자신을 위로하고, 스스로 노력해서 뭔가를 스스로 얻어 본 경험이 아이를 강하게 만듭니다.

원하는 대로 되지 않는 일이 있을 때, 그 상황을 받아들이고 감정을 처리하고 스스로 다독일 능력이 없을 때 어떤 일이 벌어지게 될까요?

좌절을 참지 못하는 아이가 어른이 되면

22살 명문대 재학생 현우는 부유하게 자랐고, 부모님들은 부족함 없이 현우를 뒷받침했다. 특히 현우 어머니는 아이 공부에 방해되지 않게 신경

쓰이는 일 없이 공부에 집중하도록, 아이에 관련된 일들은 자신이 알아서 잘 처리해주었다. 공부도 잘하고, 외모도 잘생긴 현우는 항상 자랑스러운 아들이자 보물 같은 존재이다. 현우는 마음에 드는 이상형 외모의 여학생이 후배로 들어오자 적극적으로 대시했고 사귀게 되었다. 주위 사람들도 최고의 커플이 탄생했다고 생각할 정도로 이 커플은 멋졌다. 하지만 교제가 시작되면서 현우 마음속에 있는 문제가 드러나기 시작했다. 여자 친구와 다른 사람의 관계를 의심하거나 자기만 독차지하려는 집착이 심했고, 결별을 선언한 여자 친구의 뺨을 때리고 나서는 선물 공세와 함께 사과하고 싹싹 빌면서 무마를 했다. 그러나 점점 폭행 정도가 심해지자, 두려움에 떨던 여자 친구가 부모님께 상황을 털어놓았고, 곧바로 경찰 조사를 받게 되었다.

네가 뭔데 감히 내 말을 안 들어?

데이트 폭력이 사회문제가 되고 있습니다. 파트너의 마음을 배려하기보다, 자신의 감정을 더 중요하게 여기는 자기중심적인 사람들의 행동입니다. 여자 친구를 감정이 있고 자기 생각이 있는 '인간'으로 인식하고 존중하기보다, 자신의 소유물, 혹은 장난감이라고 느낍니다. 갑자기 이 장난감이 자기 목소리를 내고 자신을 거부하는 순간 당황하게 되고 화가 납니다. 이별과 거절의 상황을 어떻게 대처해야 하는지 제대로 경험하고 배운 적이 없기 때문에 폭력적인 행동을 하기도 쉽습니다. 그래서 어릴 때부터 상실에 대한 분노나 슬픔 같은 심리 반응을 느껴보고 적절히 처리하는 것을 배워나가야 합니다.

나의 소중한 아이는 살아가면서 원하는 것을 다 얻을 수 없습니다. 때로는 거절당할 수도 있고, 마음에 상처를 받고 고통을 받는 과정을 반드시 거치게 되어 있습니다. 상처 없는 삶이 어디에 있을까요? 상처를 이겨내는 연습을 시키지 않고 무조건 모든 걸 가질 수 있는 것처럼 키운다면 괴물이 탄생할 수 있습니다.

나르시스트 부모

내신시험, 수능 1문제에 등급이 오르락내리락하는 상황에서 강박적으로 한 문제라도 더 맞춰야 했고, 다른 사람보다 더 잘해야 성공하는 것으로 교육받은 세대가 부모가 된다면 어떻게 될까요? 우월감을 느끼려고 하고 다른 사람의 평가에 신경을 쓰는 자기애적 성격(나르시스트)으로 발전할 수 있습니다. 완벽한 부모가 되려고 하면서 아이들에게도 완벽을 요구합니다. 작은 상처나 흠도 못 견뎌합니다.

마음의 상처를 주지 않고 키울 테야

수십 년 전부터 소위 심리학, 애착, 마음의 상처 같은 말들이 유행했습니다. '내가 왜 이렇게 힘든가.' 원인을 알 수 없어 혼란스러워하다가, 심리학 책을 읽어보고 심리 상담에 관심을 가지면서 그게 다 '부모가 준 상처' 때문이라고 이해하게 된 경우가 많습니다. 원인이 뭔지 찾은 것 같아 생각이 정리되는 듯합니다. 나는 불쌍한 피해자가 되고, 비난할 대상이 생기면서 갑자기 몸에 힘이 나는 것 같습니다.

허전함과 불안감을 떨쳐 버리기 힘들어 심리 상담을 받기 시작한 40대 주부가 친정에 뛰어가서 부모님한테 욕을 하고 싸우기도 하고 의절합니다. 또 마음에 상처를 주면 안 된다며 자신의 아이들을 과보호합니다. 제대로 마음의 상처가 통합되고 치유되지 않은 상태에서 나오는 현상입니다(진정한 치유는 더 이상 피해자 역할을 하지 않고, 트라우마가 있다고 해도 자유로워지는 것입니다).

심리에 관심이 많았던 이들이 부모가 되면서 '나는 내 부모처럼 하지 않겠다', '내가 받은 상처를 내 아이에게는 주지 않겠다', '친구 같은 부모가 되고 싶다' 등의 소망을 갖는데 여기에서 또 문제가 발생합니다. 아이에게 과한 선택권을 주면서 도리어 아이를 불안하게 만들 수 있고, 가정에서도 사회에서도 적절한 자신의 위치를 모르고 부모의 머리 꼭대기에 올라가는 아이들을 양산하게 됩니다.

아이의 모든 감정을 읽어주고, 공감해주고 심리적인 안정을 찾게 도와준다는 양육방식이 도리어 아이를 약하게 만들 수 있습니다. 크고 작은 감정을 의연하게 처리해서 넘기기보다 상처에 연연하는 감정 호소인이 되버릴 수도 있습니다.

정말로 아이가 자신의 감정을 조율하고 자율성이 생기고 책임감이 있게 하려면 어느 정도 아이와 거리를 두고(공간), 개입하지 않고 기다리는 시간이 필요합니다.

*시간과 공간은 온라인 심신통합 프로그램 〈시간공간〉의 주제이기도 합니다.

헉, 육아서와 다른데?

육아서를 많이 읽었지만 육아를 하려는 과정에서 자신의 기대와는 다른 말과 행동을 하는 아이가 당황스럽습니다. 사실 모든 아이의 기질과 상황이 다르기 때문에 이런 상황이 자연스러운 것임에도 머릿속에 이렇게 되어야 한다는 생각이 확실한 부모는 뭔가 잘못되었다고 느낍니다. 완벽을 추구하는 과정에서 부모인 자신이 부족하다고 느끼거나, 아이에 대해서도 기준이 높아, 만족하지 못하고, 뭔가 더해야지 충분해질 것 같은 찝찝한 마음이 듭니다. 이렇게 마음이 불안정하기 때문에 아이에게 잘 대해주다가도, 감정폭발을 하는 경우가 생깁니다. 그리고는 그렇게 싫어하던 부모와 비슷한 행동을 하고 있는 자신을 발견하고 놀라고 실망합니다.

무너지는 가정의 질서

진정한 부모로서의 힘은 자신의 부모(원가족에서의)를 비난하고 거절하지 않고, 있는 그대로 장단점을 바라보고, 받은 것에 대해 감사하면서 건강한 선을 긋고, 전해져 내려오는 생명력을 흡수하는 데서 나옵니다. 독일식 헬링거 가족세우기의 관점이자 저의 가족치료 방향입니다.

요즘은 집안의 중심이 아이들이 되고, 상황이 아이들 위주로 흘러가면서 아이-애완견-엄마-아빠 순으로 집안 랭킹이 내려가기도 합니다.

좋은 먹을거리나 돈을 소비하는 순서도 이렇게 되지요. 아빠가 아이 간식을 먹어버리면 혼이 나는 상황입니다.

아이들은 아이들대로, 부모와의 관계에서 에너지 흐름대로 아래에 있지 않고 올라가게 되면서 심리적으로 불안하고, 불편해집니다. 부모와 아이들의 불행과 방황, 부딪침은 이런 부모들과 아이들의 심리상태와도 관련이 있습니다.

부모의 욕심과 목적을 가지고 결과물을 만들어 내는 프로젝트로 자식의 교육을 보는 관점, 그리고 치유되지 않은 부모 본인의 문제가 가정의 비극을 만들어 냅니다. 어떻게 이 고리를 끊을 수 있을까요?

완벽한 부모가 아닌 충분한 부모

적절한 결핍감과 열등감은 필요합니다. 우리를 더 성장시키니까요. 하지만 지나친 완벽주의는 자신과 타인을 학대하고, 쥐어짭니다. 더 성장할 의지도 좀먹어버리는 부정적 감정이 지배하면서 결핍감, 열등감에 시달립니다.

우리는 완벽하지 않습니다. 장점도 많지만 단점도 많습니다. 우리 안에는 부족함이 항상 있지만 그런대로 온전하고 충분합니다. 지금 이대로 좀 부족한 상태가 정말로 괜찮다는 감정이 자신감이 되어 더 성장시켜 앞으로 나갈 힘을 줍니다.

이 결핍과 부족함, '그럼에도 불구하고' 자신을 사랑하는 있는 그대로 사랑할 수 있는 마음이 완벽주의로부터 우리를 구해냅니다. 부족한 모습을 딛고 더 발전할 수 있는 힘이 여기서 나옵니다.

저는 〈고래가 그랬어〉란 어린이 잡지에 2008년부터 2017년까지 10년간 〈고민 많은 부모에게〉라는 컬럼을 연재했습니다. 부모님들이 고민을 보내주면 상담해주는 글입니다. 2012년에 그 상담 내용을 묶어서 나왔던 책 이름이 바로 『충분한 부모』였습니다.(더 많은 사례들과 함께 개정판 책이 나옵니다.)

충분하다(充分)는 것은 '어떤 목적을 달성하기에 모자람 없이 넉넉해서 나눌 수 있는 상태'(가득채울 충, 나눠가질 분)입니다. **영혼의 성장이라는 인생의 목적을 위해 우리는 조금 부족하고 모자란 대로 충분하게 지금 존재하고 있습니다. 완벽함은 우리를 불만족스럽게 하지만, 충분함은 우리를 감싸고 행복하게 앞으로 나갈 힘을 줍니다.**

온전한 사람

제가 가족세우기를 하면서 부모와 아이가 마주본 상태에서 부모님이 아이에게 해주는 영혼의 문장이 있습니다. 지금 한번 해보실까요?

**아이를 떠올리며 바라봅니다. 그리고 소리내어 이야기합니다.
"~야 너는 온전한 사람이야. 지금 그대로."**

온전하다(穩全)는 것은 '본래의 상태 그대로 손상이나 결핍 없이 완전한 상태'(평온할 온, 완전할 전)를 의미합니다. 그렇습니다. **우리 안에 이**

렇게 온전한 것이 들어가 있기에 충분합니다. 그 온전함을 잃지 않고 균형을 잡으면서 우리는 길을 걸어갑니다.

모든 것이 비교와 경쟁?

과도한 경쟁과 완벽주의는 문제를 계속 양산해냅니다. 사람들은 SNS에서 넘치게 유행하는 자기자랑 식의 정보에 질린다고 말합니다. 아이들을 키우면서 어디를 놀러 가고, 어느 영어유치원을 보내는 등등 모르는 사람의 사생활까지 쉽게 너무 잘 아는 사회가 되었습니다. 정보교류가 빠르다 보니 사교육에 관련해서도 점점 더 상황이 과열되는 양상입니다. 더 일찍, 더 좋은 곳에서 더 좋은 교육을 받게 하려는 욕망이 상황을 가속화시키고, 유행을 만들어 냅니다.

> "저도 아이들도 ○○○○ 패딩을 다 사서 입었어요. 이 동네는 애들도 겨울 코트를 이걸로 거의 다 입고 다니고, 도리어 안 입으면 이상하게 보이니까, 튀지 않으려고 사 입은 거예요. 다들 입는데 안 입으면 무시당해요."

수백만 원짜리 패딩코트가 유행하는데, 안 입으면 이상해집니다. 입학식 날 엄마들은 비싼 백과 구두, 옷으로 풀세팅을 합니다. 기죽지 않고 아이 기죽이지 않기 위해서죠. 그러나 곧 엄마들은 압니다. 만나면 불편한 사람, 다른 사람을 깎아 내리고 흉보는 사람, 목소리만 크고 예의가 없는 엄마들은 대장 노릇을 하더라도 점점 외로워지고 몇 년 지나지 않아 관계가 평정됩니다.

이제는 도리어 명품과 유행을 따라가고 자랑하는 것이 우스워지는 세상이 되었으면 합니다. **사랑스러운 눈빛과 미소, 표정, 적절한 예의와 선을 지키는 배려심 있는 행동이 더 소중하고 멋진 것이라고 인식하는 사회가 되었으면 합니다.** 돈이 많은 사람이, 배운 사람이 더 자부심을 가지고, 앞장서서 사회풍토를 만들어 가면 좋겠습니다.

뽐내기 식의 자랑이 아니고, 남을 따라하는 모방이 아니고, **자기만의 길을 걸어갈 수 있는 용기**는 어디서 올까요? 남의 부러움을 유도하고, 염장을 지르지 않고 **모두가 함께 배려하고 행복한 분위기**를 만들어 나갈 수는 없을까요? 그러려면 **우리 한 사람, 한 사람이 깨어나야 합니다.** 이 책에서 함께 생각해보고 싶은 것이 바로 이것입니다. 누군가는 사회정화운동이라고도 표현합니다.

자유함이 힘입니다

SNS의 세계에서도 때로는 즐기지만, 마음과 몸의 균형이 깨졌다고 생각했을 때 줄이고, 쉬고, 비공개로 전환하는 자유함이 능력입니다. 능력입니다. 서로서로 그런 쉼의 능력을 인정해주는 분위기가 필요합니다. 우울증에 걸리는 게 수치스럽게 느껴져서 아직도 숨기는 분위기가 있습니다. 그러다 우울증이 심해지면 더욱 말을 못하고, 극단적 상황으로 갑니다. 심각하게 번아웃(burn out, 에너지 소진)되기 전에 힘들 때 쉬는 결단을 표현하고, 또 이를 존중하고 응원해줄 수 있는 분위기가 자연스러워지면 좋겠습니다. 한창 때이지만 힘이 들면 잠시 SNS 같은 활동에서 쉬고 자기 시간을 보내고요. 그런 상황이 **실패가 아니라 또 다른 세계로 진화해 넘어가는 상태라고 생각할 수 있었으면 합니다**. 봄이 올 때까지, 서로의 겨울잠을 응원하는 것처럼 말이죠.

과시가 부끄러운 사회가 된다면

교육문제를 해결하는 데 있어서는 우리 모두가 조금씩 통찰력을 가지고 달라져야 합니다. 효과도 불분명하고, 출산율을 낮춘다는, 어린아이들과 부모를 슬프게 하는 선행학습이 별것 아니라는 **깨달음과 선택의 자유가 필요합니다**.

더 잘된 아이를 보면, 더 잘된 친구를 보면 기분이 나쁘고 가슴이 철렁하고 박탈감을 느낄 수 있습니다. 우리 안에 있는 이런 속물적인 요소는 우리 안에 언제나 살아 있는 동안 있을 것입니다. 하지만 우리는 이렇게 속물로 살아가는 것을 경계하고 **더 큰 마음으로 좁은 마음을 감싸면서 앞으로 나아가야 합니다. 삶이라는 게임의 최고 레벨 업 목표**를 그렇게 설정해보는 건 어떨까요?

인생이라는 게임에서 영혼의 레벨 업에 대하여

우리가 삶의 경험을 끝내고 눈을 감을 때 무엇을 가져갈 수 있을까요? 멋지게 꾸며놓은 집도, 계좌에 찍힌 잔고도, 나의 이름도 다 나와 분리되지만, 내가 얻은 깨달음의 정보는 나와 같이 가지 않을까요?

남보다 앞서가고, 더 잘 먹고 잘사는 것을 과시하는 레벨은 낮은 레벨이고 부끄러울 수 있다는 것을 서로 아는 사회가 되었으면 합니다. **잘나고 많이 가졌다면 그렇지 않은 사람을 위해 봉사하라고 갖게 된 것입니다. 따듯한 마음으로 서로를 바라봐주며 함께 잘사는 높은 정신적 단계로 우리는 가야 합니다.** 주눅 들거나, 피해의식을 갖기보다, 한 사람 한 사람 의식의 깨어남으로 사회 분위기를 바꿔갈 수 있습니다. 이 책은 그렇게 부모와 아이들의 행복을 위한 책이고, 성장에 관한 책입니다.

완벽한 아이를 원함

딸이 못생겼어요

초6 은채 엄마 수인 씨는 딸을 볼 때마다 속이 상한다. 스튜어디스 출신에 미인인 자신과 달리, 남편의 외모를 꼭 닮은 은채는 얼굴이 크고 목이 짧고 통통하다. 아이가 좋아하는 빵을 숨기고, 음료수를 못 먹게 하고 다이어트를 시켜보지만, 시댁 체형을 닮아 쉽게 살이 찌는 딸이 창피하다. 돌출 입을 해결해주고 싶어서 이 4개를 빼고 교정을 시작하였다. 그런데 아이가 치과 치료를 받고 온 날부터 갑자기 틱 증상을 보이고 머리가 아프다고 호소해서 걱정이다.

부모가 완벽한 외모와 성적을 가진 아이를 원하지만, 내 아이는 그렇지 못할 때 아이를 향한 부모의 못마땅한 시선과 구박이 시작됩니다. 내가 낳은 아이가 기대에 못 미칠 때 아이를 고치려 하고, 평가하고, 미워하고 비난합니다. 아이가 부족한 대로 받아들이고, 있는 그대로 바라봐주고, 기다려줄 때, 부족한 아이라 해도, 더 건강하고 아름답게 변해가지 않을까요?

이렇게 키운 아이들이 자존감이 낮아져, 신체 망상을 보이고 성격이상을 보이게 될 때야 부모님이 자신의 문제를 깨닫게 되는 것이 바로 비극입니다.

성형 병에 걸린 중3 딸

중3 유림이는 엄마를 졸라서 쌍커풀 수술을 했다. 엄마는 안 해도 된다고 하면서, 또 정 그러면 성인이 되면 해주겠다고 말했지만, 아이가 친구들은 다 하는데 왜 안 되냐고 고집을 피워서 어쩔 수 없이 해주었다. 유림이는 고등학교에 올라가 새로운 친구들을 사귀면서 새로운 삶을 살기 위해 외모가 변할 필요가 있다고 느꼈다. 엄마는 하라는 공부는 안 하고 외모 신경이나 쓰는 딸이 한심했지만 그래도 학원도 더 열심히 다니고 공부도 더 열심히 하기로 약속을 하고 수술을 시켰다(이렇게 부모들은 아이가 원하는 것에 자신이 원하고 아이가 싫어하는 공부를 붙여 계약을 맺는다. 그리고 당연히 그 약속은 잘 지켜지지 않는다). 그러나 유림이는 수술 후 2달이 지나도 거울만 보고 있을 뿐 공부는 전혀 하지 않는다. 도리어 여기가 잘못되었느니, 저기가 잘못되었느니 하면서 수술 결과가 마음에 들지 않는다며, 재수술 이야기를 꺼내고 있다. 엄마는 '소문으로만 듣던 성형중독에 저렇게 빠져드는구나'라고 느끼고, 인터넷을 찾아보다가 이제 보니 아이가 신체 망상증이 아닌가 의심이 들었다.

내가 마음에 들지 않아요

엄마가 아이를 마음에 들어 하지 않듯이, 유림이도 자신을 싫어하는 마음이 있습니다. 성형수술로 외모가 변해도 마음이 변하지 않으니, 항상 자신이 불만족스럽습니다. 엄마가 완벽한 아이를 원하듯, 유림이도 완벽한 자신을 원했습니다. 하지만 현실은 계속되는 되돌이표, 혹은 지옥으로 다가가고 있는 듯합니다. 정말로 유림이와 엄마에게 필요했던 것은 그러한 대로 자신을 사랑하고 받아들이고 위로하고 웃어 주는 서로의 눈길은 아니었을까요?

부모님을 위한 시간 》》》 좋은 면 찾기

눈을 감고 아이를 떠올려봅니다.
평소에 못마땅하게 느꼈던 아이의 모습을 찾지 마시고,
예쁘고 좋은 부분을 찾아봅니다.
사랑스러운 아이의 표정을 떠올려봅니다.

어떤 상황에서도 내 아이 안에서 선한 면, 아름다운 면을 찾아 바라보는 것이 바로 사랑의 능력입니다.

성장주사의 유행

성장주사는 또 왜 이렇게 유행일까요? 특히 남학생들의 경우 키가 권력이 됩니다. '180 이상이면 위너(winner)'라는 말이 유행하기도 했죠.

아들이 키 작은 남자가 되지 않도록 유독 키에 부모들은 집착합니다. 특히 부모 중 한 명이라도 키가 작은 경우는 더한 것 같습니다. 유치원 아이들이 검사를 받고 얼마나 키가 클지 예상을 해보며, 성장 주사를 맞습니다. 매일 밤, 배와 팔다리에 주사를 찌릅니다. 요새 벌어지고 있는 이상한 일 중의 하나입니다. 그러나 부모들은 너도나도 돈을 들여 아이에게 성장호르몬을 놔줍니다.

> 고2 시호는 집에서 난동을 부렸다. 자기가 키가 작은 것이 모두 엄마 탓이라고 소리를 질렀다. 왜 이렇게 낳아주었냐고, 이미 자신은 실패했고, 세상을 더 이상 살 수가 없다고 했다. 시호의 아버지는 180에 가까운 키지만 엄마가 작은 편이다. 몇 번 성장클리닉에 가서 주사도 맞아보았지만, 시호가 싫어했었고 흐지부지된 경험이 있다. 시호는 왜 그때 자기를 설득하지 않았느냐고 도리어 엄마를 비난한다. 그리고 더 일찍 갔으면 달라지지 않겠느냐고도 소리를 지른다. '엄마가 집에서 한 게 뭐가 있느냐'(대학교 교수님이다)면서 악을 쓴다. 엄마는 이런 시호의 비난에 죄인처럼 주눅이 든다. 그러면서도 머릿속으로는 난폭해지는 아이를 어떻게든 잘 달래서 오늘 학원에 빠지지 않게 할 궁리를 하고 있다. 그리고 차마 밖으로 이야기하지 못한 말을 속으로 한다. '아들아, 네가 키가 작으면 공부라도 잘해야지. 그래야 연애라도 하지.'

상식적으로 생각해 보세요

성장 호르몬을 어린이집에서부터 맞는 아이도 있다고 할 정도로 성장호르몬을 주사하는 시기도 내려가고 있습니다.

저의 전문영역이 아니므로 이런 상황에 대해 말을 삼가겠습니다. 하지만 어떤 약이든 주사든 아이들에게 미치는 좋은 영향과 부작용이 될 수 있는 것들을 살펴 가면서 해야 할 것입니다. 아무리 의학이 발달해도 상식선에서 맞지 않다고 생각되면 부모님들이 더욱 정신 차려서 판단해야 합니다. 얻는 것 외에 잃는 것은 무엇인지요. 몸에 주사를 매일 맞는 것은 아이의 마음에는 어떤 영향을 미칠까요? 자연스럽게 생성되는 호르몬이 아닌 호르몬을 밖에서 넣는 것은 키만 크게 하고, 다른 부작용은 하나도 없을까요? 예뻐지기 위해서 아이의 이를 몇 개씩 뽑는 것은 어떤가요? 자연스럽게 교정이 되는 방법은 없을까요? 이런 질문을 부모가 스스로에게 던져 봐야 합니다.

아이를 좋게 하기 위해서 치아교정을 하고, 성장 주사를 맞히고, 성형수술을 해주지만, 좋으라고 했던 것이 가만 놔두는 것보다 못한 상황을 봅니다. 부모가 신중하게 판단하고, 다양한 의견을 들어볼 필요가 있겠습니다. 저는 ADHD약을 먹이는 것에 대해서도 비슷한 생각을 합니다. 고용량의 치료제를 부작용도 아랑곳하지 않고 수년간 무조건 먹여야 할까요? 약에만 의존하지 않고 도와줄 방법은 없을까요? 아이의 상태에 대해서 전문가와 잘 의논해 뇌신경계가 건강해지는 자연스러운 방법도 찾아보세요.

내가 원하는 아이를 만든다

이안이의 아빠인 승우 씨는 교육에 관심이 많아 아이를 도맡아 키웠다. 어렸을 때 안고 젖병을 물리는 것도, 씻기고 재우는 것도, 어린 시절 유치원에 보내고 데려오는 것도 주로 아빠가 할 정도로 아이에게 관심을 기울였다. 이안이가 다른 아이들보다 뭔가를 잘하는 것 같으면 너무나 마음이 뿌듯했다. 승우 씨는 지방의 대도시에서 컸고 나름 부유한 집에서 자랐지만, 명문대에 간 형에 비해 좋은 대학을 가지 못했다는 열등감이 있었다. 자신보다 더 좋은 대학을 나온 전문직 여성과 결혼하였고, 바쁜 아내보다 상대적으로 시간적인 여유가 있는 자신이 아이를 자연스럽게 많이 돌보게 되었다. 이안이를 챙기는 것은 승우 씨에게 큰 기쁨이었다. 승우 씨는 아들을 키우며 새로운 인생을 사는 것 같은 기분이 들었다. 자신의 계획대로 잘 따라와 주는 아이가 너무나 귀엽고 이런 육아의 삶을 진심으로 즐겼다. 아들과 친구 같은(?) 관계를 유지했고, 여행을 다니고 이안이가 받은 상을 SNS에서 올리면서 자부심을 느꼈다. 언제까지나 이어질 것 같은 아들과 아버지의 관계는 들어가기 어려운 학원에 자랑스럽게 들어간 아이가 아버지가 원하는 대로 학원 숙제를 하지 않고, 점점 말을 듣지 않으면서 금이 가기 시작했다. 초등학교 6학년 때쯤부터는 아버지에게 반항이 심해지고, 서로 몸싸움을 할 정도로 관계가 악화되었다. 아이에 대한 기대가 높고, 아이를 많이 사랑한 만큼 아이에 대한 미움과 분노, 징벌도 컸다. 아버지에게는 철저한 교육 플랜이 있었기에 조금이라도 물러서면 아이에게 끌려다니게 될 것 같아 더욱 강하게 아이를 대했다. 친구(?) 같고 똑똑하고, 아버지를 닮아 자기 주장이 분명했던 아들은 아버지에게 맞서 철저하게 반항했다. 중2 1학기 기말고사를 앞둔 어느 날 아버지와 크게 싸운 이안이가 아버지가 보는 가운데 아파트 베란다에서 투신하면서 14년 동안의 아버지와 아들 관계는 그렇게 끝이 났다.

이기는 자도 불행한 싸움

너무나 비극적인 일이지요. 하지만 실제로 이런 일들이 우리 사회에서는 계속 일어나고 있습니다. 오늘도 또 다른 이안이가 생기고 있습니다. 아버지는 자신이 받고 싶었던 모든 것을, 하나밖에 없는 아들에게 해주면서 열심히 살았습니다. 그런데 아버지는 정말 아들을 사랑한 걸까요? 또 하나의 자신을 사랑한 것은 아닐까요? 이안이는 혹시 아버지의 아바타(avatar, 자신을 대신하는 분신)는 아니었을까요? 이안이가 아버지에게 저항의 목소리를 내기 시작하면서부터(아이는 아버지와 다른 개체이니 당연히 자기만의 의견이 있습니다. 몸도 다르고 생각도 다르고 행동도 다르지요. 이안이의 몸 자체가 DNA가 엄마 쪽에서 절반이 들어와 있으니까요) 아버지는 아바타에 오작동이 있다고 느꼈고, 철저히 자신의 플랜을 위해서 고치려고 했습니다. 기계를 고치듯 말이죠. 아이의 목소리에는 귀를 기울이지 않았습니다. 로봇은 자기 의견을 이야기하면 안 됩니다. 입을 다물고 주인의 말에 따라야 합니다. 이안이는 절대로 변하지 않는 아버지 앞에서 엄청난 무력감을 느꼈고, 아버지 눈앞에서 극단적 선택을 하면서 아버지에게 복수하고, 아버지와의 싸움에서 이겼습니다.

발달이 늦은 아이들을 조급하게 밀어붙이는 상황

완벽한 아이를 원하는 부모님들의 마음은 아이가 발달이 늦을 때도 비슷합니다. 아이의 발달이 지체되는 것이 불안해 발달을 끌어올리려야 해서 다니던 직장까지 그만두고 빽빽한 스케줄을 짜서 열심히 치료를 시키려고 합니다.

아스퍼거 장애로 진단받거나, 자폐 스펙트럼 장애, 언어 발달지연 등으로 진단받은 아이들이 너무 늦지 않게 필요한 치료를 선택해 적절히 하는 것은 정말 중요한 일입니다. 그러나 아이를 쉬게 할 틈도 없이, 여러 곳의 치료센터를 돌면서 부모와 아이 모두 지치는 경우도 생깁니다. 이런 상황도 부모로서의 불안감에서 나옵니다. 조바심을 느끼면서 끊임없이 인터넷에서 정보를 뒤지면서 시간과 에너지를 버리고, 정작 아이와 눈맞추는 시간과 즐거움은 줄어들지 않았나요? 죄책감을 갖거나, 아이를 바라보는 눈이 걱정의 눈으로 바뀌었나요? 그렇다면 뭔가 잘못된 것입니다.

정말 좋은 발달은 억지로 치료를 시키는 게 아니라, 뇌 신경계가 자극을 스스로 소화하면서 조금씩 뇌회로를 형성해 가는 것입니다. 발달이 빠른 아이들 공부시키는 방법과 뇌의 자기 학습이라는 차원에서 그리 다르지가 않습니다.

아이를 정말로 성장시키고 공부를 잘하게 하고, 발달을 잘하게 하는 힘은 항상 아이 안에 존재합니다. 그 힘을 막고 있는 감각 예민성, 둔감성, 주의력, 사회성을 조절해주면 발달이 가속화되는 시점이 옵니다. 공부의 장과 치료의 장이 잘 형성되도록 다소 마음을 비우는 것이 필요합니다. 치료하더라도 이 에너지장 안에서 적절한 치료를 선택해 부모도 아이도 지치지 않는 범위에서 하도록 권해드립니다. 부모의 절박한 마음과 너무 열심히 하는 노력이 도리어 이 힘을 방해하는 것처럼 느껴질 때가 있습니다.

공부와 치료의 장이 아이를 감쌀 수 있도록

부모는 아이의 곁에 있지만 아이와 안전하고 편안한 거리를 확보해야 합니다. 아이의 공간을 존중해야 합니다. 아이가 발달이 느리거나, 공부가 막혀 부모님이 조바심과 불안감이 심할 때 제가 쓰는 명상 방법을 함께 해보겠습니다.

🕐 부모님을 위한 시간 〉〉〉 아이를 돕는 힘

아이를 발달하게 하는 생명의 힘이 있다고 상상해 보세요.
아이를 떠올리고, 아이의 머리와 등, 즉 (뇌와 척수로 이루어진) 뇌신경계를 상상해보세요. 생명력의 장(場, field)이 위에서 내려와 빛처럼 아이를 감싸고 있다고 이미지를 떠올리고 바라보세요.

그리고 부모님은 뒤로 조금 물러납니다.

아이가 장애가 있어요

아이가 발달지연이 있을 때, 장애가 있을 때, 다른 아이들과 다르거나, 부족한 점이 있을 때, 부모님의 태도는 다양합니다. 아픈 손가락이란 말이 있듯이 부족한 아이를 더 사랑하고, 아끼고, 부부가 더욱 돈독하게 합심합니다. 하지만 어떤 부부는 갈등이 심해져서 이혼하게 되기도 합니다. 한쪽 부모가 아이의 장애를 받아들이지 못하고, 아이를 버린다는 느낌이 드는 경우도 있습니다. 인생의 항로에서 어떤 일을 맞이할 때 어떤 선택을 하느냐는 사람마다 다릅니다. 무엇이 '옳고 그르다'를 이야기하고 싶지 않습니다. **인생(人生)의 과정이 영혼의 성장임을 생각할 때 나에게 벌어진 일을 회피하기보다 더 성숙할 수 있는 계기로 해결해 나갈 수 있으면 좋을 것입니다.** 아이를 부모의 자랑과 자존심, 경쟁적인 프로젝트로 생각하면 성장이 없습니다.

내 아이의 단점을 보고 싶지 않아요

> 초1 지안이는 선천적으로 흉곽에 문제가 있어 어릴 때 수술을 받았다. 머리가 좋아서 학습은 굉장히 앞서가고 있는 상태이다. 하지만 얼굴에 표정이 없고, 자세가 좋지 않고, 힘들어하는 기색이 역력하다. 지안이에게 가장 필요한 것은 웃을 일, 즐거운 일, 몸이 잘 커나갈 수 있게 신체활동을 적절히 많이 하고 수술로 위축된 몸을 잘 펴고 근막을 적절히 자극해서 온몸이 잘 펴줄 수 있게 도와주는 것이다. 그러나 아이는 수술흉터 자국이 보이는 수영을 포함해 운동을 싫어했고, 부모도 아이의 모습을 다른 사람에게 노출시키기를 원치 않았다. 몸이 힘드니 자연히 신체활동을 거부하고 책만 읽으려는 아이. 그럴수록 아이가 신체활동을 재밌게 하도록 뇌회로 형성을 도와주어야 하지만 부모도 지안이의 몸 상태가 상처가 되고 불편하게 느껴져 자꾸 고개를 돌린다. 도리어 아이의 좋은 인지 기능으로 부족한 면에 대해 보상을 얻고 또래보다 뛰어나다는 우월감을 얻으려 한다.

지안이는 신체적인 어려움이 있는 경우입니다. 똑똑한 아이지만 말이지요. 그런데 어린 나이에 이미 고갈이 된 사인을 내보내고 있습니다. 불안정한 정서 상태에 친구들과의 관계에서도 이미 피해의식이 생겨나고 적절한 사회성 발달이 안 되고 있습니다.

정말 아이를 사랑한다면 아이의 시야를 넓혀주면서 건강하고 행복해지도록 도와주어야 합니다. 하지만 지안이의 부모님 특히 아빠는 완벽주의 성향 때문에 본인이 아이 상황을 받아들이기가 쉽지 않았습니다. 쉽게 말하면 내 아이가, 나의 산출물(product)이, 나의 프로젝트가 가장 성능과 품질이 좋은 최고여야 하는데, 이미 시작부터 결함이 있는 상황을 잘 받아들이지 못하는 것입니다.

아이는 나의 자존심

> 아이가 말이 좀 늦었는데 이젠 또래보다도 말을 더 잘해요. 그런데 유치원에서 별난 행동을 한다면서 자꾸 선생님한테 연락이 오는데 너무 속상합니다. 현장학습을 가도 줄을 이탈해서 위험하고, 수업시간에도 다른 아이들에게 방해가 되는 행동을 한대요. 제가 볼 때는 호기심이 많고 창의적인 아이인데 선생님들이 색안경을 끼고 본다는 느낌을 받아요. 좀 미워하는 것 같기도 하고요. 전문가 상담을 받아보는 게 어떻겠냐면서, 옆 반에 비슷한 아이가 있는데 자폐 스펙트럼으로 치료를 받고 많이 좋아졌다는 말까지 하더군요. 참 기가 막혀서. 그래서 다른 유치원으로 전학을 시키려고 해요.

속상한 엄마의 마음이 느껴집니다. 그런데 아이의 문제를 인정하기 어렵고 아이가 사회성에 어려움이 있는 것을 받아들이지 못하는 마음이 있는 것 같습니다. 유치원 선생님 입장에서도 아이의 어려운 점을 부모에게 이야기하기는 쉽지 않습니다. 그렇더라도 부모님께 아이의 행동에 대해 전달하는 것은 유치원 생활을 집단으로 하기에는 무리가 있기 때문이고 아이가 걱정돼서 일 것입니다. 처음으로 아이의 문제에 대해 전달받게 되면 어느 부모님이든 놀라고 마음이 좋지 않습니다. 그런데 부모님들이 아이의 문제 행동을 알려준 선생님들에 대해서 나중에는 고마워하는 것을 많이 보았습니다. 엄마가 모르고 있던 문제를 선생님이 알려줘서 늦지 않게 치료를 시작하기도 하고, 더 큰 문제로 발전되는 것을 막을 수 있었다고 느끼니까요.

유치원을 옮기는 것이 아이에게도 스트레스가 될 수 있어서 엄마가 속상하더라도 섣불리 원을 옮기기보다 아이의 상태에 대해 전문가와 상의하고 치료를 해나가면서 현재 유치원에서 문제가 개선되는 것을 지켜보는 것이 좋습니다.

우리 아이, 아무 문제없거든요!

다른 사람들은 아는 아이의 문제를 부모만 감추려 하는 경우도 많습니다.

> 단우 씨는 교수 부부의 외동아들이다. 어릴 때부터 명석하고 다른 아이들이 모르는 잡다한 지식도 백과사전처럼 줄줄 외워서 부모는 영재라고 생각했다. 주위 사람은 아이의 특이한 억양과 행동이 자폐적이라는 것을 쉽

게 알아차렸다. 하지만 부모님은 아이가 정상이라고 끊임없이 믿고 싶었고, 그렇게 키웠다. 아이에게 조금이라도 흠으로 잡힐까봐 정신건강의학과는 당연히 방문하지 않았고, 이름난 대학의 지방캠퍼스도 보냈고, 심지어 군대도 보냈다(군대도 인맥을 동원하고, 상사 등을 챙기면서 큰 문제 없이 병역을 마쳤다). 정말 놀랄 만한 부모의 뒷바라지가 아닐 수 없다. 부모가 계획한 대로, 대학 졸업과 병역까지 마쳤으니 일단 목표 달성을 했고 이력서에 쓸 만한 사회의 구성원으로서 스펙을 맞춘 것이다. 그러나 누가 보아도 어색한 말과 행동을 하는 단우 씨는 취직할 수 없었고, 집에서 지내고 있다. 그러던 어느 날, 아파트 상가에서 초등학생에게 부적절한 질문을 하면서(단우 씨 입장에서는 정말로 궁금한 것을 물어본 것뿐이다) 성추행으로 간주되어 경찰서에 넘겨졌다.

이때부터 부모님은 처벌받게 하지 않기 위해서, 단우 씨가 문제가 있는 사람이라는 걸 처음으로 열심히 증명해야만 하는 상황이 되었습니다. 그동안 단우 씨의 부모님은 정말로 단우 씨를 사랑한 걸까요? 아니면 자신들에게 맞는 번듯한 아이가 필요했던 걸까요? 성인이 되어서야 본격적인 치료를 시작한 단우 씨이지만 말과 행동이 자연스러워지고, 부모님은 이제는 아이의 미래에 대해서도 안심이 좀 된다면서 눈물을 흘렸습니다. 하지만 어리숙해서 다른 사람의 꼬드김이나 속임수에도 안전하지 않을까봐 걱정입니다. 이제는 점점 나이 들어가는 부모님과 언젠가는 혼자 남겨질 단우 씨이기에 겉으로 드러나는 스펙이 아니라, 안전하게 자신을 지키고, 적절하게 자신의 삶을 살아나갈 '진짜 힘'이 필요합니다.

제 아들은 정말 완벽한 작품이랍니다

> 남편이 의사인 지은 씨는 자녀들의 입시에 관심이 많았고, 교육에 깐깐하게 관여해서, 두 딸을 치과 의사와 변호사로, 아들은 의사로 '만들었다.' 아들이 전공과를 선택할 때도 반드시 특정 과를 해야 한다고 주장하면서 억지로 여러 방법을 동원해, 경쟁자들을 밀치고 결국 들어가는 데 성공했다. 아들의 연애에도 지나치게 관여했으며, 흡족할 만한 명문가의 딸과 결혼을 시켰다. 두 아이를 낳고, 아들이 잘 살고 있다고 믿었지만, 어느 날 자살을 기도한 아들은 1년간 식물인간 상태로 있다가 사망하였다.

인간 앞에는 어떤 운명이 펼쳐질지 모릅니다. 인간은 거대한 운명 앞에서는 나약한 존재일 뿐입니다.

모든 것을 얻은 것처럼 보이고, 마음먹은 대로 되는 것 같지만, 결정적인 순간에 모든 것을 잃을 수도 있는 것입니다. 특히 자식 일은 마음대로 되지 않습니다. 과도한 욕심은 불행을 부릅니다. 부모는 이런 사실을 삶을 통해 인정할 수밖에 없습니다.

항상 겸손한 마음으로 하루하루를 살얼음을 걷듯 조심히 살피면서 지금 여기를 누리고 감사하면서 살아갈 뿐입니다. 그것이 현명함입니다.

우리는 길어야 100년 남짓한 삶을 살다 갑니다. 지구별에서 부여받은 이 삶의 의미가 무엇일까요? 더 많이 성취하고 남보다 앞서가는 것이 아니라, **함께 조화롭게 잘 사는 더 좋은 인간이 되는 것**이 가장 점수가 높게 설정되어 있는 게임은 아닐까요?

사회도 위험해진다

귀하게 길러진 아이들이 커서 일으키는 범죄

어릴 적부터 학원 뺑뺑이를 돌고, 앉아서 공부만 하다 보니, 공감능력이 없고, 가정과 사회에 적응하지 못하고 폭주하는 아이들이 많아지고 있습니다. 교육은 그냥 그 가정만의 문제가 아니라 사회문제가 됩니다. 잘못 교육된 아이들이 사회에 문제를 일으키는 일은 점점 더 많아질 것입니다. 특이한 범죄를 저지르는 일도 더 생기구요.

누구보다 본인이 위험하고, 가족이 위험하고, 이를 넘어서 사회가 위험해지는 것입니다. 그래서 교육문제를 그 집안의 문제로 비난하기보다 우리의 문제로 보고 함께 고민해야 합니다.

엽기범죄의 등장

> 2년 전 일본에서 한 20대 여성이 남성 머리를 절단한 뒤 그 머리를 집에 가져오고 훼손한 엽기적인 사건이 발생했다. 그런데 의사인 아버지와 어머니가 이 일에 가담하였고, 신고하지 않았다는 것이 조사 중에 알려졌다. 학교에 부적응하고 폭력성을 보였던 딸을 제대로 치료하지 않고 아이의 비위를 맞추며 살아온 가족 패턴이 드러난 것이다.

남의 나라 이야기가 아닙니다. 한국에서도 청소년이 다른 사람을 살해하고 신체를 훼손한 일들이 이미 여러 차례 일어났고, 앞으로도 이런 상상도 하기 힘든 엽기적인 범죄나 사건들이 점점 더 늘어날 가능성이 있습니다.

가족에게 난폭한 아이들

다른 사람의 입장을 이해하고 공감해본 적이 없는 아이들이, 언제부턴가 부모도 제어가 안 되는 폭력적인 말과 행동으로 가족을 위협하고, 밖에서도 사고를 일으키는 것을 보곤 합니다.

밖에서 저지른 폭력은 신고가 되고 다른 사람들의 중재나 제지가 들어가지만, 가정 내에서 아이들이 행하는 폭력은 겉으로 잘 드러나지 않고, 심각한 상황인 경우도 많습니다. 부부간의 폭력, 엄마가 아이에게 행하는 언어폭력과 신체폭력이 쉽게 밖으로 잘 알려지지 않는 것처럼 말이지요. 아동학대나 정서학대가 있던 가정에서 사춘기부터는 상황이 역전이 되어 아이가 부모를 때리고 학대합니다.

부모는 아이를 신고하게 되면, 아이의 장래를 망칠까봐 혹은 체면과 자존심, 그리고 교육의 실패라고 비난받는 것이 두려워서 쉬쉬하는 경우가 많습니다. 어릴 때의 과보호와 다르지 않습니다. 아이가 자신의 행동을 직면하고, 책임지는 것을 회피하게 만드는 것입니다. 바로 이러한 태도가 괴물이 된 현재의 아이를 만들었다고 볼 수 있습니다.

이제 아들이 무서워요

마흔 살인 변호사 필호 씨는 칠십이 넘은 아버지를 주먹으로 때리고 배를 발로 걷어차고, 죽여 버린다고 위협을 하고 욕을 해서 신고되었다. 필호 씨는 분노 조절이 안 돼서 수시로 다른 사람과 시비가 붙었고, 난폭한 행동을 해서 여러 차례 경찰서에 간 적이 있었다. 직장에서도 부적응하여 해고 상태다. 헬스클럽에서 만나 호감을 느낀 여성에게 접근해 보았지만 반응이 시원치 않자, 위협을 하고, 집착해 스토킹으로 신고된 적도 있다. 아버지는 재판부에 "아들을 나무라고 가르치려고만 했지, 아들의 생각을 들어주고 사랑으로 감싸주는 것은 못 했다"며 여러 차례 선처를 요청했다. 그들에게는 무슨 일이 있었을까?

의사 아버지는 필호 씨가 어릴 때부터 공부를 강압적으로 시키고 수시로 비난하면서 질책했습니다. 사춘기에 이성에 관심을 보이자, 모욕을 주면서 금지시켰고, 책상 앞에 강제로 앉혀 놓았습니다. 국내 명문대 진학이 어렵자, 미국 유학을 시켰고, 우여곡절 끝에 미국 변호사 자격을 따는 데 성공했습니다. 아버지가 바라는 전문직 아들이 되었지만, 사회성 부족과 모난 성격으로 미국은 물론, 한국에서도 적응하기 어려웠습니다. 뭔가 번듯한 전문 자격증이 교육의 최대 목적이었던 아버지의 교육은 성공한 것일까요? 필호 씨 주변 사람들은 위험해졌고, 그중에서 폭행을 당하고 살해위협을 크게 느끼는 사람은 바로 아버지입니다.

수능 만점을 받을 수만 있다면!

수능 만점을 받는 것은 모든 수험생과 부모들의 꿈일 것입니다. 그렇게 될 수만 있으면 영혼이라도 팔 것 같은 심정입니다. 그런데 삶은 수능이 끝이 아닙니다.

> 수능 만점을 받고 명문 의대에 진학했던 재유는 6년 후 여자 친구를 살해해 체포되었다. 수능 만점을 받고 기뻐하면서 부모님과 함께 찍은 방송 영상은 살인사건이 일어난 뒤 사람들에게 재주목을 받았다. 살인사건으로 체포된 영상 또한 공개되어서 재유는 전국적으로 알려진 두 사건의 주인공이 되었다.

2024년에 일어난 이 일은 많은 사람에게 경각심을 주었습니다. 공부가 다가 아니라는 것, 아이들이 현실감이 떨어질 정도로 자신의 굴을 파고 들어가지 않도록, 마음을 조절할 수 있는 능력을 키워 주어야 한다는 것을요. 하지만 부모님들은 이런 비극적인 사건이 일어나도 얼마 지나지 않아 '나와는 상관없는 이야기'라고 생각하고, 다시 아이를 공부시키는 데만 집중합니다.

다른 사람들을 따뜻하게 바라볼 수 있는 눈, 사람을 도구로 생각하기보다, 서로 마음을 나눌 수 있는 대상으로 보고 존중하는 공감 능력, 다른 사람의 영역을 함부로 침범하지 않고 존중하는 마음, 참아야 할 때는 참는 능력, 거절과 좌절도 이겨낼 수 있는 능력, 맘대로 되지 않더라도 물러서서 자신을 추스를 수 있는 마음, 멀리 볼 수 있는 시야를 아이에게 길러 줄 수 있었다면 얼마나 좋았을까요?

살려고 엄마를 죽였어요

진호는 전교 1등이다. 그런데 엄마는 진호가 전교 2등을 하면 전교 1등을 해야 한다고 했고, 전교 1등을 해오면, 칭찬은커녕 전국에 고교 수가 몇 개냐고, 전국 1등이 되어야 한다고 했다. 어릴 때부터 아이에 대해 각별한 애정을 보였고, 항상 좋은 것을 아이에게 주고 사랑을 듬뿍 주었다고 자부하는 엄마였다. 하지만 점점 아이의 성공을 위해 엄마의 집착은 강해져 갔다. 아이의 공부결과로 구타하거나, 자격이 없다며 밥을 주지 않았다. 엄마는 아들의 공부를 위해, EBS 선생님이 말한 것을 받아 적으면서 공부법에 대한 메모를 벽에 빼곡히 붙여놓았다. '수학은 개념을 확실히 하고 공식을 외워라', '기출문제를 풀어라' 같은 내용이었다. 진호는 철저히 엄마의 보호와 감시 속에서 살았다. 집에 있는 컴퓨터에서 야동을 발견하고는 엄마는 학교로 찾아가 친구들 앞에서 진호의 뺨을 때리기도 했다. 고3이 된 3월, 엄마한테 또 구타당한 날 밤, 진호는 잠을 자던 엄마를 칼로 찔러 살해했다.

극단적인 사례이지만 수년 전에 있던 많이 알려진 사건입니다. 피해자가 가해자가 된 슬픈 사건이기도 합니다. 부모님들이 아이들을 조심히 다루고 존중해야 하는 이유를 진호의 이야기에서 다시 한번 느낄 수 있습니다.

부모님들은 정말 아이를 사랑하는 건지, 아이를 통해 나를 사랑하는 건지 생각해볼 필요가 있습니다. 그리고 나의 해결되지 않은 심리적 문제와 고통을 아이를 통해 대신 성취하고 만족감을 느끼려고 하는 건 아닌지 돌아보아야 합니다. 사랑과 집착은 이렇게 손등과 손바닥처럼 서로 맞닿아 있습니다.

아이의 성공은 나의 성공

상욱 씨는 10년간의 결혼생활 동안 의처증과 가정폭력이 심했고 견디다 못한 아내는 이혼을 결심했다. 명문가의 외아들로 자랐지만, 학교 성적이 그다지 좋지 못했고, 자존감이 낮았다. 영국 유학 후 아버지의 주선으로 대기업에 취직했지만, 업무는 무능했다. 상욱 씨는 명문대 출신에 승승장구하는 아내에 대해서는 열등감이 있어서 계속 아내를 무시하고 괴롭혔고, 자녀들에게는 지나치게 교육열이 높고 집착이 심했다. 상욱 씨가 아내와 문제가 생기면 하는 일은 아버지에게 전화를 걸어 도움을 청하는 것이다.

비슷한 상황의 가정들이 많습니다. 아이들은 과보호를 받고 자라고, 문제가 생기면 부모가 나서서 해결해 줍니다. 한국에서 안 되면 유학도 보내고, 부모의 인맥으로 취직도 시킬 수 있습니다. 그러나 아이의 자존감, 사람을 존중하는 공감 능력, 상황 판단 능력, 감정조절, 문제해결 능력은 부모가 대신 커버할 수가 없습니다.

감정조절능력과 사회성

아이들이 재능을 발휘하며 잘 살아 나가기 위해 필요한 것은 무엇보다 감정조절 능력과 사회성입니다. 이 두 능력이 충분히 성장하지 못하고 공부를 강요받는 아이들은 차후에 자해나 자살, 타해나 타살과 같은 방향으로 에너지가 흐를 가능성이 있습니다. 정신건강의학과에서 청소년들을 진료할 때 가장 조심히 살펴야 점이 바로 이 두 가지 방향(자해, 타해)이랍니다. **감정조절능력과 사회성에 어려움이 있으면 대학에 들어갈 때까지 꾸준히 안정적으로 공부하기도 어렵고, 설사 좋은 대학에 합격해도 위의 사건들처럼 차후에 문제가 생길 가능성이 높습니다.** 부모님들은 수능성적을 잘 받고 입시에 성공해 명문대를 가는 것이 인생의 최종 목표가 아니라는 사실을 알아야 합니다. 머리가 좋고 사회성과 공감능력이 부족한 이기적인 아이들이 사회지도층이 된다면 어떻게 될까요? 본인과 주변 사람은 물론 사회 전체가 위험해질 수도 있습니다.

100년을 내다보고 20년을 키운다

아이들이 태어나 성인이 될 때까지의 20년이 보통 부모가 관여하는 교육의 시간입니다. 아무것도 모르던 젖먹이가 세상을 알아가고, 몸도 마음도 성인이 되어 독립할 수 있는 기간입니다. 부모의 입장에서 아이를 낳아 귀엽게 키우는 재미에 빠져 살다가 스무 살에 좋은 대학을 보내는 것을 교육의 최종 목표인 것처럼 생각할 때, 즉 교육 프로젝트를 20년 쯤으로 보면서 아이를 키우면, 아이들의 삶은 힘들어집니다. 지금의 아이들은 100년 이상도 살아갈 아이들입니다. 세상은 앞으로 얼마나 더 변할까요? 휴대폰이 모든 사람의 손에 쥐어진 지는 15년 정도밖에 되지 않았습니다. 이전과는 완전히 다른 세상이 되었지요. 그런데 지금은 AI 시대로 진입했습니다. 앞으로의 시대는 예측하기도 어렵습니다. 부모들은 아이들의 100년을 생각하면서 20년을 키워야 합니다. 정보를 주입해 넣기보다, 아이가 정보를 찾아서 이용할 판단력과 체력을, 노예가 되지 않고 자율성을 가진 사람으로, 따듯한 마음으로 함께 잘살려고 하는 사람으로 클 수 있게 도와주어야 합니다.

2부

아이들이 위험하다

진료실에서 만나는 아픈 아이들

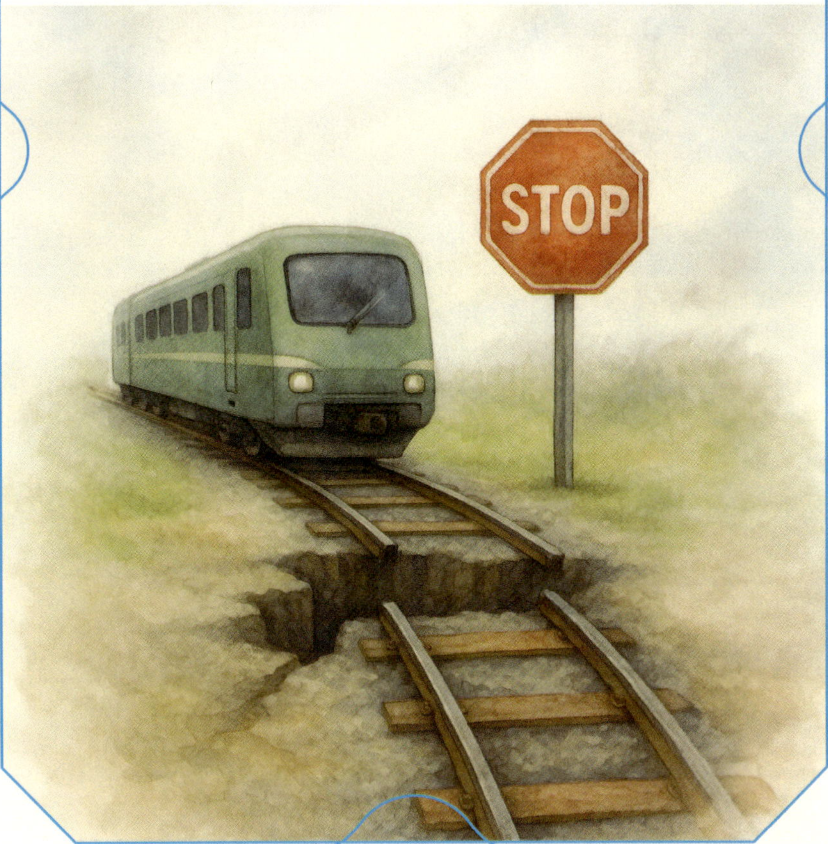

몸이
아픈 걸까요?
마음이
아픈 걸까요?

중학생 딸이 자꾸 쓰러져요.

> 학교에서 자꾸 정신을 잃고 쓰러지는 중2 예은이, 응급실로 벌써 여러 번 실려 갔다. 예은이는 영어 이중교육으로 유명한 사립초등학교를 나왔고 이 학교에서도 똑똑하고 적극적인 성격으로 두각을 나타냈다. 엄마의 기대에 잘 따라주고 자랑스러운 딸이었는데, 갑자기 쓰러지는 증상이 생기니 아이 본인도 엄마도 당황스러울 뿐이다. 대학병원에 입원해 뇌파검사를 포함해 정밀검사를 받았지만, 큰 이상이 없다면서 정신과 진료를 받으라고 했다. 정신건강의학과로 옮겨 여러 약을 복용 중이지만 쓰러지는 증상이 계속되고 있어 곤혹스럽다. 수소문 끝에 심리치료를 받기 위해 내원했다.

아파야 학원에서 풀려나는 아이들

사춘기 아이들을 둔 부모들의 고민은, 아이의 게으름, 반항, 학교나 학원을 안 가려 하는 것, 술, 담배, 가출 등 일탈행동 등입니다. 그런데 예은이처럼 모범생이고, 여전히 잘하고 싶은데, 병이 나서 더 이상 공부를 못하게 되는 아이들이 있습니다. 예은이도 엄마의 계획에 맞춰 스스로도 열심히 하던 딸이었습니다. 엄마는 이런 똑똑한 예은이를 위해 여러 가지 플랜을 세워 진행 중입니다. 그런데 몸이 아프다니 더 이상 아이에게 아무것도 강요할 수 없게 되었습니다. 4살 때부터 엘리트 코스로만 달려온 예은이는 아프고서야 학원을 쉴 수 있게 된 것이지요.

아이들은 이렇게 많이 아파서야, 심지어는 정말 죽어서야만 학원 뺑뺑이에서 풀려날 수 있습니다. 이런 비극적인 상황을 누가 만들었을까요. 사회의 경쟁이, 부모의 욕심이, 학원 관계자의 사업 마인드가, 교육에 관련된 사람들의 방관이 이런 상황을 오게 한 것은 아닐까요?

마음이 아픈 게 몸으로 나와요

예은이처럼 **마음에서 해결하지 못하고 걸려 있던 에너지가, 몸이 아픈 증상으로 표출**되는 아이들이 진료실에 많이 옵니다. 더 어린 나이의 아이들도 버겁고 힘들다는 신호를 몸으로 보내기 시작합니다.

유치원, 초등학생 아이가 자꾸 배가 아프고 머리가 아프다고 하면 소아 우울증을 고려해봐야 합니다. 어릴 때부터 책상에만 오래 앉아 있다 보니, 중학생이 척추측만증 진단을 받고, 긴장한 근육들로 인해 목과 허리, 어깨가 아픕니다. 비염, 안과 질환에 만성적으로 시달리기도 합니다. 눈을 깜박거리고 코를 킁킁대는 행동이 어떨 때는 틱증상과 구분이 안 돼서 이비인후과와 안과를 거쳐서 정신건강의학과에 옵니다. 어지러움을 느끼고 구토를 자주 해서 내과, 소아과, 신경외과, 이비인후과, 신경과를 전전하다가 방문합니다. 소화가 안 되고 배에 가스가 찬 듯이 더부룩하고, 화장실에 자주 가게 되어 과민성대장염 치료를 받다가 옵니다.

정신적 스트레스가 가중되면, 면역계도 교란이 되어서 감기나, 각종 전염병에도 취약합니다. **이렇게 몸 여기저기가 아파서 종목별로 병원에 다니고 검사를 받고, 약을 한 움큼씩 먹는 아이들이 실상은 마음이 답답하고 막힌 것이 주된 원인인 경우가 많습니다.**

집에서는 괜찮은데, 학교에 가면 가슴이 답답하고 숨이 막힌다는 아이도 있습니다. 피검사, MRI, 초음파 검사를 다 해봐도 몸에는 큰 이상이 없다고 합니다. 몸에 이상이 없다니 꾀병이라고 생각할 수도 있지만, **마음이 아픈 것입니다.** 이렇게 학교에 가면 불편하고 아픈 아이들은 점차 등교 거부를 하게 되지요. 그렇게 되면 부모들은 학교에 가지 않는 것만을 가지고 아이를 야단칩니다. 공부는 못해도 기본생활은 해야 되지 않느냐고 말이지요.

무서운 마음의 병

부모들은 아이들이 마음이 아픈 것을 잘 인정하지 않으려 합니다. 수술을 받거나, 교통사고가 나서 입원을 하는 것이 아픈 것이고, 마음이 아픈 것에 대해서는 잘 알지 못합니다. 그저 아이가 게으르고, 정신을 못 차린 것이고, 공부를 열심히 하고자 하는 의지가 없는 것이라고 판단합니다.

그런데 마음이 아픈 것은 몸이 아픈 것보다 더 무섭습니다. 생각해보세요. 암에 걸리면 살기 위해 전 재산을 처분하고 집을 팔아서라도 열심히 치료하고 몇 년의 생명이 연장되었다며 기뻐하지요? 하지만 모든 것을 가진 듯 보이는 사람이 우울증에 걸리면 갑자기 자살을 합니다. 그만큼 우울증이 무서운 병입니다. 아이들이 자신의 몸과 마음을 짓누르는 무게감에 죽을 것만 같아서, 숨을 쉬기 위해, 살기 위해 자기를 옭아매는 곳을 피하는 걸, 나약하고 게으르다고 어떻게 비난하고 욕할 수 있을까요? 마음의 짐이 너무 무거워서 견딜 수 있는 한계를 넘으니, 몸으로 표현을 하게 되는 것을 어떻게 꾀병이라고 치부해버릴 수 있을까요?

마음이 회복되면 모든 것이 잘 풀린다

자, 그렇다면 자꾸 쓰러지던 예은이는 어떻게 되었을까요? 예쁘게 생긴 얼굴이지만 창백했고, 구부정한 어깨에 표정이 없고, 지친 모습이었던 예은이는 몸을 회복시키는 치유 시간을 갖고, 가족세우기 가족상담을 통해 엄마와 마주 보며 영혼의 문장을 말하면서 회복되기 시작했습니다. 그동안에 얹혀 있던 가슴의 돌멩이가 풀어져 내리고 점차 밝아지고 얼굴에 생기가 돌았고, 활기차졌습니다. 보건교사 선생님조차 불안하게 만들었던 갑자기 쓰러지는 증상은 사라졌습니다. 공부에만 집중하지 않고, 권유한 대로 예체능 활동을 시작했습니다. 베이스 기타도 치고 노래도 부르고요.

학원도 안 다니고, 공부도 손을 놓았는데 예은이의 성적은 어떻게 되었을까요? 성적은 도리어 아프기 전보다 더 올랐습니다. 많은 부모님이 간과하는 것이 공부만 한다고 아이가 성적이 오르는 것이 아니라는 것입니다. 도리어 **몸과 마음이 자유로워지고, 에너지가 통하기 시작하면 공부'도'** 쉽게 잘하게 됩니다. 이런 상황을 매번 경험하는 저로서는 불안한 엄마들의 마음에 이런 '진실'을 전달해 드리고 안심시켜 드리고 싶습니다.

우리 집은 다 서울대 출신이에요

대치동은 한 집 건너 의사, 법조인이라고 할 정도로 전문직 가정이 많고, 한국과 외국에서 좋은 학교를 나오고 공부를 오래 한 부모님도 많습니다. 이런 부모를 닮아 아이들도 기본적으로 좋은 머리를 타고나는 편입니다. 그러나 아이들이 다 공부를 잘하는 것은 아닙니다. 부모뿐 아니라 할아버지, 할머니, 그리고 삼촌, 이모, 고모 그리고 사촌들까지, 학벌이 좋은 집안 분위기에서 아이들은 심한 부담감을 느끼곤 합니다. 그리고 머리가 좋은 엘리트 부모들은 본인들이 공부를 편하고 쉽게 했기에 아이가 공부를 못하고 안 하는 상황을 잘 이해하지 못합니다. 그래서 갈등이 커집니다.

> 고1 윤후는 양쪽 조부모님과 부모님이 모두 명문대 출신이다. 손이 귀한 집안인 데다 외동인 자신에게 집중되는 모든 혜택을 받고 자랐다. 중학교 때까지는 그다지 공부를 많이 하지 않았다. 참교육(?)을 실현하는 깨어 있는 부모님들은 윤후가 싫어하는 학원을 별로 강요하지 않았기 때문이다. 그런데 고등학교에 올라가면서부터 윤후도 이제 정말 열심히 공부를 해보려고 했다. 하지만 현실은 만만치 않았다. 수학학원에 가보아도 선생님 설명을 잘 알아먹지 못하니 자기 머리가 나쁘지 않나 불안해졌고, 점점 우울해졌다. 중학교 때 친구들이 많이 진학하지 않은 고등학교로 갔는데 친구들과도 서먹했다. 이런 생활이 수개월이 지나가면서 점점 우울감과 좌절감에 빠져들면서, 자기 인생에 탈출구가 없고, 명문대도 갈 수 없는 자신이 무능력하게 느껴지고 인생 망했다는 생각에 죽고 싶은 마음이 생겼다. 스트레스 때문인지 자꾸 어지럽고 토하고 싶은 증상도 생겨서 더욱 괴롭다. 학교에 가면 가슴이 욱죄는 듯이 아파와서 심전도 검사를 받았는데 심장에는 문제가 없다고 한다.

엘리트 집안의 아이들이 위험하다.

윤후처럼 학습과 또래 관계 때문에 고민하면서 자살사고가 있는 중고등학생들은 위험합니다. 지나놓고 보면 별일 아닐 수 있는데 이 시기의 아이들은 아직 시야가 좁고 자신의 삶이 망가졌다는 생각에서 빠져 나오기 힘들어합니다. 하지만 해결방법을 한 가지라도 경험하고 찾은 아이들은 죽는 선택을 하지 않아도 됩니다.

윤후도 조부모님과 부모님의 기대처럼 잘 나가고 싶습니다. 하지만 사방이 꽉 막혀 있는 것 같으니 얼마나 답답할까요? 자꾸 토하고 싶은 건 이렇게 가슴에 얹힌 부담감의 덩어리를 뱉어내고 싶은 마음이 신체 증상으로 나오는 건 아닐까요?

윤후의 사연을 읽으면서 '그러게 일찌감치 공부를 시켰어야지'라고 생각하시는 분이 있으신가요? 가기 싫다는 학원에 윤후를 억지로 초등학교 때나 중학교 때 보냈으면 이런 문제가 안 생겼을까요?

학원에 꾸준히 다니지 못했던 것도 아이 성향이고, 능력입니다. 억지로 다니게 할 수도 없었고, 그렇게 하려고 해도 부작용이 상당했을 것입니다. **문제가 있을 때는 원인을 찾아서 해결해야 합니다.** 아이의 상황을 잘 모른 채 아이가 원하는 대로 아이를 놔두는 것은 좋은 방법이 아닙니다. **언제든 공부나 원하는 일을 할 수 있도록 몸과 마음의 힘을 키워놓는 것이 중요합니다.**

원할 때 달릴 수 있는 몸과 마음 만들기

윤후는 운동을 싫어하고, 성격이 예민해서 초등학교 때도 다른 아이들의 행동을 오해하고 몸싸움을 벌이는 등 어려움이 많았습니다. 중학교 때는 친구들에게 신경쓰면서 어울리려고 노력했지만, 사회성은 부족한 편이었습니다(그래도 어릴 때보다는 많이 발전했지요).

고등학교 때 공부에 열심히 집중할 만큼 몸과 마음의 힘이 충분하지 않으니 열심히 공부하겠다고 마음을 먹어도 고전하는 것도 당연하지요. 이렇게 공부를 잘 못하거나 안 하는 아이들이라도 타고난 지능과 성격, 감각적인 성향이 다 다릅니다. 그리고 이에 따라 대처방법도 달라집니다.

지금의 상황에서 윤후는 어떻게 해결방법을 찾을 수 있을까요? 윤후처럼 어지럽고 토하고 싶은 몸 상태로는 공부를 잘하기 힘들겠죠? 일단 몸이 회복되어야 합니다. 걷는 것부터 시작해 체력관리를 시작하고, 마음이 몸을 아프게 했다면 마음 청소도 해 나갑니다. 패배의식과 좌절감은 이미 가지고 있는 좋은 점도 보지 못하게 만듭니다. 이런 상태로는 무얼 하려고 해도 실패하니 좌절감은 심화됩니다. 가슴을 짓누르는 부담감의 덩어리부터 해결해야 합니다.

장점을 다시 발견하고, 새롭게 몸과 마음이 힘을 얻게 도와야 합니다. 절대 늦지 않았습니다. 공부머리가 있는 아이라면 정서적인 위기가 지나가도록 일정 기간 공부압력을 뺀 후에 새로운 몸과 마음의 상태로 입시 플랜을 같이 짭니다.

윤후는 어떻게 되었냐고요? 잘 회복되어 자기 길을 당당히 걸어가고 있고, 힘든 시절을 생각하면서 미소를 지을 수 있는 20대 후반의 멋진 청년이 되었습니다.

언제는 공부만 하라고 하더니

고등학생 아이가 우울증에 빠지면, 부모들은 아이 마음을 편하게 해주는 의도로 "공부가 다가 아니다. 공부 못해도 괜찮다"고 하면서 힘들어하는 아이를 위로하려 합니다. 어떤 경우는 집안의 재산까지 말해주면서 먹고살 만하다고 아이를 안심시키려 합니다. 아이 입장에서는 지금까지 세뇌되어 온 것과 다른 가치를 받아들이기 힘들 뿐 아니라, 도리어 부모가 이제 자기를 포기한다고 느껴 더 불안해집니다. 아이에게는 공부 못해도 괜찮다는 위로가 도움이 되지 않는 것입니다.

아이 본인이 공부를 못해도 괜찮지 않습니다. 누구보다 아이들 스스로가 잘 나가고 싶어 합니다. 이제라도 **자신감**을 회복하고, 공부나, 사회생활을 할 수 있도록 아이 **내면의 힘**을 찾아 주어야 합니다. **지금 현재 상황에 매몰되지 않고 더 높이 올라가 멀리 볼 수 있는 시야가 생기면 어려움을 헤치고 앞으로 나가기가 쉬워집니다.**

시험불안에 시달리는 아이들

시험 볼 때 너무 떨려요

초5 민호는 벌써 시험불안에 시달린다. 영어 학원에서 가끔씩 작은 시험을 볼 때도 심장이 뛰고, 손이 떨린다. 엄마한테 이야기했더니, 공감은커녕 "걱정되면 공부를 그만큼 더 해야 되는 거라고" 했다. 민호는 어릴 때부터 각종 테스트를 받아왔다. 시험 결과에 따라 엄마의 표정이 왔다갔다 하기 때문에 책임감이 막중하다. 이 학원에 들어올 때도 엄마 생각만큼 최고반이 아닌 반에 배정되어 엄마 심기가 불편했다. 레벨이 높은 반에 올라갔을 때 엄마가 또 얼마나 기뻐했나. 민호는 혹시라도 좋지 않은 테스트 결과가 엄마한테 통보될까 봐 불안하기만 하다.

엄마를 생각하면 더 떨려요

어릴 때부터 각종 테스트에 아이들이 노출되고 있습니다. 좋은 학원에 보내기 위해 과외를 붙이고, 마음 졸이며 긴장하는 엄마의 마음을 누구보다 아이들은 잘 압니다. 엄마들이 감추려고 해도, 시험 결과에 따른 기쁨과 실망의 감정을 아이들은 쉽게 감지합니다.

아이들도 높은 학원과 높은 반에 멋지게 다니고 싶습니다. 본인도 잘하고 싶으니까 잘 안되면 어쩌나 걱정도 되고, 마음에 부담이 있지요. 하지만 엄마의 염원을 담아, **엄마의 감정까지 책임져야 하면 아이들은 짐이 너무 무거워집니다. 그래서 불안감이 커집니다.**

많은 부모님이 "시험 준비를 제대로 해라", "열심히 안 하면서 높은 반에 올라가기를 원하느냐?"부터 시작해서, 결과가 나오면 아이들을 비난하거나 잔소리를 포함한 교육(?)을 합니다. 이렇게 시험 결과에 따라 엄마로부터 스트레스를 받을 생각을 하면 안 떨리면 이상하겠죠.

불안할 때 엄마를 생각하면 마음이 편해지는 게 아니라, 엄마가 떠오르면 더 떨리도록 부모-자녀 관계가 왜곡됩니다. 이렇게 민호의 마음은 어느 한 곳 안전지대가 없는 것입니다.

그런데 앞으로도 수많은 중요한 시험을 치러야 하는 아이들이 겨우 초등학교 영어학원 테스트에 덜덜 떨 정도면 앞으로의 시험 스트레스를 이겨낼 수 있을까요?

아이 일을 내 일처럼 너무 기뻐하지 말라

부모님들은 아이의 좋은 시험 결과에 너무 크게 기뻐하지 않는 게 좋습니다. 과도한 선물과 보상을 내거는 것도 문제입니다. 아이의 성취 결과에 관심이 많고 기쁘더라도 자신의 일처럼 기뻐하기보다 '너의 일이다'라는 느낌으로 축하해 주는 게 좋습니다.

결과가 안 좋아도 비난 말고, "다음에는 이렇게 해라"고 조언하지 마세요. 다만 실망에 빠진 아이에게 "속상하겠다(너 일이니까)"라고 아이 마음에 공감하고 위로해줄 수는 있겠습니다. 그리고 가만히 두면 아이 스스로 자신을 돌아볼 시간과 마음의 힘이 더 생깁니다.

결과와 상관없이 흔들리지 않고 지지해주는 엄마의 태도가 아이의 시험 불안을 녹입니다. 엄마로서의 짐은 부모 스스로 져야 합니다. 그래야 아이들은 자신의 짐만 지고 갈 수 있습니다.

내신 성적이 좋은 아이일수록 큰 시험 스트레스

공부를 잘하고 모범적이었던 아이들일수록 시험불안에 시달릴 가능성이 많습니다. 내신으로 대학가는 걸 포기한 대다수의 아이들과 달리, 내신 성적이 높은 아이들은 학교 시험도 계속 신경을 많이 써야 합니다. 게다가 중학교 때에도 공부를 잘해서 놀지 않고 내신을 챙겼던 아이들일수록 뇌가 오랫동안 시험에 긴장하고 스트레스를 받은 상태입니다.

그런데 시험불안증이 생기면, 1년에 네 번은 봐야 하는 고등학교 내신 시험도 고역이고, 수능장에 가서도 눈앞이 하얘지고 덜덜 떨어서 그동안 한 번도 받은 적이 없는 참담한 성적이 나오기도 합니다. 자존감도 많이 떨어집니다.

평소 실력대로 안 나왔어요.

원래 실력은 좋은데 떨어서 시험을 망쳤다고 하곤 하죠? 그런데 떠는 것도 실력입니다. 즉, 긴장을 적절히 관리하는 것도 능력입니다.

실전에 강하다는 말이 있듯이, 평소 실력보다 더 중요한 자리에서 잘하는 사람도 있습니다(실제로 수능 대박이 나는 아이들을 보곤 합니다). 운도 좋았겠지만, 그만큼 의연한 면이 있는 아이들입니다. 그리고 책의 뒷부분에 설명하겠지만, 운도 능력입니다.

수능(修能) 즉, 수학 능력시험은 영어로는 College Scholastic Ability Test이죠. 대학에 가서 수학(修學)할 수 있는 능력 즉, 얼마나 공부를 잘 해나갈 능력이 있는지를 평가하는 것입니다. 대학생, 즉 성인이 되어서 공부를 할 때, 학문적인 이해, 직업적 술기를 얼마나 잘 배우고 성취해 갈지를 평가합니다. 인지능력만을 보는 시험이 아니라는 겁니다.

떠는 것도 실력이다

수능에는 여러 변수가 있습니다. 자기 학교가 아닌 낯선 수능 장소에서 여러 돌발적인 상황이 생길 수 있습니다. 예를 들면 같이 시험을 치는 학생이 특이한 행동을 할 수 있고, 감독관을 비롯해 주변 사람들에 의해 소음이 생길 수도 있지요. 조그만 상황에도 흔들리고, 멘탈(mental, 정신)이 무너지는 것은 능력 부족으로 봐도 됩니다. 여러 상황에 흔들림 없이 자기 능력을 발휘하고 수능장에서 나오는 것이 바로 실력입니다.

수능을 망친 아이는 그동안 열심히 공부한 것이 하루 만에 좋지 않은 결과로 무너지니 너무 억울할 것입니다. 부모님도 속상하겠지만, 별다른 말없이 아이를 지켜봐 주는 것도 사랑입니다. 수능 시험 날 아파트에서 투신하는 아이들의 기사는 매년 나오고 있습니다. 그래서 수능이 끝이 아니라는 것을 미리 아이가 알고 있도록 도와주어야 합니다. 그럴 때 아이는 덜 긴장하고 덜 떱니다. 수능 한 번에 자기 인생이 다 걸린 것처럼 세뇌받은 아이는 수능에 실패할 때 갈 곳이 없습니다.

몸, 마음 관리가 수능 성공의 지름길

저는 수험생들(고3, 재수, 삼수, N수생)에게 공부를 열심히 하는 것도 중요하지만, 가장 중요한 것이 수능 때까지 몸과 마음을 좋은 컨디션으로 유지하는 것이라고 말해줍니다. 그래야 시험불안 조절이 잘됩니다.

수험생 아이들과는 진료실에서 털어놓는 고민에 대해 함께 해결책을 찾고, 몸, 마음 관리를 하는 구체적인 방법을 알려줍니다. 실시간 온라인으로 하는 몸마음 공부인 심공 수업 때도 좋은 에너지를 몸과 마음에 만드는 연습을 합니다. 시험을 위해 스스로 몸과 마음을 닦는 방법을 연습하게 되면, 평생 가는 좋은 자산이 자신에게 생기는 것입니다. **수능이 목적이 되기보다 수능을 이용해 삶을 확장시키는 것입니다. 이런 인식의 전환이 아이를 의연하게 만들고, 떨지 않고 능력 발휘를 잘하게 합니다.**

번 아웃에 빠지거나 좋지 않은 몸 상태나 마음 상태로 억지로 버티는 것은 지혜롭지 않습니다. 시간이 아깝다고 책 한 줄이라도 더 보려하다가 몸과 마음에 균형이 깨지면, 모래 위에 쌓은 성처럼 와르르 무너집니다.

친구 안 사귀고 공부만 할 거야

공부를 잘하는 아이 중에도 그렇고, 공부를 안 하다가 공부 욕심이 생긴 아이들이, 시간을 쪼개 열심히 공부하고 싶은 마음에 친구 관계도 끊고, 말도 하지 않고, 앉아서 공부만 하려고 하는 경우가 있습니다. 시간이 아깝다고 양치질을 하면서도 단어장을 외우는 식입니다. 보통은 새로운 고등학교에 올라가면서 큰 결심을 하고, 고3이 되거나 재수생이 되면서 이렇게 마음을 먹게 되는데요. 이런 경우가 위험합니다.

재수학원 같은 곳에서는 학생들 간에 대화도 엄격히 금지하는 곳도 있습니다. 조교가 따라다니면서 엎드린 아이들을 깨우고, 웃고 떠드는 아이들에게 주의를 줍니다. 이미 성인이고, 공부를 위해 잠시 학원의 힘을 빌리는 것인데, 인간의 뇌 신경계와 자유의지를 무시하는 상황입니다. 그런데 자유를 너무 억압하다 보면 몸과 마음에서 좋은 에너지 자체가 줄어버립니다. 길게 보면 손해입니다. 단기간에 성적을 올리는 데는 일시적으로 효과가 있을지 모르지만, 결국 시야가 좁아지고, 좋은 에너지 생성도 적어져서 떨기도 쉽고, 성공 가능성이 도리어 낮아지게 됩니다.

이상한 버릇이 생겼어요

눈을 깜박이고 어깨를 들썩여요

하율이는 워낙 어릴 때부터 가르치는 대로 흡수력이 좋고 야무져서 부모님은 기대가 많았다. (남동생은 뭘 시켜도 늦어서 엄마가 진즉 공부로는 안 되겠다고 포기했다.) 어릴 때부터 눈을 깜박이고 킁킁대는 틱 증상이 나왔다 사라졌다 했었는데 특별히 치료받은 적은 없다. 그런데 초5가 되면서 틱이 심해졌다. 학원에서 하율이의 헛기침 소리 때문에 방해가 된다는 아이들이 나오기 시작했고, 집에서도 가족의 신경을 거슬렀다. 진료실에서 만난 하율이는 예쁘장한 얼굴이었지만, 우울증에, 감정 표현까지 모두 위축되어 있었고, 수시로 눈을 깜박이고 어깨를 들썩이고 헛기침을 하는 틱 증상을 보였다.

동생은 덜 똑똑하니 어릴 때부터 자유를 얻었지만, 똑똑한 하율이는 자유를 억압받고 부모의 교육 성공 프로젝트 대상이 되어왔습니다.

자신에게 버거운 심리적인 짐들을 지게 될 때 아주 어린아이라고 해도 여러 증상이 시작됩니다. 그중 하나가 틱 증상입니다.

엄마 나 힘들어요

눈을 깜박이고 얼굴을 찡그리고, 어깨를 들썩이고, 흠흠 목에서 소리를 내거나 기침을 하는 행동을 하게 됩니다. 몸통을 뒤튼다거나, 배를 튕기고, 걷다가 다리를 절룩거리는 틱도 있고, 욕을 하는 틱도 있답니다. 증상이 경미할 때는 결막염인가 안과에 가보고, 비염인가 이비인후과에 가보고, 목감기인가 소아과에 가보다가 결국 소아정신과로 옵니다. 틱 증상은 여러 원인과 설명이 있지만, 마음이 불편할 때 몸도 불편해지고, 이 불편함을 해소하려고 소리를 내거나 몸을 움직인다고 쉽게 설명해볼 수 있어요. 그래서 부모가 자주 다투거나, 심리적으로 불안할 때 틱이 더 악화됩니다. **틱 증상은 몸과 마음에 균형을 잡으려는 아이의 시도와 노력으로 이해할 수 있습니다. 즉, 답답한 몸을 움직여서, 마음에 쌓인 스트레스 에너지를 어떻게든 풀어보려는 아이의 무의식적인 행동으로 해석 가능합니다.**

이런 증상이 나타날 때 부모는 어떤 것이 아이에게 몸과 마음에 짐으로 작용하는지 살펴보고, 무게를 조정해 주어야 합니다. 2kg을 겨우 들 수 있는 아이에게 5kg, 10kg의 무게의 짐을 올려놓다 보면 힘이 들어서 아이의 작은 몸이 휘고, 쓰러져 버리겠죠? 그 버거움이 틱으로 나온다고 생각해보세요. 그래서 다시 건강한 상태를 회복하는 데는 시간이 많이 걸릴 수 있습니다. 마음의 무게도 조절해주고, 몸도 더 튼튼하게 되도록 놀이터에서 많이 놀고, 자유롭게 몸을 쓰는 시간을 허용해주면 틱 증상 개선에 도움이 됩니다.

아이들마다 몸이 약한 부위도 다르고, 힘들어하는 때도 다릅니다. 다른 아이가 달리고 있는 때지만 우리 아이는 아직 준비가 안 된 시기에 달리라고 밀어버리면 넘어지고 맙니다.

이러다가는 언젠가 터진다

영유(영어유치원)에서 시작해 버거운 짐을 지우면서 엄마들이 끌고 달려온 아이들이 한계에 도달하는 시기는 언제일까요? 엄마들이 아이를 다루는 방법에 따라, 엄마와 아이들 성향에 따라 다르지만, 언젠가 불행한 일이 터진다는 것만은 확실합니다. 자신이 감당할 수 없을 만큼 무거운 짐을 지고 가는 당나귀가 더 이상 움직이지 않으려고 고집을 피우거나, 아예 에너지가 소진되어 거품을 물고 쓰러져 버리거나, 병이 나서 제대로 눈을 뜨지 않을 때가 오는 것과 마찬가지입니다. 초3~4학년 이전부터 삐걱거리고, 초5부터 시작해 사춘기로 터지는 아이들이 있는가 하면, 중1을 거쳐 중2 때쯤 되면 이상 행동을 보이는 아이들이 폭발적으로 많아집니다. (그래서 중2병이라는 말이 나오죠.) 초1, 2 때는 비교적 어린 나이이고 부모님 말에 많이 좌우되고, 신체적 힘도 약하고, 부모의 사랑에도 많이 의존하는 시기라서 상대적으로 문제가 덜한 것처럼 보이지만 문제는 계속 쌓이고 있습니다. 이 쌓인 스트레스를 학교에서는 다른 아이를 괴롭히면서 풀기도 하고 왜곡된 행동이 다양하게 나옵니다.

영어유치원생의 자위 행동

아이들을 키우다 보면 놀랄 일이 많이 생기죠? 어떤 상황에서건 부모가 마음의 평정을 지키고, 아이의 건강과 행복을 지지하면서 축복하는 것, 쉽지 않지만 부모가 나가야할 길입니다. **부모가 계획하고 신경 써야 하는 것은 아이 교육 프로젝트가 아니라 본인 수련 프로젝트일지도 모릅니다.**

> 6살 혜미의 엄마는 영어유치원 참관수업을 갔다가 깜짝 놀랐다. 수업에 집중하기는커녕 시시때때로 의자에 앉아 다리를 꼬고 자위행위를 하는 듯 몸에 힘을 주는 모습을 본 것이다. 집에서 공부를 시킬 때, 혹은 방바닥에 엎드려 그런 행동을 해서 혼내기는 했지만, 사람들 많은 곳에서 저럴지는 몰랐다. 부끄러워서 얼굴이 빨개지고, 다른 사람들 눈을 의식하며 모욕감을 느끼고 집에 돌아온 엄마는 그날 저녁 혜미를 심하게 혼냈다. 그런 행동을 하면 벌레가 들어가고, 나중에 아이도 못 낳게 된다고 겁을 주었다. 그 이후로 아이를 믿지 못하고, 방문을 열어보며 감시를 하고, 아이에게 자위행위를 했는지 안했는지 확인하는 행동을 반복했다. 엄마가 그렇게 주의를 주는데도 자위행동이 없어지지 않자, 아이를 때리는 상황까지 벌어졌다.

엄마가 하지 말랬지!

혜미의 행동은 왜 나오게 되는 걸까요? 수업이 지루해서 일수도 있고, 엄마들까지 와서 쳐다보는 참관수업 때는 긴장이 되어서 그랬을 수 있습니다. 유치원 수업이 너무 지루할 때, 즉 이해가 가지 않거나, 아니면 너무 쉽고 흥미가 없을 때도 아이들은 뭔가 스스로 자극을 만들어 내기 위해서 자위를 할 때가 있습니다.

어릴 때부터의 양육패턴과 아이의 행동을 분석해보니, 혜미는 주로 책 읽기를 좋아하고 앉아서 하는 활동을 좋아했습니다. 놀이터에서는 겁이 많은 편이라 익숙해질 때까지 시간이 걸렸지만, 적응이 되면 잘 놀았습니다. 하지만 영어유치원에 다니면서부터 숙제가 많아지면서 거의 나가 놀지를 못했습니다. 혜미의 경우는 마음의 스트레스가 쌓이면서 불편한 에너지를 발산해야 하는데 적절히 해소할 기회도 방법도 잘 없었던 것으로 보입니다.

푸는 것보다 쌓이는 것이 많으면 병이 나게 되어 있습니다. 몸에서 오는 감각들이 뇌와 잘 연결이 안 되어 있어서, 적절하게 몸으로 에너지를 발산할 방법을 모르기 때문에, 익숙한 자위 행동을 통해 뇌에 감각 전기신호를 보내고 감각의 극대화와 해소를 반복해서 경험하려고 하는 상황입니다. 이런 상황에서 엄마가 야단친다고 해서 혜미가 자위 행위를 멈추기는 어렵습니다. 그러면 점점 아이는 엄마 말을 듣지 않고 이상한 색욕을 가진 '나쁜 아이'로 취급될 것입니다.

혼자 있을 때 하는 거야

아이들이 자위 행동을 자주 할 때는 놀이터에 매일 나가서 놀 수 있도록 하고, 운동할 수 있도록 도와주세요. 뇌신경계에 다양한 감각처리를 도와주는 감각통합치료도 도움이 되고, 엄마와 아이의 관계 개선을 위해 모아 놀이치료를 하거나, 아이의 마음에 쌓인 불안을 해소하는 심리치료를 받는 것도 좋습니다.

자위행위를 불결하게 보고 금지하기보다, 혼자 있을 때 하라고 알려주고, 감시하고 크게 야단치는 행동은 안 하는 게 증상 개선에 도움이 된답니다.

엄마 때문에 성 불감증이에요

엄마가 아이를 이해하지 못하고 계속 이렇게 혼내고 감시하기만 하면 어떻게 될까요? 성격도 위축되고, 죄책감이 생기고, 자신감이 떨어지게 됩니다. 혜미의 행동을 멈추기 위해 엄마가 한 말들은 강력한 암시가 되어 작동하고, 무엇보다 커서 남자를 만나는 데 있어서도 부적절감을 느끼게 할 수 있습니다. 성적인 불감증으로 결혼생활에 만족감을 느끼지 못하고 우울증에 빠지거나, 이혼에 이를 수도 있지요.

반대로 이런 불안감과 심리적 제약을 해소하기 위해 반복적으로 남자들을 무분별하게 만나는 행동을 할 수도 있습니다. 실제로 ○○ 오픈채팅방에서 잘 알지 못하는 남자들과 연결되어 만나서 하룻밤을 보내곤 하는 여대생도 있습니다. 안전하지도 않고 성병 감염의 위험도 있지만 멈추지 못합니다. 또 부족함 없는 가정인데도, 엄마 몰래 유흥업소에서 알바를 뛰는 아름다운 외모의 20대 여성도 있습니다. 모두 적절한 성 의식과 자존감에 문제가 있는 경우입니다.

부모님을 위한 시간 >>> 따듯한 눈과 미소

눈을 감고 아이를 떠올리고 바라봅니다.

아이의 표정이 어떤가요?
밝은가요? 어두운가요?
아이가 엄마의 눈을 피하지는 않나요?

아이를 향해 따듯한 눈으로 미소를 지어보세요.

때로는 백 마디 말보다 눈빛과 표정이 더 중요합니다.

그리고 이야기해주세요.
'괜찮아, 아가야.'

학교에
늦는 아이

아침마다 전쟁

> 아침마다 중3 준오의 집은 전쟁이다. 여러 차례 들어가 깨워도 일어나지 않으니 엄마의 목소리가 점점 커진다. 그래도 아이는 꿈쩍도 하지 않는다. 그러다 늦게서야 일어난 준오는 짜증을 내고, 소리를 지른다. 엄마는 참고 달래서 겨우 학교에 보내기도 하고 (지각이다) 어떤 때는 같이 폭발해 아침부터 서로 싸우고 난리가 난다. 준오가 결국 입으려고 하던 교복을 벗어 던지고 침대에 누우면 엄마는 분노에 차오르지만, 어쩔 도리가 없다. 덩치도 커서 이제 때릴 수도 없다.

깨워서 학교 보내기로 전쟁인 집이 의외로 많습니다. 유치원생은 그렇다 처도, 중학생, 고등학생도 그렇습니다. 심지어 따로 사는 대학생 아이나 직장에 다니는 자녀를 깨우는 부모님도 있습니다. 아이들은 왜 못 일어날까요?

엄마는 깨워주는 사람

휴대폰 하다 늦게 자서 못 일어나는 아이도 있고, 학교가 가기 싫은 마음이 무의식중에 깔려 있어서 잠에서 깨지 못하거나 늦장을 부리는 경우도 있습니다. 아침에 일어나서 씻고 학교 갈 준비를 하는 게 누군가에게는 매우 당연한 일이지만, 이조차 안 되는 경우가 많은 것은 **자기 일이 아니라고 생각하기 때문입니다. 즉, 엄마가 해줘야 하는 일로 이미 아이 머릿속에 분류되어 있는 것입니다.** 스스로 일어나지도 못하는 아이가 성인으로 어떤 삶을 살게 될까요? 혹시 지금도 깨워줘야 하는 중고등학생이 있다면 스스로 일어나도록 조금씩 시도하기를 권해드립니다. 입시의 성공도 연결이 되어 있습니다. **독립적이어야 입시 스트레스를 직면하고 이겨냅니다.**

엄마가 아무리 열심이어도 아이의 경기에 들어가서 뛸 수 없습니다. 밖에서 응원할 수 있을 뿐입니다. 아이의 사기를 떨어뜨리고, 마치 엄마가 직접 경기를 뛰어 줄 것처럼 아이가 믿게 하지 마세요.

생기부는 완벽해야죠

엄마들은 학교에 못 가서 생활기록부가 엉망이 되는 것을 걱정합니다. 입시가 걱정이라면 초등학교나 중학교 때처럼 입시와 상관없을 때 스스로 행동을 책임지게 하고 새로운 습관을 형성해 주세요. 이미 고등학생이라도 늦지 않았습니다. 생기부(생활기록부)를 지키느냐 아이가 깨닫게 하느냐의 선택일 수 있습니다. 부모가 아이를 평생 보호하고 커버해주고 다닐 생각이 아니시죠? 아이가 기본 행동을 못 한다면 아직 부족한 아이인 것입니다. 부족한 아이인 걸 부인하면서, 부모가 대신 완벽한 생기부의 아이를 만들게 되면, 아이는 부족한 면을 채울 기회를 잃어버리게 됩니다. 아이를 돕는 게 아니라 망치는 일입니다.

출석이 다가 아니다

아이는 괜찮다는데도, 부모가 생기부에 흔적을 남기지 않으려 안간힘을 쓴다면 아이를 위한 걸까요? 아니면 부모인 나의 완벽주의 성향 욕구를 채우기 위해서일까요? 진정으로 아이를 위한다면 어떤 선택을 해야 할까요? 부모가 지각, 결석이 없는 생기부를 만들었지만, 정말 중요한 문제 해결의 기회는 놓치게 되면 어떻게 될까요? 학교는 어떻게 겨우 졸업은 했지만 스스로 독립적인 삶을 영위하는 것을 못 배운 경우, 집에 틀어박혀 버리는 경우도 있고, 대학생활, 사회생활을 지속하는 데도 어려움을 겪게 됩니다.

깨워주지 않아도 괜찮을까요?

아이에게 "너를 포기한다"거나, "엄마가 지쳤다"거나, "벌을 준다"는 의미가 아닌 방식으로 "너를 위해서 그리고 엄마를 위해서 더 이상 깨워주지 않는 게 좋겠다"고 차분히 이야기해주세요. 언제부터 엄마가 깨워주지 않아도 좋을지 상의한 뒤 그 뒤로는 정말로 참으셔야 합니다. 엄마가 깨워주지 않아서 학교에 못 가게 되면 아이의 뇌는 새롭게 반응합니다. 엄마를 더 이상 의존하지 않고 혼자서 살아가야 한다는 무언의 메시지가 아이의 뇌를 깨웁니다. 정말 학교에 가야 한다고 느끼고, 가고 싶은 아이들은 '앗차!' 하면서 스스로 수정할 기회가 생기는 겁니다. 실수하고 실패해봐야 스스로 깨닫습니다.

그래도 혼자 깨어서 학교에 제 시간에 못 가는 아이들은 더 깊은 문제가 있는 겁니다. 그 문제를 전문가를 찾아 파악하고 해결하면 됩니다. 아이가 그 방법을 찾는 주체가 되어야 합니다. 전문가는 아이 생활패턴을 잘 분석하고, 여러 방법을 함께 써볼 겁니다. 예를 들어 수면 사이클이 뒤로 지연되어 있으면 밤에 일찍 자게 해서 수면 사이클을 앞당길 수 있도록 수면 유도제를 며칠 동안 쓸 수도 있습니다.

정말 학교를 갈 수가 없어서 늦었던 거예요.

아이가 학교에 늦게 가거나, 안 가려 한다면 반드시 '이유'가 있기 마련입니다. 정말 학교를 갈 수가 없었던 이유가 있는 경우는 쉽게 좋아지지 않습니다. 학교가 싫은 이유를 찾아서 해결해주어야 합니다.

급우들과 문제가 생겨서 학교 가기 싫어하는 아이들은 사회성을 도와줘야 하고, 공부가 재미없고 못 알아들어서 학교 가기 싫은 아이들은 인지능력과 주의력을 평가해보면서 결과에 따라 해결책을 함께 생각해봐야 합니다. 다른 진로를 찾을 수도 있고요.

다른 아이들과 함께 있을 때 소음에 예민해서 불안감이 심해져서 대인공포 증상을 보이는 아이들도 있습니다. 체육 시간이나 특정 과목의 시간이 싫어서, 그 과목이 있는 날만 학교를 기피할 수도 있습니다. 강박증이 심해서 씻는 데만 1시간이 걸리는 아이들은 일찍 일어나도 학교에 지각합니다. 몸에 문제가 있다고 생각하는 신체 망상이 있는 경우도 있습니다.

이렇게 원인이 다양한데 그냥 야단만 쳐서 될 일은 아니겠지요?

학교에서 창피를 당했어요

친구들 앞에서 다른 친구나 선생님에게 창피당한 기억 때문에 학교가 싫을 수 있어요. 이런 경우라면 트라우마 기억을 지우는 다양한 치료로 아이의 마음이 가벼워질 수 있답니다. 저는 EMDR(안구운동 민감소실 재처리 요법, Eye Movement Desensitization and Reprocessing), 최면 기법, 인지행동 치료 기법을 진료실에서 다양하게 써서, 나쁜 기억을 넘어서도록 어린아이들, 청소년이나 성인들을 돕곤 합니다. 이렇게 학교 가기 힘든, 마음의 걸림돌이 있다면 치워주어야 다시 학교에 재밌게 갈 수 있답니다. 강요와 협박으로는 아이를 학교에 보낼 수 없습니다.

수행평가가 무서워요

발표를 시키는 국어 시간이 공포스러울 수도 있고, 앞에 나가서 문제를 풀라고 하는 수학시간이 힘들 수도 있습니다. 많은 사람 앞에서 노래를 불러야 하는 음악 수행평가가 힘들 수 있지요. 이런 경우 발표 불안을 해결해주면 아이의 삶이 좋아집니다. 예체능 전공 아이들도 저와 함께 진료실에서 연습하곤 합니다.

위축된 몸과 마음 때문에 수행 불안이 많이 생깁니다. 아이들과 함께 주변의 장(field)를 안전하게 느끼고, 편안하게 느끼는 행동치료, 목소리를 다양하게 내고 감각하는 방법, 몸의 진동과 주변의 진동, 공명을 느껴보기, 시선 처리, 그리고 실제 발표할 내용을 함께 연습해 보기도 합니다.

항불안제, 덜 떨리게 하는 약을 소량 복용할 수도 있겠죠? 반복되는 트라우마를 막아주고 성공 경험을 하게 해야, 트라우마 뇌회로가 고착되는 것을 막습니다.

선생님하고 사이가 안 좋아요

학교에서 선생님의 위치는 매우 큽니다. 선생님과 사이가 좋지 않으면 아이들이 학교에 가기가 힘들고, 가능하면 늦게 가려는 행동을 보일 수 있어요. 선생님과 부딪치는 경우라면 상황을 같이 분석해봅니다. 때로는 선생님이 너무 강압적이고 엄격한 경우도 있습니다. 야단을 맞고 선생님에게 증오와 복수심을 갖는 경우도 있어요. 부당하다고 느낄 때 부모님이 학교나 교육청에 항의하는 경우도 있지만, 저는 행정적인 처리와는 별개로, 아이가 권위자들과 어떻게 관계 맺기를 하고, 갈등 상황을 극복해 가는가를 연습할 수 있는 좋은 기회로 보고 돕습니다. 세상에 나가도 억울하고, 부당한 상황, 이상한 사람을 만날 수 있지요. 많은 부모님이 이미 경험했다시피, 학교도 좋은 사람만 모여 있고 모든 일이 공정하게 처리가 잘 되는 곳이 아닐 수 있어요. 일반 사회처럼 이런저런 다양한 사람을 경험할 수 있는 현실적인 곳입니다. 그래서 학교는 다양한 사람과 관계 처리를 연습하는 좋은 장이 됩니다.

부모님과의 관계가 밖에서도 나옵니다

아이가 반항심이 크거나 부모와의 관계가 좋지 않은 경우, 학교에서도 연장자나 권위에 굴복하려고 하지 않아서 문제를 일으킬 수 있어요. 부모-자녀 관계가 회복되면 학교에서도 원만해질 가능성이 많답니다. 집에서 받은 스트레스를 밖에서 푸는 아이들도 있습니다. 부모에게는 못 대들지만 학교의 권위자에게 대들어 부모를 곤란하게 하는 방식으로 부모를 이기려고 하기도 해요.

학교에 반복적으로 늦는 이유가 또 뭐가 있을까요? 학원에서 늦게 돌아오니 그나마 자유시간을 누리기 위해서 늦게 자는 경우도 많습니다. 아이들과 연락도 하고, 쇼핑 정보도 찾고, 웃기는 동영상도 보고, 세상 돌아가는 상황을 파악하느라 밤 시간이 바빠집니다. 아이가 휴대폰을 보다 늦게 잔다면 단순히 휴대폰을 압수하고 끝날 문제가 아닙니다. 휴대폰으로 어떤 걸 보는지 등도 분석이 필요합니다. 아이가 좋아하는 것을 무조건 막을 수 없습니다. 스스로 선택하고 결정하게 힘을 실어줘야 합니다.

    이렇게 찬찬히 문제를 해결해야지, 그냥 무조건 달래서, 구슬려서 혹은 억지로 강요해서 학교에 보낼 수가 없습니다. 학교에 늦게 가는 것도 아이가 보내는 '신호'입니다. 아이와 싸우지 말고 함께 같은 편이 되어서, 가만가만 이유를 따져볼 필요가 있답니다. 이렇게 학교에 자주 늦는 이유를 찾아 원인 해결을 하지 않으면, 다음 장에서 살펴보듯이 아예 등교 거부로 이어지게 됩니다.

본격적인
등교 거부

고2 딸아이가 학교를 아예 안 가려 합니다

고2 수아는 자꾸 학교를 빠진다. 학교는 안 가도 저녁에 학원은 갔지만, 이제는 학원도 가지 않는다. 어차피 학교 내신은 말아먹었고, 학교 가면 엎드려 자거나 시간을 때우니까 공부는 학원에서 한다고 생각했는데 이제 그마저도 안 하게 된 것이다. 아프다고 하면서 자주 다니던 근처 병원에 다녀온 진료 확인서를 내면서 어떻게든 생기부 관리를 하고, 그 과정을 엄마가 도와주기도 했다. 하지만 이젠 2주째 학교를 안 가고 있어 문제가 심각해지기 시작했다. 자퇴하고 검정고시를 볼 거냐고 엄마가 물어보면 그것도 아니란다. 아무 생각이 없고 의욕도 없다. 엄마는 답답하기만 하다.

제발 학교만이라도 가다오

성실한 부모 입장에서는 아이가 학교에 가지 않고 집에서 잠을 자고 있으면 잘못될 것 같아 불안해지고 답답한 마음에 울화통이 터집니다. 공부는 안 해도 되니, 학교 정도는 가줘야 하는 거 아니냐고 아이에게 사정하는 상황이 되기도 합니다. 비가 오나 눈이 오나 열심히 학교에 다녔던 부모님 세대에 비해, 요즘 아이들은 학교 밖을 그렇게 위험하게 느끼지도 않습니다. 사실 매일 등교하는 것은 쉬운 일이 아닙니다. 거의 12년을 아이들은 학교에 다닙니다(유치원까지 합하면 더욱 길죠). 아이들은 이렇게 말하기도 합니다. "선생님은 월급이라도 받죠! 우리는 뭔가요."

공부를 잘해서 인정받거나, 친구들하고 재밌거나 이 두 가지가 아이들에게는 중요합니다. 최소한 급식이라도 맛있어야 학교에 갑니다. 특별히 좋은 게 없더라도 학교에서 편안하고 안전한 느낌이 들기만 해도 아이들은 학교에 갈 수 있습니다.

엄마, 학교가 저를 죽여요

그러나 이 모든 것이 어려운 아이라면 더 나아가 학교에 가면 불안하고, 숨이 막히고, 짓눌리는 느낌이 든다면요? 학교에서 왕따를 당하거나 괴롭힘을 받아서 소외감이 들고, 모욕감을 느낀다면 어떻게 학교에 잘 갈 수 있을까요?

살기 위해서 학교에 가지 않는 아이들이 있습니다.

등교 거부로 부모가 보기에는 막장인생(?)을 사는 아이들이 죽지 않고(?) 버티고 살아남아 건강한 사회인으로 잘 살아가는 것을 저는 많이 봐왔습니다.

이렇게 이런 시기를 겪어낸 아이들을 많이 본 전문가 눈에는 어떤 흐름과 코스가 보일지라도 부모 입장에서는 처음 겪는 일이기 때문에 불안하기만 하실 겁니다.

아들이 방에서 나오지 않습니다

또래들은 고2가 되었지만 지후는 학교에 가지 않는다. 머리도 손톱도 깎지 않고 방에만 틀어박혀 밖으로 나오지 않고 밥도 방에서만 먹는다. 가족과 마주치지 않을 시간에 화장실을 써서 얼굴 보기도 힘들다. 부모는 조현병은 아닌가, 강제로 정신과에 입원시켜야 하나 고민하지만 그것마저 실행이 쉽지 않다. 지후는 들어가기 어렵다는 유명 고등학교에 진학했지만, 공부 압박을 받고 경쟁상황에서 스트레스를 받다가 고1 가을부터 집에 이렇게 들어앉았다. 119 구급 대원이라도 부르고 싶지만, 아이가 난동을 부리거나 극단적인 행동을 하지 않을까 두렵고, 응급실에 데리고 가더라도 본인이 정신과 입원을 거부하면 입원이 안 될 수도 있다는 말도 들린다. 또 입원하더라도 아이가 얼마나 좋아질지 잘 모르겠고, 정신과에 입원하는 것에 대해 주변의 시선도 의식이 된다. 강제 입원당한 아이가 나중에 앙심을 품고 입원 후에 집에서 난동을 부리면 어떻게 하나 부모 마음은 복잡하기만 하다. 이런저런 고민 끝에 차마 정신과 입원은 못 시키겠다는 결론이다. 처음에는 강하게 아이를 끌어내리려고 힘을 써보기도

> 했지만, 역효과만 났다. 부모와 부딪칠 때마다 더 난폭해지는 아이를 이제는 건드리지도 못한다. 안 건드리면 그래도 조용하지만 이런 상황이 언제까지 계속될지…

살아만 있어도 다행일까요

이런 비슷한 케이스가 꽤 있습니다. 아이가 정신과 치료도 거부하기 때문에, 약도 먹이기 어렵습니다. 부모님들은 아이 상태가 걱정되고, 혹시라도 부모가 없을 때 아이가 극단적 선택을 하지 않을까 걱정합니다(부모가 함께 있더라도 아이를 막기는 힘들겠지요).

부모님들은 처음에는 이런 아이에게 요구하는 것이 많고 보고 있는 것만으로도 숨이 막혔지만, 점차 살아만 있어도 다행이라는 생각이 듭니다. 게임이 아이를 망쳤다고 생각했는데 이제 보니 방문을 걸어 잠그고 하는 게임이라도(!) 있어서 아이가 죽지 않는 것 같습니다.

하지만 아직도 가끔씩 꿈쩍도 하지 않는 아이에게 화가 나고 아이의 미래가 걱정되어 미칠 것 같습니다. 신문에서 읽었던, 남의 일인 줄만 알았던 은둔형 외톨이, 히키코모리가 이런 건가 싶고, 주변에 알리기도 두렵습니다. 어디서부터 잘못되었나? 무엇이 원인일까? 과거를 돌아보아도 잘 모르겠습니다. 그래서 전문가와 함께 풀어나가면 좋습니다.

보고 있는 부모가 우울증에 걸리겠어요

지켜보는 부모도 불안장애와 우울증, 화병 증상을 보여 가족상담이 필요합니다. 아이 상태가 위중할 수 있어서(아이를 직접 진료하지 못해 파악이 잘 안되지만) 아이를 보호하는 차원에서도 입원시키기를 권하지만, 결국 입원 결정도 위에서 보듯이 고민 많은 부모의 선택입니다.

이럴 때는 부모님과 작업해나가면서 부모님 마음부터 풀고 변화시키고, 아이가 자발적으로 움직일 수 있게 하는 방법을 코칭하게 됩니다. 사실 아이가 스스로를 방에 가두게 된 것도 어떤 면에서는 사회와 부모가 그렇게 만든 면이 있었을 수 있습니다. 나오지 않는 아이를 위해 그런 요소부터 조금씩 덜어내 주는 겁니다.

부모님을 통한 간접 정보로 아이에게 정신병적인 요소는 없는지, 자해나 타해의 위험은 없는지 파악해야 합니다. 환청으로 인한 혼잣말, 헛소리나 피해망상이 있거나 이상행동, 가족에게 위해가 되는 난폭한 행동이 있는지도 살펴봐야 하고요. 정말 위험한 상황이라면 부모님의 안전을 위해서도 강력한 조치가 필요하고, 여의치 않을 때는 차선의 방법을 써서, 얽힌 실타래를 풀듯이 조금씩 문제를 해결해 나갑니다.

안전해야 방에서 나온다

아이가 어떻게 방 밖으로, 사회로, 자발적으로 나올 수 있을까요? 쉽게 말해서 안전하다고 느껴야 합니다. 부모와 같이 있어도 압박받고 강요당하지 않고 자기 존재 자체가 부정당하지 않도록 느끼게 하는 것이 중요합니다. 치료받으러 내원한다면 마음의 상처와 트라우마에 대해 직접적인 내용을 아이가 표현하지 않아도, 장점과 자원을 찾아 강화시켜 주면서 트라우마를 직접 건드리기보다 덩어리로 안전하게 처리해주는 방법을 먼저 씁니다. 그리고 차차 마음의 응어리진 부분에 접근이 가능할 때까지 기다리면서 문제를 해결해 나갑니다. 아이가 이미 실패했다고 느끼는 공부나 학교 이야기를 처음에는 꺼내지 않는 것이 좋습니다. 천천히 조금씩 마음을 열도록 기다려야 합니다.

부모님 상담 때도, 아이에게 이렇게, 저렇게 대해달라고 일반적으로 말하기 어렵습니다. 아이의 변화 단계에 따라 좀 더 구체적으로 어떻게 부모가 대할지에 대해 개별 코칭을 하게 됩니다. 아주 어려워 보이는 상황이더라도, 아이도 부모도 '마음 편하게 행복하게 살고 싶다'는 목표가 같기 때문에 살살 풀어나가면 그렇게 어렵지 않습니다.

몸이 퇴화되었어요

방으로 들어간 아이들의 특징으로 평소 신체활동이 부족했던 경우가 많습니다. 자라면서 학원 라이드에 많이 걷지도 않았고, 운동도 초등학교 고학년이 되면서 거의 하지 않았거나, 싫어해서 시키지 못했던 경우도 많습니다. 뇌의 운동회로가 있었더라도 자주 써서 길이 나지 않으면 막히게 됩니다. 집안일도 해본 적이 없어서 몸을 쓰는 즐거움을 모릅니다. 공부와 학원만 강요받았지, 부모와 어떻게 대화해야 하는지,

자신이 집에서 어떤 위치에 있는지도 잘 모릅니다.

사회성도 몸입니다. 눈으로 보고, 귀로 듣고, 입으로 말하고, 손을 잡고 공을 차며 어울리니까요. 몸의 기능이 퇴화되면 사회성도 부족해집니다. 다른 아이들과 어울리는 방법도 잘 모르니 나가서 놀지 못하고, 집에서는 폭군이 됩니다. 스트레스를 건강하게 풀 방법을 알지 못하니 이렇게 칩거하는 거라고 봐도 좋습니다. 사회성 뇌회로는 어릴 때부터 시작해 지속적으로 형성됩니다. 적절한 사회적 자극이 없으면 뇌신경전달 물질이 적절히 활성화가 되지 않고 그나마 있던 회로도 막힙니다. 앉아서 공부만 시키기보다, 놀이터에서 아이들과 실컷 뛰어 놀아야 하는 이유는 뇌신경계 발달을 위해서랍니다. 주의력과 정서, 인지 능력까지 고르게 좋아집니다.

엄마가 달라지니, 아이도 움직였다

끝이 없을 거라고 생각했던 지후의 상황은 엄마가 지방에서 매주 방문해서 상담을 받기 시작하면서, 풀리기 시작했습니다. 엄마의 생각과 감정, 에너지장이 변했고, 엄마한테 느껴지는 기운이 달라졌습니다. 마주치지 않아도 기운은 파장이기 때문에 전달이 되고 감지됩니다.

언젠가부터 지후는 조금씩 방에서 나오기 시작했고 드디어 상담에도 오기 시작했습니다. 긴 여정이었지만, 검정고시에 합격했고, 수능에도 여러 번 도전해서 원하는 학교에 진학도 하였습니다. 자존심이 무척 세고 불안감이 심했던 성격도 점차 누그러졌고, 무엇보다 과거의 힘든 날

들을 감사함으로 볼 수 있는 마음이 생긴 것이 가장 좋았던 점입니다.

🕐 부모님을 위한 치유시간 ⟩⟩⟩ 한팔 들기 몸 명상

몸을 통해 자신을 인식하면서 다양하게 뇌회로를 만드는 간단한 방법을 함께 해보겠습니다.

오른팔을 천장 방향으로 들어볼까요?
다양한 방법으로 팔을 올릴 수 있습니다.
몸통이나 머리를 함께 움직이면서 팔을 올리거나, 팔만 들거나
빨리 올리거나, 천천히 올리거나
팔을 펴서 들거나, 구부린 채로 들거나
다양한 방식으로 팔을 들 수 있습니다.

정답이 없습니다.
자신에게 편한 방식으로 들어보세요.
팔을 드는 동작이 자연스러운가요?
어깨나 팔꿈치, 손목에서 불편한 곳이 있나요? 살펴보세요.

정답이 없습니다.
누구를 따라하거나 다른 사람에게 맞추지 않아도 됩니다.
그냥 스스로 알아차리고 인식해주세요.

강박적으로 잘하려고 애쓰지 않아도 됩니다.
동작을 '잘 해내는 것'이 목표가 아닙니다. 뇌에게 하나의 회로에서 벗어나서 여러 다양한 회로가 가능하다는 것을 알려주세요.
다르고 틀리고 어색해도 그러한 대로 자신을 인식하고 감싸고 사랑하는 시간을 잠시 가져주세요.

우울증에 걸린 아이들

영혼이 털린 듯이

초3 소율이는 책상 앞에 앉아 멍하니 있다. 딱히 게임을 하고 싶어 하는 것도 아니고, 내가 놀고 싶어 하는 것도 아니다. 그냥 시키면 시키는 대로, 하라면 하는 대로 숙제를 한다면서 책상 앞에 앉아 있지만, 진도가 나가지 않는다. 답답한 엄마가 책을 짚어가면서 소리를 지르면 그때만 조금 반응을 보일 뿐이다.

소율이처럼 반항을 하지 않지만 마치 영혼이 나간 듯이 아무것도 하지 않고 책상 앞에만 멍하니 앉아 있는 아이들도 있습니다. 무슨 생각을 하는 건지 왜 그러는지 물어봐도 대답도 잘 하지 않습니다. 부모에게 저항을 해봤자 달라지는 것도 없고, 기질이 순해서 부모에게 큰소리로 대들지도 못하는 아이들입니다. 학습된 무기력 상태로 볼 수 있어요. 자신의 감정상태도 잘 알지 못하고, 자기의견 표현도 잘 하지 못합니다. 부모님들은 이럴 때 아이가 주의력이 부족한 것 같다고 ADHD를 의심하고 주의력을 높이기 위해 뉴로 피드백이다, 뇌파 훈련이다, 약물치료다 하면서 아이를 밀어붙일 생각을 합니다. 아이가 얼마나 우울한지, 지금까지 얼마나 지쳤는지, 아이를 신나게 만드는 회로는 얼마나 오랫동안 작동하지 않았는지, 온몸으로 놀고 실컷 웃었던 적은 언제인지 부터 살펴봐야 합니다.

초등학생의 우울증은 다양한 모습으로 나옵니다. 어른들처럼 우울감과 기분 저하를 느끼지 않는 경우도 많습니다. 머리가 아프고 배가 아픈 아이들도 있고, 산만하고 충동적인 행동을 하거나, 부주의한 모습을 보이기도 합니다.

이젠 더 이상 공부를 하지 않아요

중3 봄부터 준우는 달라졌다. 학원을 거부해서 더 이상 보낼 수가 없었고 고2가 되었지만 공부는 여전히 하지 않는다. 대치동 한복판에 집과 학교가 있지만, 학원은 안 다니고, 방에 틀어박혀 핸드폰을 보고 게임을 하고, 유튜브를 본다. 밖에 좀 나가자, 쇼핑하자, 맛있는 것 사준다고 해도 싫다며 따라 나오지 않는다. 그래도 학교는 가고 있고, 엄마가 몰래 카톡을 확인해보니 여자 친구를 만나고 성관계도 맺는 것 같다. 초등학교 때는 반짝거렸던 준우였지만, 영재고를 나와 명문대에 간 누나와 달리, 공부 세계라는 이 시스템에서 준우는 실패했다. 수학 교수인 엄마가 세워 놓은 로드맵은 완벽하다. 누나처럼 그대로 따라하면 되었겠지만, 누나보다도 더 똑똑하다고 생각했던 준우는 언제부턴가 이렇게 방황하고 있다.

잘된 아이의 동생이 위험하다

준우 엄마는 철저하고 완벽한 성격입니다. 게다가 첫 아이인 누나를 명문대에 보내면서 자신의 방식이 맞다고 증명되었기 때문에 자신감이 넘칩니다. 아이들마다 기질이 다르고 성격이 다르다는 것, 삶의 궤적이 다르게 흘러간다는 것을 이해하기는 어렵습니다. 준우가 중학생이 되면서부터 엄마는 답답한 마음에 더욱 아이에게 소리를 지르고, 서로 다투는 일이 많아졌습니다. 준우는 이제 이런 방식으로 망가지면서(?), 싸워서 이길 수 없던 엄마가 자신을 포기하게 만들었습니다.

심한 우울증과 자괴감에 빠진 엄마는 인생을 돌아보게 되었습니다. 지금까지 무엇 하나 열심히 하면 안 되는 게 없는 수학공식 같은 인생이었는데, 아들 문제로 고민하면서, 세상에 안 되는 게 있다는 걸 알게 된 것입니다.

한편 준우의 속마음은 어떨까요? 준우는 사실 누나처럼 아니, 누나보다 더 잘하고 싶습니다. 하지만 어릴 때부터 너무 달렸기 때문에 지쳤고, 이제는 잘할 수 있을 거란 용기가 생기지 않습니다. 준우는 이런 우울감을 떨쳐버리기 위해서 오늘도 핸드폰, 게임, 여자 친구에 빠집니다.

부모 길들이기

준우 엄마는 변할 수밖에 없는 상황이 되었습니다. 어떤 방법을 써 봐도 달라져 버린 아이는 움직이지 않고, 도리어 점점 더 상태가 나빠진다는 결론에 이르렀기 때문입니다. 게다가 엄마의 건강 상태도 악화되어서 더 이상 이런 식으로는 아이와 대척하면서 버틸 수 없었습니다.

대부분의 사춘기 아이와 부모님의 치열한 싸움은 이렇게 부모의 포기 즉, 패배로 끝날 가능성이 많습니다. 아이들은 부모가 원하는 것을 거부하고, 때로는 자신이 하려고 했던 것도 (부모가 원한다고 생각하면) 일부러 하지 않을 정도로 자신을 망가뜨립니다. 자살 시도나 자살로 부모에게 항거하기도 합니다.

아이는 이렇게 부모를 길들입니다. 엄마는 이제는 혹시라도 아이가 방에 틀어박힌 폐인이 되지나 않을까 그게 걱정입니다. 전에는 절대 용납하지 않았을 여자 친구와의 관계도 집에 틀어박히는 것보다는 낫다고 생각해 허용합니다.

자식 이기는 부모 없다?

그런데 아이와의 싸움에서 진 부모는 한풀 꺾인 듯 물러서지만 아이가 조금만 좋아지면 힘들었던 상황은 놀랍게도 금방 다 잊고 아이 공부를 다시 채근하게 된다는 것입니다.

부모가 지는 것이 아닙니다. 사랑하기 때문에, 그리고 더 넓게 멀리 볼 수 있기 때문에 져주는 것입니다. 아니, 이길 필요가 없어지는 것입니다. 이 과정을 잘 가실 수 있도록 저는 차근차근 부모님께 힘을 실어 드립니다. 아이에게 에너지를 줄 수 있을 만큼 부모님이 에너지장이 커져야 합니다. 이런 과정을 통해 부모가 진정으로 성숙해야 비극은 종결되고 행복으로 갈 수 있습니다.

부모님들이 자신의 삶을 돌아보고 아이를 대하는 관점이 바뀌어야 합니다. 강요했던 이 시스템만이 정답이 아니라는 것을, 부모도 아이도 깨달아야 심한 압박에서 벗어나고 차후 이 시스템에서의 적응도 가능해집니다.

공부라는 운동경기, 실패한 플레이어

공부에서 좋은 성적을 받는 것이 운동 경기라고 생각해 보아요. 잘할 수 있는 유망주로 보였지만 능력 발휘를 못하고 저조하다면 왜 그런지 진단해보고 문제점들을 해결할 수 있게 도와주어야겠지요? 몸이 혹사당했다면 몸을 회복해야 하고, 마음이 타버린 경우라면 마음이 좋아져야 합니다. 스스로 실망하고 좌절한 마음은 이해와 공감 그리고 용기가 필요합니다. 청소년 아이들이 외모나 이성에 대한 관심, 친구들끼리 놀고 싶은 욕구 등 제 나이에 맞는 관심과 활동을 할 수 있게 허용해 주세요. 다양한 경험을 하고, 다양한 방식으로 몸과 마음을 쓸 수 있게 되면, 입시라는 경기도 다시 잘 뛸 수 있습니다.

저는 일부러 공부를 열심히 하지 않아요

> 중3 라미는 공부를 안 한다. 많이 듣는 말은 "너는 머리가 좋아서 하기만 하면 잘할 건데, 왜 안 하느냐"이다. 학원 선생님도 부모님한테도 그런 말을 들었다. 그런데 사실 이런 말은 무서운 말이다. 정말로 열심히 했는데 결과가 좋지 않으면 어떻게 될까? 부모님도 실망할 거고, 자기 자신의 존재감도 무너져 내릴 것이다. 차라리 지금처럼 움직이지 않고, 열심히 안 하는 게 더 낫다. 열심히 해도 안 될까 봐 무서워서 공부를 열심히 할 수가 없는 것이다. 그래서 라미는 오늘도 공부를 하지 않는다.

이렇게 아이들의 마음은 독특합니다. 라미 같은 아이들은 무관심이 차라리 낫습니다. 많은 사람이 주위로 몰려와서 알을 언제 낳을지 눈을 크게 뜨고 쳐다보면 암탉이 알을 잘 낳을 수 있을까요? 신경쇠약에 걸리지는 않을까요? 부모가 좀 모른 체 해주는 게 좋은 선택 버튼입니다. 그렇다면 공부를 잘 못하는 아이에게 긍정암시가 되고, 용기를 북돋워 주는 말은 어떤 것일까요? (부모의 성격과 표현 방법에 따라 같은 대사라도 영향은 천차만별이니 섣불리 말 그대로 적용하지는 마시고 아이를 상상하며 이야기해보세요.)

"너는 언젠가는 너한테 맞는 일을 찾아서 즐겁게 잘할 거야."
"언제나 엄마, 아빠가 응원한다."

이런 말은 불안감을 줄여주고, 자기가 잘못하면 부모님이 실망하고,

자신에게 등을 돌릴 거라는 생각에서 벗어나 자신만의 길을 걸어갈 용기를 줍니다.

우울하니 머리가 안 돌아가서 더욱 우울해요

영재고 기숙사 생활을 하면서 옥상에 몇 번이나 올라갔다는 지민이. 언제부턴가 집중도 되지 않고 머리가 뿌옇다. 자습시간에 앉아 있어도 눈물만 났다. 엄마도 그립고, 웃고 떠드는 아이들 얼굴을 보면 저 아이들은 왜 저렇게 멀쩡한데 나만 이상할까 하는 생각이 들면서 점점 소외감만 느껴졌다. (우울모드에 진입한 뇌는 점점 인지 기능이 떨어지기 때문에 공부가 잘 안 될 수밖에 없다.) 점점 마음이 불안해지니 집중은 더 안 되고, 수행평가도 제대로 하기가 힘들었다. 조금 좋아질 것 같다가도 이런 상태가 반복되다 보니, 자신감이 바닥으로 내려가고 우울증은 깊어졌다.

아이들이든 성인이든 우울증은 무섭습니다. 언제 어디서나 누구에게나 우울증은 찾아올 수 있습니다. 초등학교 때도, 중학교 때도, 특목고에도, 명문대에도 말이죠. 우울증은 자신의 능력을 의심하게 만들고, 능력을 저하시키고, 미래를 암담하게 느끼게 해서 자신을 포기하게 만들 수 있어요. 우울증에 빠져 부정적인 생각 회로가 긍정회로보다 더 많이 돌아가기 시작하면, 계속 빠져 들어가는 늪의 함정처럼 나오기가 쉽지 않습니다. 죽음으로까지 이어지는 우울증의 악순환 고리입니다. 그래서 초기에 치료를 받으면 좋습니다.

항우울제나 감정조절제, 나쁜 생각을 조절해주는 약등 뇌신경계의 균형을 맞춰주는 약은 이런 상태를 좋아지게 하는 데 도움이 많이 됩니다. 부정적인 인지 왜곡을 긍정적으로 바꿔주고, 행동조절을 하는 인지행동치료도 좋습니다.

저는 시공간을 다르게 인식해서 상황을 달리 보도록 하는 방법이나 에릭슨 최면기법을 쓰곤 하는데 진료실에 들어올 때와 나갈 때, 짧은 시간에도 밝아지는 아이들을 볼 때가 행복합니다.

뛰어내리는 중학생

> 잠실의 중2 서준이. 학교 시험 감독관으로 학교에 온 엄마는 쉬는 시간에 아들의 교실에 올라와 애들과 웃으며 해맑게 떠들고 있는 아이에게 눈짓하면서 빨리 다음 시험 시간 과목 책을 더 보라고 지시를 한다. 아이는 엄마 얼굴을 보자 하얗게 질린다. 서준이는 몇 개월 후 학교 옆 아파트에서 투신하였다. 이 학교에서는 서준이 말고도 중2학생이 1학기 중간고사 전에, 중3학생이 중간고사 후에 투신해 연속으로 사망했다.

서준이에게는 탈출구가 없었습니다. 엄마는 무서웠고, 공부는 힘들었습니다. 입시가 끝나려면 앞으로 몇 년은 걸릴 텐데, 그건 더 두렵고 끔찍했습니다. 이 상황을 끝내는 것만이 해답인 것 같았습니다.

아이들이 죽어가고 있다

귀한 아이들이 죽어가고 있습니다. 특히 중학생, 고등학생 자살의 소식이 많이 들려옵니다. 엄마랑 크게 말싸움을 하고 엄마가 잠시 마트에 갔다가 돌아와 보니 베란다로 뛰어내렸다는 아이, 아버지랑 싸우다가 보는 앞에서 곧바로 창가로 달려간 아이, 아침에 학교 간다고 나갔다가 옆 아파트 옥상에서 뛰어내린 아이, 자기 방에서 목을 맨 아이, 안타까운 소식이 들려옵니다. 대부분은 소리, 소문 없이 가려집니다. 아파트 측에서는 집값이 떨어진다며 쉬쉬하고, 학교도, 심지어 부모도 조용히 학교와 거주지를 떠나면서 마무리합니다. 정신건강의학과 상담을 하고 약을 복용했던 아이들보다도, 혼자서 끙끙 앓다가, 혹은 부모에게 말한다 해도, 별일 아닐 거라 일시적으로 지나가는 일이라 생각해 넘긴 경우가 더 위험합니다.

가출을 하고, 소리를 지르고, 온몸으로 불편함을 토해내는 아이들이 어쩌면 죽음에서는 좀 더 멀리 있는지도 모릅니다. 밖으로 발산하지 못하고, 자신의 분노와 좌절감, 복잡한 감정을 풀지 못하고, 삶을 마감하는 아이들이 너무나 안타깝습니다.

설마 내 아이가?

어른도 우울증에 걸리면 사리판단이 흐려지는데 어린아이들과 청소년은 얼마나 힘들까요? 자살하는 아이들의 부모들은 특별히 아이를 괴롭히거나 이상한 부모가 아닙니다. 여느 부모님들과 다르지 않게 아이를 사랑하고 열심히 키웠던 경우가 대부분입니다. 갑작스럽게 비극적인 일이 벌어지기 전에 적절한 조치가 취해졌으면 좋았겠지만, 설마 자살 이야기는 남의 이야기인 줄만 알았고, 내 아이가 그렇게 심각한지 알지 못했습니다.

자살의 원인이 다양하지만, 흔한 일반적인 공통점은 살아 있는 것이 고통스럽기에, 조금 더 '잘 살기' 위해서 죽는 것입니다. 고통스러운 삶을 이겨내고 잘 사는 방법을 한 가지라도 찾을 수 있는 아이들은 죽지 않아도 된다고 느낍니다. 그래서 아이들에게 다른 식으로 잘 살 수 있는 세상을 보여주어야 합니다.

왜 이렇게 청소년들이 자해를 많이 하죠?

손목 긋는 중3 아이

중3 지유는 자해와 자살사고로 폐쇄병동에 여러 차례 입원했다. 의욕이 넘치고 공부를 잘하는 지유를 위해 엄마는 더 좋은 교육환경을 꿈꾸며 초 4때 서울 ○○구에서 대치동으로 이사를 왔다. 지유는 엄마가 그리 공부를 강요하는 편도 아니었는데, 스스로 욕심이 많아서 시키지 않아도 숙제도 잘했다. 다른 집 아이들은 "숙제 안 한다, 학원 안 간다, 학원이 어렵다" 한다는데 엄마는 걱정이 없었고, 이런 지유가 무척 뿌듯했다. 그런데 중학교 2학년 성적을 받아본 뒤 아이는 갑자기 공포심과 우울감에 빠졌다. '내가 이렇게 했는데 결과가 이것밖에 안 되는구나. 앞으로는 어떻게 해야 하지? 더 이상 더 열심히 공부할 자신이 없는데.' 아이는 그 뒤로 급속도로 방황하기 시작했다. 불안감에 휩싸이고, 우울한 마음이 들 때마다 손목을 긋는 행동을 시작해 반복했다.

불안해서 자해를 하면 마음이 편해져요

진료실에서 지유가 소매를 걷고 보여준 손목과 아래 팔 안쪽에는 가로로 난 수많은 상처가 나 있습니다.

지유는 몸과 마음에 쌓인 불안감을 해소해야 하는데, 적절한 방법을 알지 못해서 자신을 해치는 방법으로 풀기 시작했습니다. 지금까지 살아오면서 스스로 마음을 안정시키는 방법을 적절히 배우지 못했다고 봐도 좋습니다.

사람들은 과거에 많지 않았던 청소년 자해 행동이 늘어나는 이유를 궁금해 합니다. 손목이나 팔뿐만 아니라 허벅지에도 칼로 상처를 내는데 보통은 얇은 상처일 때가 많습니다. 정말 죽으려는 의도로 손목을 긋는다기보다 반복적으로 자해를 하는 그 자체의 행동에 목적이 있어 보입니다. 즉 자해하면 얻을 수 있는 이득, 좋은 점이 있다는 겁니다. 이를테면 심리적으로 더 편해지는 거지요.

마음이 괴로울 때 자해를 하고 SNS에 사진을 올리기는 아이들도 있지요. 어떤 심리일까요? 자신이 괴롭다는 것을 표현하고 소통하면서 마음에 위안을 얻습니다. 아플 때 위로받는 것에 만족감을 느끼고, 자신을 케어해 주는 반응에서 행복감을 느낍니다.

다른 사람들의 관심을 끌고 주목을 받기 위해서 자해를 할 수도 있습니다(흔히 관종이라고 하죠). 하지만 관심을 끄는 방법 중에 하필 자해를 선택한 심리적 특성은 뭘까요?

나를 벌주고 싶어요.

자신을 미워해서 벌을 주는 것일 수 있지만, 한편으로는 남이 자신을 처벌하기 전에 '스스로 처벌'하는 것으로 해석할 수 있습니다. 자기 처벌의 증거를 공유하면서 심리적 안정감을 얻기도 합니다. '처벌받았으니 더 이상 혼낼 필요가 없습니다'라는 뜻으로 읽힙니다.

언젠가 실행이 될 남의 처벌을 기다리는 것은 무척 불안한 일입니다. 차라리 스스로 벌을 주어버리면, 이런 두려움에서 벗어날 수 있습니다. 죄를 지었을 때는 마음이 불편하지만, 처벌이 끝나면 즉 죗값을 치르고 나면 마음이 가벼워집니다. 그래서 자해는 죄책감과 수치심에서 벗어나서 마음 편히 살고 싶은 욕구에서 나오기도 합니다.

그렇다면 아이의 죄책감은 어디에서 오는 걸까요? 무엇을 그렇게 잘못했다고 생각할까요? 아이들이 언제 야단맞았는지를 생각해보면 됩니다. 어린아이는 자연스러운 발달 과정에서 위험한 행동(뜨거운 것을 만진다거나, 떨어질 수 있는 곳으로 간다거나)을 하면 제지받고 야단맞습니다. 유치원과 집에서 튀는 행동을 해도, 하라는 대로 하지 않아도 혼이 납니다. 많은 아이들이 학원 숙제 때문에 압박감을 느끼고 혼이 나기도 하죠. 아이들의 마음속에는 자신이 나쁜 아이라는 생각이 자리 잡게 됩니다.

건드리지 마라

어릴 때부터 과도하게 학습을 시키는 것, 부모의 지나친 간섭 등도 자해의 이유가 될 수 있습니다. 부모에게 반항하기 위해서 즉, '내가 이렇게 상태가 안 좋으니 더 이상 건드리지 말라'는 의미의 자기표현이나 소통수단일 수 있거든요. 더 이상 다른 사람의 지배를 받지 않고 스스로를 파괴하거나 지배할 수 있다는 자신의 힘을 내비치는 의미도 됩니다. 자신을 향한 공격성이지만 힘의 과시로 해석할 수 있습니다. 마치 불량배가 면도칼을 씹는 행동을 할 때 상대편이 공포를 느끼는 것과 같은 상황입니다. 자신이 그만큼 자기 몸을 학대할 만큼 감정의 극한에 가서 무서운 게 없는 사람처럼 보일 수 있습니다. 가짜 힘이지만 무력한 것보다 낫다고 느낍니다. 힘이 없는 사람은 계속 당할 테니까요.

실제로 아이가 자해하기 시작하거나 자살 가능성이 많아지면, 즉 자신을 해치려는 시도를 하게 되면 부모는 더 이상 아이에게 가까이 가서 지배하려는 행동을 멈출 수밖에 없습니다. 다가오는 부모에게 칼을 휘두르는 타해 성향을 가진 아이들이 있다면, 자해하는 아이들은 그 칼날이 자신을 향해 있는 것입니다. 소리를 지르고, 욕을 쓰고, 자해해야만 자신의 의견이 먹힌다면 아이들은 그 행동을 반복할 수밖에 없습니다. 만약 자해까지 이르지 않아도 소통이 가능하다면 자해 충동은 줄어들게 될 것입니다.

내가 싫어요

내 안에 있는 보기 싫은 부분을 떼내어 버리기 위해서, 즉 마음에 안 드는 부분을 죽이기 위해 자해를 한다고도 볼 수 있습니다. 몸 전체를 죽이려면 자살을 하겠지만 몸의 일부분에 상처를 내는 것은 마음에 들지 않는 자신의 부분을 향합니다. 그렇다면 죽이고 싶은 자신의 일부분은 무엇일까요? 자기 안에 들어 있어 자신의 몸과 마음을 지배하는 부모일 수도 있고, 싫어하는 자아의 일부분입니다.

자해는 어쩌면 아픈 부분을 떼버리고 잘 살고 싶은 의지로도 볼 수 있습니다. 자살 시도를 반복적으로 하는 아이들보다 자해 행동을 반복하는 아이들은 개체 전체를 죽이고 싶어 하지 않는다는 의미에서 조금은 더 건강한 상태라고 볼 수도 있습니다.

살려고 자해를 해요

자해하는 아이들은 죽으려고 자해하기보다, 감각을 깨우고, 살아 있는 느낌을 받기 위해 자해를 하기도 합니다. 통증을 별로 느끼지 않고, 도리어 자해를 할 때 목구멍까지 차올랐던 답답함이 해소되고, 짜릿한 쾌감을 느낀다고 이야기합니다. 즉, 답답함을 해소하고 잘 살기(?) 위해서 몸을 긋습니다.

어릴 때부터 핸드폰으로 유튜브 같은 동영상을 시청, 즉 시각적인 정보에 노출이 많아지고, 뇌가 다양한 감각을 충분히 학습하지 못한 상태(준비되지 않은 채로)에서 문자의 세계에 일찍 들어가게 되면 아이들은 뇌에서 몸이 점점 멀어집니다. 뇌가 다양한 감각 정보를 입력하고 통합해서 처리해야 할 때에 지나치게 시각정보가 많이 들어오기 때문에 몸에서 오는 여러 다른 감각(청각, 고유감각, 전정감각, 후각, 미각 등)을 적절히 인식하고 처리하는 능력이 부족해지기 쉽습니다. 쉽게 이해하자면 시각 정보에 너무 꽂혀 있는 상태입니다. 자해를 하면 다시 몸의 감각으로 돌아오고, 뇌와 몸을 연결할 수 있습니다. 하지만 이 자해 뇌 회로는 건강한 회로가 아니고, 큰 길이 막혔을 때 옆으로 잘못 뚫은 길입니다.

내 몸이 살아 있다는 것을 느끼고 싶어요

사람의 자신감, 자아감은 기본적으로 몸을 바탕으로 합니다. 언어 발달이 빠르고 인지적으로 뛰어난 아이들이지만 운동능력이 늦게 발달하거나, 몸이 굼뜬 경우, 시각-운동 협응능력, 즉 눈과 손이 잘 협응을 해서 움직이는 능력에 문제가 있는 아이들이 있습니다. 행동이 빠르고 민첩한 것 같지만, 신체 조절력이 약하고 대소근육의 협응력이 떨어지는 아이들도 있습니다. 이런 아이들은 똑똑해도 열등감을 갖기 쉽습니다.

살아 있다고 느끼고, 지금-여기라는 시간과 공간에서 행복감을 느낄 수 있는 것은 몸을 통해서입니다. 그런데 책상 앞에만 많이 앉아 있고, 어릴 때부터 (자의든 타의든) 과도하게 책을 본 아이들은, 이런 몸의 여러 감각 채널이 열리지 않은 채 성장하기 쉽습니다. 이렇게 되면 아이들은 상실감과 부족함을 느끼고, 현실감각도 떨어지게 됩니다. 불안증, 해리 증상(dissociation)이나 공황장애가 생기기도 쉽습니다. 이럴 때 자신이 살아 있음을 느끼고, 현실적인 감각을 살리기 위해 몸에 자극을 주는 방법을 아이들은 스스로 선택하게 됩니다. 손목 긋기, 머리카락 뽑기, 손발톱 피날 정도로 물어뜯기 등을 포함한 자해행동뿐 아니라, 목이나 손가락을 소리 내어 꺾는 행동, 무의식적인 틱, 자위 등 감각계를 자극하는 행동을 합니다. 진단명은 다 달라도 뇌신경계적인 감각신호 처리 맥락에서는 유사점이 있습니다. **특히 자극 전에 불편하고 치밀어 오르던 감정들이 이런 감각자극과 함께 풀어지는 걸 경험한 아이들은 중독처럼 자해나 문제 행동을 하게 됩니다.**

조기 교육의 문제점

부모는 남보다 더 일찍 아이에게 교육에 관련된 정보를 먹이면 더 똑똑해지고 공부를 잘하게 된다는 잘못된 생각을 버려야 합니다. 글자를 빨리 읽게 하는 것도 마찬가지입니다. 여러 다양한 감각으로 상황을 판단하는 것을 배워야 할 때에 겨우 '글자'에만 아이의 뇌를 집중하게 만드니까요. 준비되지 않은 아이에게 감각 밥(diet)을 불균형적으로 주면, 소화불량에 걸리거나, 먹는 것을 싫어하게 되고, 먹는 것에 관심이 없어져 버릴 수 있습니다. 배가 고플 때 먹고, 스스로 즐겁고 맛있게 먹는 아이가 계속 먹을 수 있고, 좋은 성과를 냅니다. **어린 나이의**

지나친 교육이 도리어 이렇게 아이의 감각 체계에 불균형을 가져와서 이상 행동(자해감각 자극 추구)이 나올 수 있는 것입니다.

감각 밥을 제대로 먹지 못해 배가 고파요

뇌는 머리통 속에 있지만, 몸에 퍼져 있는 '감각기관에서 올라오는 전기신호'(감각 밥)로 바깥 세상을 인식하고 반응을 합니다. 이렇게 감각 밥을 제대로 먹지 못했을 때 배고픈 아이들의 뇌는 어떻게든 감각 정보를 섭취하려고 합니다. 건강한 자극을 찾지 못하고, 자기가 아는 몇 개 안 되는 짜릿하고 강력한 감각 채널만을 이용하는 것입니다. 그래서 중독 증상이 발생합니다.

게임중독, SNS중독, 그리고 최근에는 청소년들도 도박중독, 마약중독도 점점 심각해지고 있지요? 지나친 자위행동이나 성적인 자극 중독도 있습니다. 자위(自慰)는 자신(自身)을 위로(慰勞)한다는 뜻으로 자신을 달래고 사랑한다는 의미로 해석이 가능합니다. 일종의 자기 사랑 행위입니다. 그러나 사회에서 허용되지 않는 방법으로 성적인 행위를 추구할 때는 자신을 파멸로 이끌 수 있습니다. 예를 들면 몰카를 설치하거나, 공공장소에서의 도찰, 관음증, 노출증, 성매매, 각종 성범죄 등입니다.

무엇이든 지나치면 조절이 안 되고 자신을 해치는 자해가 됩니다. '자신을 위해서 자신을 해치는', 앞뒤가 안 맞는 혼란의 상태입니다. 하지만 몸과 마음에 균형을 찾아보려는 나름 처절한 노력으로 볼 수 있습니다.

🕐 부모님을 위한 시간 〉〉〉 **빛몸 만들기**

눈을 감고 마음의 눈으로 내 몸을 바라봅니다.
내 몸 곳곳을 바라보며 환하고 따듯한 빛을 쪼여줍니다.
얼굴에도, 목에도 가슴에도, 배에도 환한 빛이 생긴다고 상상해주세요. 빛이 생기는 곳에 가만히 손을 얹어도 좋습니다.

부모님들은 가정의 태양과도 같습니다. 태양이 어두워지지 않고 빛을 발하고 반사해줄 때 아이들도 환하게 빛납니다.
내가 먼저 빛이 나면 아이들도 빛이 나고 우리 가정도 빛납니다.

딸이 자기 머리카락을 뽑아요

고2 윤주는 오래되고 비밀스러운 버릇이 있다. 바로 머리카락을 뽑는 행동이다. 긴 머리를 들춰보면 듬성듬성 구멍이 나 있다. 공부할 때도 뽑고, 심심할 때도 뽑고, 수시로 머리카락을 뽑는다. 엄마는 몇 년 동안 상황이 이렇게 될 때까지 모르고 있다가 머리가 그렇게 흉하게 빠진 걸 보고 깜짝 놀랐다. 피부과에 방문했다가 정신적인 이유가 크다는 말에 정신건강의학과를 찾게 되었다. 엄마는 그동안 크게 힘들다고 표현하지도 않고, 하라는 대로 해오던 아이였는데 마음에 부담이 많았던 것 같아, 미안한 마음이 들었다. 윤주 엄마는 본인이 어렸을 때 집안 형편이 좋지 않아, 다른 아이들이 배우는 걸 자기만 못해서 열등감을 느낀 적이 많고, 부모님한테 서운했다. 그래서 윤주가 자신 같은 상황이 되지 않게 뭐든 남보다 일찍 열심히 시켰다. 그런데 이제 보니 도리어 아이에게 독이 되었나 싶어 후회가 된다.

감각계에 생긴 이상

발모벽(trichotillomania)은 강박행동이면서 자해 행동으로 볼 수 있습니다. 강박행동은 안 해야 한다는 것을 알면서도, 하고 나면 마음이 편해지고 쾌감을 느끼기 때문에 할 수밖에 없는 행동을 말합니다.

자해는 자기를 피나게 하고, 상처가 생기게 하고, 학대하는 행위입니다. 학대나 통증을 싫어하고 피하기보다, 즐긴다는 건, 감각을 느끼고 처리하는 방식 그리고 정서 상태에 문제가 생겼다는 뜻입니다. 손목을 긋는 자해를 하는 아이들도 그렇지만 머리를 뽑는 아이들도 통증을 느끼기보다 쾌감을 느낀다고 말합니다. 그래서 다른 사람은 무시무시하게 생각되거나 이상하게 보이는 행동을 기꺼이 반복해서 하는 것이지요.

힘이 되는 결핍

엄마는 윤주를 사랑하기 때문에 자신이 부족했다고 느꼈던 것들을 선물을 미리미리 듬뿍 주려고 했습니다. 그런데 이제 보니 독이었다고 느낍니다. 화초가 필요로 하지 않는데 비료를 듬뿍 주어 도리어 시들하게 만들었다고나 할까요?

부모가 트라우마나 피해의식이 있을 때 자녀들을 과보호해 아이를 자유롭지 못하게 합니다. 그런데 윤주 엄마의 결핍은 나쁜 것일까요? 그런 감정과 경험이 도리어 자신의 삶을 열심히 살아 나가도록 하는 원동력이 되지는 않았을까요? 모든 일에는 긍정과 부정 양쪽 측면이 있습니다. 마치 손바닥과 손등처럼요. 유연하게 상황을 보고 긍정을 선택하는 능력이 스스로를 위해 그리고 좋은 부모가 되기 위해서 필요합니다.

부모의 성장을 위해 아픈 아이들

윤주 엄마는 아이를 위해 내원했지만, 오래된 본인의 열등감을 마주하고, 자신 안에 있는 진정한 힘을 느끼고, 자신의 부모와 연결되고 에너지를 받는 치유과정을 통해 마음이 편해지고 자유로워졌습니다.

저는 아이들이 아픈 이유가 부모의 성장을 위해서라고 느끼곤 합니다(독일식 버트 헬링거의 가족세우기 가족치료의 관점이기도 합니다). 자신만의 생각으로 똘똘 뭉쳐 괴롭던 사람이 부모가 되어 자식을 통해서 변화합니다. 죽고 싶었던 사람이 살아납니다. 자식은 부모를 위해 사랑으로 희생합니다. 부모가 죽을까봐 대신 죽으려합니다. **우리 집의 말썽꾸러기가 가장 사랑이 많은 아이입니다. 어떤 의미에서는 부모의 의식이 성장하면 아이들은 아플 이유가 사라집니다.**

🕐 부모님을 위한 시간 〉〉〉 내 걱정 마라

눈을 감고 아이를 떠올리고 바라봅니다.
아이와 눈을 맞춰봅니다.
그리고 아이에게 이렇게 말해줍니다.

"고맙다. 하지만 나를 위해 걱정하거나 애쓰지 않아도 된단다."

"나는 내 삶을 긍정적으로 판단하고 잘 살 능력이 있단다.
나는 계속 발전해 나갈 능력이 있단다."

"엄마는(아빠는) 잘 살 거란다."

그놈의 게임을 어떻게 할까요? 중독문제

저는 몇 년 전에 아이들이 읽을 『중독』이라는 책을 쓴 적이 있습니다. 게임중독, 도박중독, 마약중독까지 아이들을 파고들면서 중독의 문제는 점점 심각해지고 있습니다.

핸드폰 뺏어버릴까요?

중학교 2학년 남자아이를 키우고 있어요. 아이가 학원이나 자기 방에서 공부하는 줄 알았는데 게임을 해요. 시험 기간에도 알고 보니까 게임에 접속을 많이 했더라고요. 너무 배신감을 느낍니다. 중독 수준인 것 같아요. 게임을 어떻게 끊게 만들 수 있을까요?

상담에 온 부모님들은 게임이 문제라고, 핸드폰이 원수인 것처럼 이야기합니다. 그러나 게임은 우울하고 힘든 아이들에게 그나마 기쁨을 느끼는 유일한 낙일 수 있습니다. 목숨을 이어나가게 해주는 끈일 수도 있고요. 그 끈을 그냥 잘라버리는 게 해결책이 아닙니다. 도리어 아이의 큰 반발과 예상치 않은 행동으로 이어질 수 있습니다. 좋은 방법은 아니더라도 아이의 유일한 숨통인 게임을 끊어버리면 아이는 온몸을 다해 반항할 것입니다. 아이의 폭력성에 불을 당기는 상황이 되기도 합니다.

그래서 조금씩 아이의 생각을 바꿔서 동의를 얻고, 스스로 조절하게 도와주는 게 좋습니다. 대안 없이 끊어버리기보다, 언젠가는 게임이 없어도 자기 몸과 마음에서 즐거움을 느낄 수 있도록 회로를 만들어 주어야 합니다. **좋은 길이 생기면 아이들은 굳이 나쁜 길로 다닐 필요가 없어집니다.**

자신의 몸을 움직여서 주변 환경과 접촉하면서 느끼는 교감과 성취감을 느끼지 못하는 아이들은 손가락 끝으로 하는 게임에 쉽게 중독되고, 차차 다른 대상에도 중독될 가능성이 있습니다. **기쁨을 스스로 생성하지 못하게 된 몸은 더 강한 자극을 찾게 됩니다.**

혼자서 못 노는 아이들

어릴 때부터 자꾸 부모님한테 놀아달라고 하고, 영상물을 보려고 하고, 혼자 놀지를 못하고, "심심해 지루해"라는 말을 자주 하는 아이들이 있죠? 밖에서 주는 자극이 없이 스스로 뇌에서 재미를 찾고 연결하고 탐색하는 능력이 부족한 것입니다. 이런 아이들일수록 부모님의 개입이나 영상물 노출, 지나친 공부로 몸을 사용한 자율적인 탐색의 기회가 많이 없었을 수 있어요.

시각, 청각 감각 처리의 불균형을 가진 ADHD성향을 가진 아이들도 비슷한 상태일 수 있습니다. 그럴수록 몸의 다양한 감각을 어릴 때부터 스스로 다뤄 보도록 기회를 주어야 합니다. 그렇지 않으면 영상물과 게임 같은 시각 자극에 쉽게 중독됩니다. 이런 아이들의 뇌는 쉬기 힘듭니다. 끊임없이 자극이 들어오기를 바라는 방식으로 뇌가 길들여졌기 때문이지요.

자극 없이, 쉬고 노는 능력을 어릴 때부터 길러 주어야합니다. 간단히 말해서 '그냥 노는 시간'을 주어야 합니다. 놀려야 합니다.

숙제하라면 게임하게 해 달래요

초5 우빈이가 눈물을 글썽이며 억울하다는 듯이 말한다. "이제 절대 공부 안 할 거예요. 게임도 못 하는데 공부를 뭐하러 해요." 아빠가 오늘 숙제를 안 했다고 게임을 앞으로 못 하게 한다고 했단다.

아이에게 공부는 게임이라는 행복을 얻기 위해 바꿀 수 있는 화폐 같은 것이었을까요? 좋아하는 것을 하기 위해 끔찍하게 싫지만 '해주는 것'으로 전락한 공부를 아이가 좋아하고, 오랫동안(중고등 6년에, 재수 등

합치면 앞으로 초5인 우빈이는 8~9년은 더 공부해야 할 수도 있는데) 자발적으로 해나갈 수 있을까요? 게임과 공부가 연결되면 공부를 점점 더 싫어하고, 고문으로 여기게 됩니다.

그런데 우빈이처럼 부모가 게임을 못 하게 한다고, 눈물 글썽이는 아이는 아직 순진한 겁니다.

핸드폰을 막을 수 없네요

조금 머리가 크면 PC방에 가고, 가출도 할 수 있다는 것을 알게 되면서 아이는 점점 통제에서 벗어납니다. 곧 부모의 협박과 억압이 통하지 않게 됩니다. 아이가 어릴 때 부모가 한 협박과 억압의 10배 정도를 부모에게 한다고 봐도 됩니다. 핸드폰을 뺏어도 공기계를 사다 하고, 엄마에게 무력을 쓰기도 합니다. 그래도 엄마는 밥을 주고 빨래를 해주면서 아이 비위를 맞추고 공부를 좀 시켜 보려고 애를 씁니다. 그러다 엄마도 한계에 도달하고 같이 폭발합니다.

자율적으로 자신을 조절할 수 있는 사람으로 키우는 것이 핵심입니다. 계속 부모가 조절해주어서는 그 능력이 생기지 않습니다.

순응하는 아이들이 나중에 더 아플 수 있어요

부모의 계획에서 벗어났다고 최악의 상황이라고 생각되시나요? 아닙니다. 이렇게 초등학교나 중학교 때쯤 사춘기를 넘어서면서 방황하고 자기 목소리를 내는 아이들이 건강할 수 있습니다. 이 아이들은 자기 자리를 잘 찾기만 하면 큰 능력이 생깁니다. 에너지가 있는 아이들이기 때문에 방향전환만 하면 됩니다. 아예 이런 시기도 없이 부모가 하라는 대로 순응한 아이들이 더 위험합니다. 나중에 터지거나, 펴지지 못하고 웅크린 채 꽃을 피우지 못합니다.

반항하는 아이들은 부모에 대해 갖는 미움, 복수심 등의 감정 갈등을 해결하고, 바른 마음의 자리와 길을 찾아야 합니다. 그렇지 않으면, 파괴적인 행동은 지속됩니다.

남편이 도박중독이에요

> 만 3세 아이를 둔 엄마인 주은 씨는 세상이 암담하다. 중매로 부잣집 아들로 알고 결혼한 남편이 도박중독이고 강원랜드, 마카오까지 다니면서 도박을 한다. 남편 앞으로 시부모님이 해준 아파트가 세 채였는데 두 채를 도박에 탕진한 상태이다. 주은 씨는 이혼해야 할지, 조금이라도 남편에게 개선 가능성이 있을지 고민이다.

재산을 물려주어도, 아이의 정신이 건강하지 않으면 지킬 수 없습니다. 좋은 대학을 나와 높은 연봉을 받아도 돈 관리가 안 되고 돈을 꾸러 다니는 사람도 있습니다. 교육은 이러한 위험성을 항상 염두에 두고 조심히 해 나가야합니다. 중독은 자기 쾌락 즉 자기 만족으로 가장한 자기 파괴행동입니다. **무엇이 정말로 자신이 가야 할 길인지 조심히 살피며 행동하는 것을 아이들은 배워야 합니다.** 스스로 꼭 자기 몸을 통해서 배워야 하기 때문에 아이들의 어릴 때 실패와 방황 경험은 소중합니다.

그냥 좀 놀면 안 되나?

이제는 운동의 중요성이 많이 알려져서 운동 한 가지는 꾸준히 해 주려고 하는 엄마들도 늘어나고 있는 것 같습니다. 하지만 운동 시간을 빼기는 쉽지 않지요. 아이들이 놀고 운동하는 것까지 이제는 학원과 과외로 해결하고, 진도 또한 엄마가 모두 검열하고 관여합니다. 그래도 음악, 미술, 체육 활동은 공부와 게임과는 달리 화면에서 눈을 떼고 활동하는 시간이 되어서 다행입니다.

그런데 요새 아이들은 왜 그냥 노는 시간이 많이 없을까요? 아이들은 언젠가부터 노는 법도 잃어버렸고 노는 것조차 통제당하고 있습니다. 가만히 놀다 보면 섬광처럼 떠오르는 아이디어, 뭔가를 하고 싶다는 욕구, 창의성이 우리 아이들에게는 허용되지 않습니다. 아이들이 아는 유일한 재미는 핸드폰으로 유튜브 보기, 게임 정도일 수 있습니다. 그래서 중독이 되지요. 이때만 해방감을 느끼는 것도 안타깝지만, 이것도 허용이 안 되니 아이들은 점점 불행해집니다.

모범생도 아파요?

갑자기 글이 안 읽혀요

고1 수휘는 선행을 많이 하는 최상위 학원을 쭉 다녔고, 모범생으로 지금까지 달려왔다. 불안감이 높은 성격인 데다가 완벽주의 성향이 있어서 부모가 원하는 대로 잘 따라왔다. 예민하고 경쟁심이 많은 편이라 기숙사 생활을 해야 하는 특목고 입시를 일부러 하지 않았다. 좋은 학원들이 가깝고 입시 결과가 좋은 대치동에 사는 데다, 원래 의대가 목표였기 때문에 일반고에 진학했다. 좋은 내신으로 상위권 의과 대학을 가는 플랜을 진즉 세웠기 때문이다. 이런 목표에는 상당 부분 부모의 입김이 작용했지만, 수휘도 적극적으로 동의하면서, 부모와 합심해 열심히 달려왔다. 고등학교에 진학해서도 충분히 좋은 내신 성적으로 주목을 받고 있다. 하지만 고1, 2학기 때부터 시험불안이 심해지고, 글이 잘 안 읽히고 문자에 집착하는 문제로 고민하기 시작했다. 해결해보려고 정신건강의학과에서 검사를 받고, 집중력 약을 처방받았는데 도리어 강박증과 불안증이 심해져서 이러지도 저러지도 못한 상태가 되었다고 한다.

집중이 안 된다고 다 ADHD는 아니다

수휘와 같은 경우가 꽤 있습니다. 우울과 불안증상이 심한 경우는 당연히 집중력에도 문제가 생길 수 있습니다. 단순한 집중력 문제나 ADHD로 보기에는 여러 문제가 복합적인 상태입니다. 문자 집착 증상은 강박장애로도 볼 수 있고, 뇌신경계의 시감각처리 오작동으로 볼 수도 있어요. 이런 상태에서 그냥 집중력 약을 먹으면 강박증이나 불안 증상이 심해져서 도리어 집중이 더 안 될 수 있습니다. 집중력에 문제가 있을 때, 지금까지 커오면서 보여준 신경계의 특성, 발달력, 현재 몸 상태, 뇌신경계 성향, 정서 상태, 가족 간의 관계 등을 두루 살펴봐야 잘 도울 수 있어요.

머리 좋은 ADHD도 많아요

공부를 잘하고 성적이 좋은 아이도 ADHD(AttentionDeficit Hyperactivity Disorder, 주의력 결핍 과잉행동 장애) 진단을 받을 수 있습니다. 지능과 상관없이 주의 집중력 조절이 안 되는 병이기 때문이지요. 약물치료도 도움이 되지만, 주의력에 대해 이해하고, 뇌신경계를 조절하는 방법을 알게 되면 좋습니다. 일단 ADHD 아이들일수록 걷기, 뛰기를 비롯해 적절한 운동량이 집중력 유지에 필수적입니다. 이런 기본바탕이 되지 않으면 언젠가 약물치료도 잘 듣지 않게 됩니다. 저는 치약에 비유해서 설명합니다. 집중할 만큼 충분한 뇌신경계의 능력 요소(치약)가 있어야,

약을 써도 치약을 짜듯 효과를 보는데, 점점 신체활동도 하지 않고, 앉아서 공부만 하고 고갈되어가는 뇌신경계라면 아무리 짜도 치약이 안 나옵니다.

마음의 가시 빼주기

수휘와 같은 경우에는 일단 몸이 불편하거나 숨을 쉬는 데 답답함을 많이 느끼지는 않는지, 감각이 너무 예민하거나 무딘 곳은 없는지, 우울과 불안의 정도와 이유, 가족 안에서의 압박은 어디서 오는지 살펴봐야 합니다. 때로는 잘된 형제나 사촌과의 비교나, 조부모의 기대, 가족 갈등이 아이에게 큰 부담으로 작용하기도 합니다. 별것 아닌 일도, 마음에 가시처럼 박혀 아이를 괴롭히고 있을 때가 있어서 잘 살펴보고 가시를 빼주어야 합니다. 발에 가시가 박혀 고통스럽지만 혼자서 빼기 어려울 때 의사의 도움을 받는 것처럼 마음의 가시도 전문적으로 잘 빼는 의사 선생님을 만나면 좋을 것입니다.

ADHD가 좋아지나요?

ADHD 성향을 가진 아이들도, 특정 행동 패턴과 뇌회로가 고착화되기 전에 도움을 받으면 더 빨리 좋아질 수 있습니다. 어릴 때일수록 아이의 성향을 조절해주는 다양한 활동에 뇌가 잘 반응합니다.

ADHD 성향으로 2차적으로 생기기 쉬운 부정적인 정서회로와 사회성 회로가 깊어지지 않고요.

ADHD를 진단할 때도 시청각 주의력 검사를 하지요? 시각과 청각 처리도 문제지만, 다른 감각 처리가 어려울 때도 있습니다. 그렇다면 다양한 신체 활동을 통해서 뇌신경계 감각처리가 균형을 이룰 수 있게 해주어야 합니다. 약물에만 의존하다가 몸과 마음의 균형이 깨진 상태에서 입시를 치를 때는 결국 탈이 날 수밖에 없습니다. 뇌신경계가 불안정할 때는 약물의 효과도 좋지 않고 부작용도 많답니다. ADHD인데 불안감이 많은 아이들은 집과 바깥에서 몸을 쓰는 활동을 해서 뇌에 감각운동 통합지도를 잘 형성시켜주세요. **다양한 감각처리가 가능한 유연한 뇌를 만들어 주는 거지요.** 너무 활동적이라면 좀 더 차분하게 뇌신경계가 작동하게끔 도와주는 방법들도 있습니다. 산만하고 충동적이고 부주의한 행동이 감소하게 말이지요. 부주의하고 잘 안 움직이는 타입의 조용한 ADHD들은 좀 더 활동할 수 있도록 도와줄 수 있습니다. **결국 뇌신경계의 조절, 균형 맞추기가 핵심입니다.**

모범생이 더 힘들 수 있어요

부모들이 좋아하는 모범적인 아이들은 학원에 늦지 않게 제시간에 잘 가고, 숙제도 꼬박꼬박 잘 해갑니다. 학교와 학원에 늦고 숙제 때문에 얼마나 많은 부모들이 아이들과 실랑이를 하는지 생각해보시면 정말 부럽고 복 받은 상황이죠?

그런데 이렇게 책임감이 있는 아이들이 은근히 마음이 약한 경우가 꽤 있어요. 학원에 늦으면 본인 스스로 불편해서 못 견디거나, 학교나 학원에서 늦게 들어갈 때 쏠리는 시선을 감당할 자신이 없어서 일찍 가려고 노력하기도 합니다. 숙제도 꼬박꼬박 해치우는 건 강박성향이 있어서이기도 하고요. 숙제를 다 해가려고 노력하고, 안 하면 아예 학원을 안 가려 하기도 해요. 좋은 장점을 가진 아이들이지만 지나치면 병이 됩니다. 이런 아이들은 불안감을 낮추고 유연성을 기르는 경험과 교육이 필요합니다.

유연한 마음의 힘을 길러주세요

하지만 모범생들은 현재 별다른 트러블을 만들지 않기 때문에, 반항하는 아이들에 비해 부모는 아이에게 문제가 없다고 생각하고, 계속 학원 트랙으로 열심히 달리게 합니다. 그러다가 의외로 가장 열심히 달려야 할 고등학교 때 더 이상 뛰지 못할 상황이 터집니다. 부모 입장에서도 당황스러울 수밖에 없습니다. 언제나 자랑인 모범생 아이가 갑자기 공부가 안 된다고 하고, 공부 기능에 이상이 생기니 부모로서 대신 해줄 수 있는 일도 아니고, 함께 난감합니다.

그래서 아이가 정말 **편안하고 자신감이 많고 유연한 사고 방식을 가진 모범생인**지, 불안감이나 강박증에 시달리면서, 좁은 세계에서 머물러 있는지 살펴보면 좋습니다.

전교 1등 고3 딸이 갑자기 시험을 포기했어요

> 시아는 강남구의 일반고에서 완벽한 내신 성적을 유지하는 전교 1등이다(모든 부모들이 부러워할 상황이죠). 그런데 고3 1학기 중간고사 시험을 보는 중에 공황 증상을 일으켰다. 선생님을 대동해 화장실에 갔다 왔지만 진정이 되지 않아 시험을 포기했다. 엄마는 더 이상 학교에 가지도 않으려 하고 모든 것을 포기한 듯 죽고 싶다며 누워만 있는 딸이 안타까우면서도 한편으로는 이해할 수 없었다. 그동안 쌓아온 게 어딘데, 이제 조금만 더 고생하면 되는데. 딸이 걱정되면서도 엄마도 불안하기 때문에 아이와 자꾸 부딪쳤다. 시아는 "내가 누구 때문에 이렇게 무너졌는지 아느냐. 다 엄마 때문이다"라고 과거에 엄마가 했던 행동들을 들추며 엄마를 괴롭히고, 점차 난폭해졌다. 엄마는 외동딸인 시아에게 좋다는 것은 뭐든 해주면서 키웠지만, 공부를 가장 중요하게 생각했고, 아이가 공부를 제대로 안 할 때는 폭언을 퍼붓고 협박했었다.

내신이 웬수

학교 내신이 아이들을 괴롭힙니다. 성적이 좋지 않아 내신을 포기한 아이들이 차라리 마음이 편하다고나 할까요? 이렇게 시아처럼 전교 1등인 경우는 더욱 압박감이 심합니다. 학교 내신을 망친 시아는 엄마를 비난하고 엄마에게 책임을 전가하면서 상처 난 자존감과 체면을 세우고, 자신을 지키려 하고 있습니다. 스스로 위로하고 책임지고, 성숙하게 위기를 극복하는 데는 시간이 걸립니다. 시아는 1년간 휴학하고 치료받으면서 어느 정도 건강을 회복한 뒤에 복학했고, 원하는 학교에 무사히 진학했습니다. 그렇게 목숨을 바꿀 정도로 매달렸던 내신 성적이 아닌 수능성적으로 정시합격을 했습니다. 결국 내신 성적은 사용하지 않는 카드가 되었지요.

회복되는 데에도 시간이 오래 걸려요

그런데 시아는 대학진학 후에도 불안정한 감정상태로 대인관계에 문제가 많았고, 엄마와의 갈등은 쉽게 풀리지 않았습니다. 이렇게 어린 시절부터 겹겹이 쌓인 문제들이 풀어져 회복되기까지는 많은 노력과 결심이 필요합니다. 시아는 몇 년에 걸쳐 엄마와 화해가 조금씩 가능했습니다. 엄마는 잃어버린 딸을 찾은 것 같다면서 진료실에서 눈물을 흘렸습니다. 그래도 시아는 해피엔딩입니다. 일단 살아 있고(!), 원하는 대학에 진학했으며, 부모님과 함께 치료받고 변화할 수 있었으니까요.

잃어버린 딸을 다시 찾았어요

하지만 불행한 결과로 치닫는 세상의 많은 시아들을 봅니다. 뛰어내리거나 목을 매는 아이, 반복적으로 팔을 긋고 자해를 하는 아이, 더 이상 공부를 할 수 없게 되는 아이, 시험 불안을 극복하지 못하고 모든 것을 포기해버리는 아이, 방에 칩거하고 10년 이상 세상과 문을 닫아버리는 아이, 집에서 난폭한 행동을 하고 부모를 공격하는 아이, 끔찍한 범죄에 연루되고, 마약에 손을 대게 되고 도박중독 증상을 보이는 아이, 사이코패스처럼 섬뜩하고 이기적인 성격을 가진 경우까지 매우 다양합니다. 조울병이나 조현병 진단을 받는 경우도 생깁니다.

이 **과정을 통해 함께 성장**하지 못하면, 결국 가족은 분열되고 파괴되고, 본인과 주변 사람도 위험해집니다. 비슷한 상황으로 고민하는 가정이 있다면 적절한 상담과 치료를 꼭 권해드립니다.

터져 나오는 사춘기 이후 성 문제들

눌러도 터져 나오는 성에 대한 끌림

성은 에너지입니다. 생명을 만들 정도로 강렬하지요. 억압된 아이들의 생명력도 청소년기를 지나면서 불이 붙기 시작합니다. 그동안 억눌렸던 만큼 더 폭발하듯 올라오는 기세도 셉니다. 하지만 아이들을 옭아매는 환경이 그대로이므로 아이들의 성적인 문제도 왜곡되어 나타나기 시작합니다. 부모들의 머릿속에는 아이들은 어린아이이고, 아직 미숙합니다. 하지만 아이들은 청소년기에 들어가면서 아무리 엄마가 눌러 해도 자기만의 인생의 길을 갑니다.

> 초5 태리가 인터넷에 검색한 성적인 단어를 보고 엄마는 깜짝 놀랐다. 어릴 적 아이가 바닥에 엎드려 자위행위를 하는 걸 보고 심하게 야단친 적이 있는데, 얌전히 공부만 하는 것 같은 아이가 이런 데 관심이 있을 줄이

야. 야동까지 본 것이 컴퓨터 기록에 나오자 엄마는 딸 태리가 징그러워졌다.

아이의 성적인 관심은 자연스러운 것이고 당연한 것입니다. 엄마가 아이의 성적인 관심사에 대해 이르다고 생각하고, 좋지 않다고 생각하고 눌러버리면 또다시 올라옵니다.

태리 엄마는 본인이 성에 대해 무지하고 무감각한 편이라 남편과의 사이도 좋지 않았습니다. 그래서 딸의 성적인 관심사에도 너그럽지 못합니다. 본인의 엄마가 자신을 성적으로 엄격하게 제한했듯이 태리의 엄마도 딸을 억압하는 교육을 하고 있습니다.

저희 언니도 방황을 많이 했는데 딸이 그러네요

> 초등학교 때까지는 욕심도 많고 공부도 앞서가던 민서는 중1부터 달라지기 시작했다. 짙은 가부키 화장에 전자담배를 피고, 노는 친구들과 어울려 다닌다. 남자친구에 대한 관심이 커져서 고등학생 오빠를 소개받고 사귀는데 열을 올린다. 틈틈이 팔을 긋고 사진을 SNS에 올린다. 친이모(엄마의 언니)가 우울증으로 중학교 때부터 방황하다 20대에 자살한 전력이 있어 민서 엄마는 무척 불안하다.

이렇게 가족력이 있을 때는 더 주의해야 합니다. 얼굴을 닮는 것처럼 뇌의 기질적인 성향은 생물학적으로 유전될 수 있고, (가족세우기 가족상담의 입장에서 보면) **풀리지 않는 가족의 문제, 제외된 사람과의 관계는 세대를 넘어 후대에서 해결하도록 반복**되기도 하니까요.

이모의 병명이 우울증이었는지, 양극성 정동장애였는지 혹은 다른 병이었는지 분명치 않지만, 삶에 적응하지 못하고 방황한 것이 사실이기 때문에 이런 비극에서 벗어나도록 세심하게 약물치료와 심리치료, 가족상담이 필요합니다.

🕰 부모님을 위한 시간

눈을 감고 아이를 떠올리고 바라봅니다.
그리고 아이에게 이렇게 말합니다.

'○○야, 너는 내 딸(아들)이야.'
'너는 내 언니(오빠)가 아니야.'

가끔 아이들이 잘 알지 못하는 가족 구성원과 동일시되어 행동할 때가 있습니다(보이지 않는 얽힘은 무의식적인 정보를 서로 주고받습니다). 또 부모님이 아이를 다른 가족 구성원과 동일시해서 아이를 바라볼 때도 있습니다. 이럴 때 마음속으로 아이에게 위와 같이 이야기해보면 좋습니다. 그리고 **제외된 가족을 마음속으로 존중하는 마음**을 가져봅니다.

중학생 딸이 임신했어요

> 중2 나윤이 엄마는 아이의 임신 사실을 알았다. 아이가 얼굴에 핏기가 없고 핼쑥해 보이고 구역질을 해서 위내시경을 받으려고 예약을 하려던 참이었다. 아이의 모든 스케줄 관리를 하고, 아이의 행동반경, 친구들까지 다 꿰고 있다고 생각했던 엄마는 하늘이 무너지는 것 같았다. 강간을 당한 건 아닐까? 외박은 고사하고, 한 번도 아이를 눈 밖에 놓은 적도 없는데, 시간상으로도 있을 수 없는 일인데. 결국 밝혀진 것은 학원 화장실에서의 임신이었고, 나윤이의 적극적인 리드 하에 이루어진 일이었다.

엄마의 계획에는 전혀 없던 일이 벌어졌습니다. 딸을 누구보다 잘 안다고 생각했는데 이제 낯설게 느껴집니다. 이렇게 부모가 모든 것을 통제한 시공간에서 사육당하며 사는 아이들이지만, 상상할 수도 없는 일들이 순식간에 벌어집니다. 그것이 삶입니다. 부모는 통제할 수 없는 일이 벌어질 때야 노선을 수정합니다. 어쩌면 아이들은 부모의 뇌회로를 수정하기 위해 희한한 일들을 엄마의 삶으로 가져오는지도 모릅니다. 나윤이처럼 일찍 임신하는 아이들이 있습니다. 시간이 흘러가고 그 일은 기억 속에 희미해지더라도, 부모님이 당시에 어떻게 자신을 대했는지를 아이는 기억하고, 삶을 살아가는 방식이 달라집니다. 아이가 자신에게 벌어진 일들을 감당하고 책임지고 자신을 사랑하도록 도와주세요. 어떤 상황에서든 부모는 아이를 축복합니다.
부모는 축복만 할 수 있습니다.

고등학생 아들의 카톡을 몰래 읽고 있어요

아이를 감독하는 엄마는 아이의 연애에도 당연히 관여합니다. 이성 친구를 사귀지 못하게 하는 것은 물론이고, 아이의 카톡까지 몰래 읽습니다. 고등학생 아들이 여친과 나누는 낯 뜨거운 성적인 카톡까지 몰래 보는 부모가 있습니다. 부모가 보는 것을 아이가 알지 못한다고 해서 문제가 없지 않습니다. 다른 사람의 카톡을 몰래 읽는 일은 해서는 안 되는 일이라고 알고 있지만, 고등학생, 내 아이의 카톡은 읽을 수 있다고 여기는 것이 이상하지 않은가 생각해보십시오.

아이를 교육해야 한다면서, 자꾸 아이의 카톡을 몰래 읽는 충동을 누르기 어려우신가요? 그렇다면 아이를 믿지 못하고, 아이의 영역에 함부로 들어가는 행동이 아이의 에너지장을 파괴하고 있다고 생각해보면 좋으실 겁니다. **부모가 파괴한 에너지장은 다른 사람도 쉽게 파괴하기 쉽습니다.** 걱정이 되시겠지만, 아이의 영역에 과다하게 침투하는 게 부모인 나와 아이의 삶에 어떤 영향을 미칠까요? 크게 보면 손해입니다.

🕐 부모님을 위한 시간 〉〉〉 아이의 영역 존중

눈을 감고 아이를 떠올리고 바라봅니다.

아이와 나 사이의 거리를 인식합니다.
그리고 그 사이에 선을 긋습니다.

그리고 아이에게 이렇게 말합니다.
'나는 너의 영역을 존중한다.'
'사랑으로 뒤로 물러난다.'

자신을 지키는 힘을 길러주세요

초등학생 딸이 낯모르는 사람에게 몸 사진을 찍어 보내어 협박을 받거나, 중학생 아들이 여학생이라고 위장한 동성애 성인 남성에게 성기 사진을 찍어 보내는 등의 문제로 고민하는 부모님도 있습니다. 이런 일이 벌어지지 않기 위해서도, 미리 성교육을 시키고, 아이를 영역을 존중해주는 태도가 필요합니다. 아이는 **자신의 에너지장 안에서 안전감을 느끼고 다른 사람에게도 자신의 경계를 지키며 대응하는 힘**이 생깁니다. 부모가 아이의 영역에 간섭하고 자주 침입해서 제대로 자기만의 영역을 갖지 못한 아이들은 스스로 판단하고 거부하지 못하고 이런 일에 걸려듭니다. 부모가 아이를 무조건 보호하여 막거나, 지나치게 관여할 때는 도리어 문제가 생깁니다.

연애하면 공부 못한다?

이성교제를 금지하는 부모님들이 아직도 많습니다. 부모가 생각하는 만큼 이성교제가 입시에 악영향을 미치는 것도 아닙니다. 도리어 공부를 하고자 하는 에너지원으로 작동하는 회로와 같은 회로일 수 있습니다. 이성교제를 한다고 해서 아이가 이성에게만 정신이 팔리는 것은 아닙니다. 열정적으로 사랑하는 것과 공부를 열심히 하는 것, 모두 아이 안에서 비슷하게 작동할 수 있습니다. 두 가지 불은 골고루 잘 배합하면 상생에너지, 시너지(synergy)가 됩니다. 연애가 지나가고 그 회로에 공부의 불이 붙을 수도 있습니다. 부모들은 하나를 막고 하나에 집중해야 한다고 생각하지만 불이 꺼진 아이들은 다른 곳에도 불이 들어오지 않습니다.

진료실에서는 아이들이 안전하다고 생각해서 부모님에게도 말하지 못하는 성적인 이야기를 털어놓을 때가 꽤 있습니다. (부모님들에게는 아이가 위험하다고 판단되거나 아이 동의를 얻을 때만 내용을 전달할 수 있답니다.) 그래서 저는 아이들의 사생활과 대학 입시결과를 아는 편입니다. 이성교제도 능력이 있어야하는 것이고, 능력있는 아이들은 입시 결과도 좋습니다.

안전하게 사귀렴

여고생이 부모 몰래 학원갈 시간에 남자친구와 만나면서 사귀고 성관계를 맺기도 하면서도 명문대에 진학합니다. 부모는 이런 교제 자체가 위험하고 말도 안 되는 상황이라고 생각하지만 실제로 아이들의 모든 세계를 부모가 알기 어렵고 막기 어렵습니다. 사후피임약을 구해서 먹는 아이들도 있습니다. 도리어 피임을 잘하고, 자기 몸을 잘 살피는 능력을 미리미리 길러주는 게 낫습니다. 남학생도 임신에 대한 책임이나 성병 위험성은 물론, 예기치 않게 성폭력으로 고소당할 수 있어서 조심스럽습니다.

안전하고 책임감 있는 사람을 알아보는 눈, 어떻게 상대방과 자신이 다치지 않게, 건강하게 사랑할 수 있을지 그 균형선을 맞출 수 있는 연습이 필요합니다. 삶에서 공부보다 더 중요한 것이 바로 그런 능력입니다. 부모님 바람대로 아이가 이성에 관심이 없으면 좋겠지만, 그 회로가 활성화되는 것은 그만큼 자신에게 필요한 회로이기 때문입니다. 성적인 관심을 갖는 아이를 존중해주면, 공부에서도 성취를 얻을 수 있습니다.

여고생 딸이 동성애하는 장면을 보았어요

> 고2 연서 엄마는 같은 여고에 다니는 딸의 단짝 친구 다온이가 고마웠다. 친구가 별로 없던 연서와 친하게 지내고 독서실에도 같이 가고, 집에 와서 늦게까지 수다를 떨기도 하고, 어떤 때는 자고 가는 것도 좋았다. 그런데 어느 날 둘이서 성관계하는 광경을 목격하고 너무나 놀랐다. 못 만나게 하고, 둘에게 욕을 퍼붓는 일까지 생겼고, 급기야 연서는 가출을 했다.

잃어버린 엄마를 여자 친구에게서 찾음

동성애도 정치나 종교 문제만큼이나 논란을 빚는 미묘한 문제입니다. 반대하는 목소리도 있지만, 점점 사회적으로는 동성애를 병이나 문제로 보지도 않는 추세입니다. 동성애가 타고난 생물학적인 성향이니 고칠 수 있는 것이라고 보면 안 된다는 관점입니다. 자녀의 동성애에 대한 부모의 태도도 정치 성향이 다르듯 가정마다 다를 수 있습니다. 동성애에 대한 논란을 떠나서, 아이의 행동은 심리 상태와 부모와의 관계에서 영향을 받는 건 사실입니다.

연서는 다온이가 엄마같이 자기를 다정히 대해주고 자기 말에 귀 기울여주는 것이 너무 좋았습니다. 엄마는 언제부턴가 공부만 강요하고, 왜 친구를 잘 못 사귀냐며 자신을 못 미더운 눈으로 쳐다보기만 합니다. 다온이를 사귀다 보니 잃어버린 엄마를 다시 만난 것 같습니다. 다온이와 나누는 사랑 행위가 좋다기보다 다온이의 존재 자체에서 위안을 받습니다.

그래도 내 아이는 안 그랬으면

부모와 아이의 동성애에 대한 생각 차이가 큽니다. 세대 차이기도 하고, 부모와 자녀의 입장 차이기도 합니다. 생각이 많이 열려있는 부모님들도 평탄치 않을 아이의 미래를 걱정합니다.

어쨌든 한국의 가정에서는 아직도 동성애는 부모에게는 받아들이기 힘든 문제이고, 가족 갈등을 빚습니다. 저는 동성애의 옳고 그름을 판단하기보다, 가족이 다시 균형을 찾는 것을 돕습니다. **아이들은 때로 부모가 인정하기 힘든 모습입니다. 그렇더라도 아이를 믿고 지지하는 것이 사랑입니다.** 그리고 그 사랑이 아이를 달라지게 합니다.

고2 아들이 성범죄를 저질렀어요

> 재훈이 엄마는 경찰서에서 걸려온 갑작스러운 전화를 받았다. 재훈이가 불법촬영으로 경찰서에 신고를 당했단다. 그런데 특이한 점은 남자 화장실에서 남성을 촬영한 것이다. 이번 일로 새롭게 드러난 사실은 재훈이가 남성들을 보면서 성적 흥분을 느끼는 성향이 있다는 것이다. 엄마는 아들의 범죄사실에도 충격을 받았지만, 아들의 동성애 성향을 알고 다리가 후들거렸다. 명문대 출신인 아버지처럼 열심히 공부하고, 대학가는 것에 올인해도 모자를 판에 이게 무슨 일이란 말인가.

어떤 경우라도 나는 너를 축복한다

부모님은 공부, 공부하지만 아이들의 삶에는 매우 다양한 일들이 일어나고 있습니다. 대부분 부모님 세대는 동성끼리 좋아하게 되는 것을, 여학교에서 여학생들끼리 생활하면서 보이쉬(boyish)한 여자 선배를 좋아하는 정도로, 지나면 없어지는 한때의 취향으로 생각하지만, 요즘 세대의 동성애는 서로 결혼을 하고 아이를 입양하는 것으로까지 생각이 이어집니다. 동성애로 커밍아웃한 연예인이 공중파 방송에도 잘 나와 활동하고 있고, 최근에는 동성애에 대한 시각이 많이 달라졌습니다. 하지만 성소수자인 것은 분명하고 사회적인 호불호가 있고, 넘어가야 할 어려움도 많습니다. 저는 전공의 시절부터 동성애 내담자들을 보면서, 성적 지향성을 바꾸는 것을 목적으로 하기보다 우울, 불안, 강박 같은 증상이나 대인관계의 어려움을 돕고 있습니다. 그런데 다양하게 삶을 보는 시각이 생기고 부모님과의 관계가 좋아지면서 스스로 동성애 성향에서 벗어나는 경우도 꽤 있었습니다. 고치려 하지 않았는데 스스로 달라졌다고 보는 게 맞겠습니다.

재훈이의 경우에는 동성애 문제를 넘어서 아이의 성범죄에 더 주목해야 합니다. 이해하기 힘들고, 받아들일 수 없는 범죄를 저지른 아이를 부모는 어떻게 해야 할까요? 집에서 쫓아내고 인연을 끊을까요? 남들은 모두 등을 돌려도 교도소에 면회가는 건 등 굽은 늙은 부모일 수 있습니다.

🕙 부모를 위한 시간 ⟫ 너를 축복한다

부부가 나란히 서서 맞은편에 있는 아이를 떠올리고
바라보며 이야기합니다.

네가 건강할 때나 아플 때나,
잘 나갈 때나 못 나갈 때나,
내 말을 따르거나 따르지 않을 때나,
어떤 상황에서도 건강하고 행복하기를 바란다.

이렇게 축복하는 부모로서의 성숙한 힘을 기를 때 아이는 좋은 길로 갑니다.

성매매로만 만족을 느껴요

> 준오 씨는 강남의 고등학교에서 1등을 유지했고, 명문대 경영학과에 합격했다. 부모의 자랑이자 희망으로 증권 회사를 거쳐 투자가가 되었고 젊은 나이에 경제적으로도 성공했다. 미인대회 출신의 아내와 결혼해서 두 남매를 두었고, 아이들에게는 다정했고, 아내와의 사이도 좋았다. 그렇지만, 결혼생활 동안에도 반복되는 성매매와 외도로 이혼의 위기에 처했다. 사실 준오 씨에게는 성 문제가 있었다. 대학 때 여자 친구와 성관계를 시도했을 때부터 발기가 되지 않아 곤란을 겪었고, 이후 발기부전약 등을 복용하면서 강박적으로 일을 치르지만 항상 불안하고, 뭔가 잘되지 않는 느낌이었다. 아내와는 어렵지만, 부적절한 관계에서는 욕구가 만족되었다.

준오 씨는 왜 이렇게 안정적인 가정을 두고도 가지 않아야 할 길을 탐닉할까요? 아버지는 군인이었고 엄격했습니다. 이성교제는 물론 생활습관도 철저하게 통제하였습니다. 무서운 아버지 밑에서 숨죽이며 자위하던 불안함과 짜릿함이 준오 씨의 뇌회로에 각인이 되어 있습니다. 그래서 행복한 결혼생활에도 불구하고 무모한 행동을 하게 만듭니다. 이렇게 부모가 눌러버린 억압된 성과 자유는 왜곡된 성으로 표출되어 나옵니다. 비단 이 사례뿐만 아닙니다. 지하철에서 도촬(도둑촬영)

로 걸린 판사, 버스 정류장에서 자위하다 체포된 검사, 환자를 성추행해 구속된 의사, 성문제로 자살하는 정치인 등 관련 뉴스를 많이 접해 보셨을 겁니다.

 공부를 잘하고 어떤 위치에 오르느냐가 중요한 것이 아닙니다. 아이가 성을 존중하고 인격적으로 성숙하게 이끌어 주어야합니다. '성'은 생명을 태어나게 하고, 매번 쉬고 있는 숨처럼 '삶' 자체라 볼 수도 있습니다. 부모의 바람은 아이가 커서 사회에서도 가정에서도 행복하게 사는 것입니다. 소아자위행동을 비롯해 사춘기 아이들이 보이는 성적인 관심사와 행동을 어떻게 다루고, 소통할지는 아이 삶에서 소중합니다.

참지 못하는
아이들

자해가 아닌 타해

> 중3 이찬이는 학교에서 커터 칼을 들고 난동을 부렸다. 수업 중에 화장실에 갔다가 오랫동안 돌아오지 않아서(사실 수업이 지루하고 공부에 흥미가 없어서 일부러 교실 밖에서 시간을 보낸 것도 사실이다.) 선생님이 출석으로 인정하지 않는다고 말하자 순간 화가 나서 칼을 든 것이다. 완고한 성격의 이찬이 엄마는 아이가 학교 생활에 충실하기를 원했고 조그마한 실수도 용납하지 않았다. 출석 인정이 안 된다는 선생님의 말을 듣는 순간, 이찬이 머릿속에서는 엄마한테 야단맞을 것이 떠올라 무조건 출석 인정을 받아야 한다는 생각뿐이었다.

자기 마음대로 되지 않을 때 쉽게 난폭해지는 아이들이 늘고 있습니다. 자해는 자신을 향한 공격성이지만 타해는 다른 사람을 향한 공격성이죠. 가족을 포함해 주변, 혹은 불특정 다수의 사람들이 피해를 입을 수도 있습니다. 처벌받을 수 있고, 범죄자가 되어 사회로부터 배척받거나 격리될 수 있죠. 앞서 살펴보았던 자해나, 타해 모두 자신과 다른 사람, 즉 '사람'에 대한 소중함과 배려가 없는 상태로 이해하면 좋습니다. 자기가 원하는 '목적'만 있는 것이죠. 그리고 그 목적도 다양한 방법으로 이룰 수 있다는 것을 유연하게 사고하지 못합니다. 이찬이의 경우, 수업에 출석하지 않은 것보다 칼을 든 것이 엄마한테 더 야단맞을 수 있는 일인데, 출석이라는 목적 하나에 꽂히다 보니 극단적으로 행동하지요. 나중에 선생님을 찾아가 예의 있게 상황을 말씀드리고 출석에 대해 상의했다면 다음부터는 잘하라면서 출석을 인정해 주실지도 모르는 일입니다. 작은 목표 '출석'에 꽂혀서 분노가 폭발하게 돼서 더 큰 것(엄마의 인정, 행복하게 학교 생활하기)을 잃은 것입니다.

이찬이 엄마가 집에서 수학 숙제를 한 문제라도 빼고 풀면 한숨을 쉬고, 아이를 심하게 혼을 낸 것, 즉 숙제가 세상에서 가장 중요한 것처럼 아이를 대했던 것과도 비슷한 원리입니다. 더 큰 목표를 생각하면 작은 목표를 달성할 길이 많이 보입니다.

친구를 칼로 위협했어요

교육청 영재원에 다니고 수학과 과학에 뛰어난 재능을 보이는 초6 민준이. 어느 날 학교에서 친구와 말다툼을 벌이다 칼을 꺼내 위협하고, 친구의 배를 찔렀다. 큰 사고가 날 수 있는 상황이었지만 다행히 친구는 크게 다치지는 않았다. 이 일로 전학을 갔지만 중학교 때도 '전설적인 칼빵 사건의 주인공'이라는 소문이 표정 없는 얼굴의 민준이를 따라다녔다. 아들이 못 미더워 자주 학교에도 나타나는 아버지의 얼굴은 민준이와 많이 닮았을 뿐 아니라, 무섭게 민준이를 채근하는 모습도 민준이가 친구를 대하는 모습과 닮아 있었다.

민준이는 인지능력이 뛰어나서 영재 소리를 듣는 아이지만 자신의 감정을 조절하는 능력이나 다른 친구들과 소통하는 능력은 부족합니다. 민준이가 잘하는 수학, 과학 능력도, 감정조절능력, 소통 능력 위에서 성장할 수 있습니다. 민준이 아버지는 아들을 위해 교육 정보를 알아보고, 공부 진도를 체크하는 것을 잘하지만, 아이의 문제 행동에 대해 어떻게 대처할지를 잘 모릅니다. 윽박지르거나 혼을 낼 뿐, 아이와 소통을 못 합니다. 사회성의 기본은 가정에서 시작됩니다. 수학 과학 공부보다, 눈을 맞추고 미소를 교환하면서 편안한 가운데 대화를 나누는 경험을 민준이는 더 많이 할 수 있어야 합니다.

사회성 뇌회로 키우기

왜 이렇게 이찬이나 민준이처럼 좌절과 스트레스를 못 참고 공격성을 보이는 아이들이 많아지는 걸까요? 뇌에는 사회성을 담당하는 뇌 부위(전측 대상회피질, 전전두엽)와 회로가 있습니다. 감정반응과 조절을 담당하는 뇌(변연계, 편도) 회로도 있습니다. 이 회로들은 따로 또 함께 연결되어 발달합니다. 그런데 이 회로들이 늦게 발달하는 아이들이 있습니다. (자폐 스펙트럼 범주 안에 있거나, ADHD로 진단을 받기도 합니다.) 이런 아이들이 공부에 재능을 보인다고 계속 공부만 시키게 되면 사회성 발달 시기를 더 놓치게 됩니다. 사회성 경험을 자꾸 해봐야 신경전달물질이 형성되고 뇌회로가 재배열합니다. 감정조절 연습을 도와주어야 감정조절이 쉬워집니다.

어떤 아이들이든 사회성은 계속 경험하고, 배우면서 성장합니다. 이 부분이 약하다고 생각되면 더욱 따듯한 인간관계 형성 경험을 하게 도와주어야 합니다.

좌절을 포용하고 넘어서는 힘

삶은 누구에게나 때로는 고통이고, 좌절과 스트레스입니다. 이럴 때 어떻게 자신을 위로하는지 배워야 합니다. 그래야 자학과 자해를 하지 않고, 타해를 하지 않습니다. **'사람'이 '목적'보다 소중하다는 것을 알아야 합니다.** 자신의 감정을 인식하고, 감정에너지를 쌓아놓지 않고 적절히 풀어내는 방법을 알아야 합니다. **다른 사람을 이해하고 공감하고 위로하고, 다른 사람에게 이해받고 공감받고 위로받는 인간관계의 균형을 연습**해보지 않는다면 자기도 모르게 급발진합니다. 즉 **좌절을 극복하는 힘, 좌절을 포용할 만큼 마음의 그릇**을 크게 길러줘야 합니다.

아이가 좌절하지 않도록 미리 해주고, 과보호하게 되면, 공부만 하라고 하면, 아이에게 좌절 시험의 기회를 뺏는 겁니다. 참지 못하는 아이들의 이면에는 과보호와 지나치게 학습에 쏠리는 교육 방식이 있습니다.

🕐 부모를 위한 시간 〉〉〉 귀한 사람

눈을 감고 자신을 바라봅니다.
내가 나를 보는 눈이 따뜻한지 살펴봅니다.

이제 아이를 떠올리고 바라봅니다.
아이를 바라보는 내 눈이 따뜻한지, 내 표정은 온화한지
나 자신을 살펴봅니다.
그리고 이렇게 말해주세요.

'너는 귀한 사람이야.'
'다른 사람들도 모두 귀한 사람들이야.'
'우리 모두는 소중한 사람들이야.'

반복해서 이런 시간을 부모님이 먼저 마음 속으로 가져주세요.
부모님의 마음 에너지의 흐름이 바뀔 때 즉시 아이에게 좋은 영향이 가기 시작합니다. 저는 부모님 마음의 평안이 멀리 있는 아이에게도 전달된다고 믿습니다.

부모인 나 스스로가 나와 따뜻한 관계를 맺는 것부터 시작합니다.

스스로 달래는 능력

어린 자녀가 울 때 상처받지 않게 하려고, 주의를 다른 곳으로 돌려 울음을 그치게 하면서 얼른 달래주는 것도 좋지 않습니다. 실컷 울고 감정을 발산해보는 경험도 해봐야 합니다. 아이 마음을 헤아려주고 다 울도록 따뜻한 마음으로 옆에서 기다려주는 것도 좋습니다. **적절히 위로받은 경험은 아이의 몸과 마음에 내재화되고, 나중에는 좌절해도 스스로를 달래주게 됩니다.** 스스로 못하면 자꾸 다른 사람에게 위로받으려고 하면서 의존합니다. 아이와 눈을 맞추고 공감해주면서 대화하면 아이 안에 있는 이 뇌신경회로가 강화됩니다.

네가 그러니까 그런 대접 받고 다니지!

아이가 엄마에게 친구와 있었던 속상한 일을 털어놓을 때, "그러기에 내가 뭐랬어. 걔랑 놀지 말라고 했잖아." "네가 그러니까 맞고 다니지"라고 아이를 혼내고 비난합니다(지금 나한테 중요한 건 그게 아닌데). "친구가 오죽하면 너한테 그랬겠니"하고 친구 편을 듭니다(가뜩이나 억울한데). 혹은 "앞으로는 그럼 이렇게 해봐"라고 공감 없는 해결책을 세워줍니다. 모두 아이의 속상한 마음을 처리하는 뇌회로를 키워주는 첫 단계 방법이 아닙니다. 공감과 위로가 되어야, 그리고 충분히 스스로 고민해야, 좋은 해결책이 아이 귀에 들리기 시작하니까요. 감정의 소용돌이가 지나간 후, 조용한 시간에 어떻게 할지 대처방법을 길러

주는 것이 좋습니다.

억울함을 행동으로 표현하기 전에 말로 표현하도록 집에서도 습관을 들여 주세요. 무엇보다 아이와 눈을 맞추고 아이의 말에 귀를 기울여야합니다. 아이가 폭력을 쓰기보다 **적절하게 표현할 때 자기 의견이 받아들여지는 경험을 하게 해주세요.** 말로 표현할 줄 모르는 아이, 말해도 들어주지 않는 상황이 되면 폭력으로 표현하게 됩니다.

건강한 공격성 vs 폭력성

불편한 상황을 피하려고 아이가 원하는 것을 쉽게 들어주면서, 아이의 비위를 맞추고 달래고 적당한 선을 긋지 못하는 부모는 아이에게 끌려다니게 됩니다. 아이가 나쁜 말을 하고 폭력적인 행동을 보일 때는 적절하게 선을 그어 주어야 합니다.

부모가 일방적으로 희생하기보다 "지금 피곤해서 잠시 쉬고 싶은데 조금 기다려줄 수 있을까?"라고 이야기할 수 있고, 물건을 던지거나 나쁜 말을 할 때는 "네가 존중받으려면 존중하는 태도를 보여야 해"처럼 이야기해줄 수 있어요.

아이와의 관계에서 선이 모호한 부모는 아이의 영역을 함부로 침범하고 간섭하며 과보호하는데 이것도 일종의 폭력입니다. 아이는 자율성이 없어지니 불안해지고, 공격성이 증가해 부모에게 자꾸 선을 넘게 됩니다. 쉽게 말하면 예의가 없어집니다. 그러면 부모도 화가 쌓이게 되고 폭발하게 되면서 점점 관계가 악화됩니다.

누구에게나 공격성(aggression)이 있지요. 이 공격성을 긍정적으로 건강하게 표현하는 법을 배워야 합니다. 건강한 공격성은 자신을 방어하고 생존하고, 목표를 이루는 추진력이 됩니다. '나는 이렇게 느끼고 생각해요'라고 다른 사람과 자신을 동시에 존중하는 방식으로 명확히 의견을 표현하는 것을 배우지 못하면, 다른 사람을 통제하려 하고 해를 끼치고 감정을 폭발하는 폭력성을 보일 수 있어요.

아이 마음에 박자 맞추기

대화에는 언어적 요소(말의 뜻, 내용)만큼 비언어적 요소(자세, 제스처, 표정, 눈맞춤, 음성, 억양, 리듬, 호흡)가 중요합니다. 요새는 대화법을 배웠다면서 "너 참 속상하겠다"라고 외우듯 말해주기도 하는데 영혼 없는 말들은 도움이 안 될 때가 많습니다. 아이에게 대응해주는 기본 방향을 알면, 엄마의 성격과 말투에 따라 대처방법은 얼마든지 유연하게 달라질 수 있습니다.

"어 정말?", "세상에", "그랬구나" 정도로도 추임새 장단을 조용히 맞춰주면서 들어만 주어도 공감이 충분히 될 때도 많습니다. 말하는 내용보다 리듬, 박자가 중요하다는 것을 기억해주세요. **아이가 주인공으로 연주를 하고, 부모님은 옆에서 호흡과 음성, 동작으로 작은 드럼으로 박자를 쳐주면서 함께 연주한다고 상상해보세요.** 박자가 맞지 않으면 아무리 좋은 말을 해줘도, 마치 발연기를 하는 배우의 감흥 없는 말로 들릴 뿐입니다.

감각으로 감정조절을 할 수 있어요!

아이가 스스로의 몸 안에 있는 검정색 분노회로의 위치를 인식하게 하고, 더 큰 빛 회로로 덮게 하는 상상, 평상시에 걷고 뛰는 운동으로 기본적으로 몸에 호흡을 원활하게 만들어 놓는 작업, 움직임의 통합을 이용해 뇌를 통합시키는 몸 작업, 넓은 공간을 인식하게 해서 웅크린 아이의 심리적 자아를 넓게 확장시키는 방법처럼 복잡한 생각이나 감정인식이 없어도 아이들이 몸의 감각을 통해 쉽게 감정을 감지하고 처리하게 하는 좋은 방법이 많습니다. 저는 진료실에서 아이들과 다양한 방법을 써서 자연스럽게 아이의 삶에서 녹여 쓸 수 있는 구체적인 방법을 함께 실습합니다. 최면치료, 인지행동치료, EMDR 등 다양한 이름으로 부를 수 있는 방법들입니다.

'감정'도 몸의 '감각'을 통해 인식합니다. 불안감을 느낄 때 심장이 뛰고 어지러움을 느끼는 것처럼 말이죠. **감각을 알아차리고 조절하는 법을 배우면 감정조절도 쉽습니다. 감정조절도 몸으로 한다는 사실을 기억해주세요.** 자신의 몸의 감각과 감정의 변화를 인식하지 못하고 조절하는 법을 배우지 못한 아이들은 공격성을 드러내기 쉽답니다.

성격이 날카로워요

중2 호윤이는 명절 날 아파트 놀이터에서 들리는 소음이 시끄럽다고 경찰에 신고했다. 그런데 엄마가 "연휴라 가끔 있는 일이니 이해해라"고 하면서 "남을 배려하지 않고 권리만 주장하면 되냐"고 야단을 치자 주방에서 칼을 가져와 20차례 휘둘러 엄마를 살해했다. 평소 잔소리가 많은 엄마한테 적대감을 품고 있었다고 경찰에 진술했고 "나는 촉법소년이라 빨간 줄 안 그어진다. 정신감정에서 심신미약 판정을 받으면 감형되지 않냐"고 말했다.

너무나 끔찍한 일이죠? 엄마의 평상시 마음 고생과 비극적 결말을 생각할 때 참 안타까운 마음이 듭니다. 호윤이가 경찰에게 진술한 내용을 들어보면 인지적으로는 자신을 방어할 만큼의 논리를 펴고 있지만 공감능력이 없고, 반성도 하지 않네요. 호윤이의 비극은 어디서부터 시작되었는지 살펴볼 필요가 있습니다.

시끄러워서 그랬어요

괴롭더라도 보통 사람들은 넘어갈 수도 있는 생활소음이 호윤이에게는 왜 이렇게 힘들었을까요? 호윤이는 어릴 때부터 청각예민도가 남달랐을 가능성이 있습니다. 소음에 유달리 예민한 아이들이 있습니다. 어릴 때부터 남들이 듣지 못하는 윗집의 소리나 기계음도 신기하게 잘 듣습니다. 그래서 다른 사람들보다 소음에 대해 훨씬 더 고통을 느끼고 삽니다. 이렇게 감각특성이 남다른 아이들은 별난 아이로 취급을 받거나, 학교에서도 일상적인 상황에서 적응을 잘 못하고 사회성 발달도 어렵습니다. **공감(共感)은 다른 사람의 감정과 입장을 이해하고 함께 느끼는 건데, 이렇게 감각(感覺)을 다르게 느끼면 다른 사람들과 공**

감대 형성이 어렵지요. 다른 사람들에게 공감과 이해를 받지 못한 아이는 점점 마음이 삐뚤어지고 타인과 사회에 적개심을 갖기 쉽습니다. 그리고 주변 사람들을 공격하는 폭력성향으로 이어질 수 있습니다. 누구보다도 가족이 먼저 위험해집니다. 층간소음 문제로 살인이 나는 일들이 가끔 있죠? 아파트 구조문제를 넘어서 감각에 유달리 예민한데 이를 적절하게 해소하지 못해서이기도 합니다. 정서적으로 우울, 불안해지면 청각이나 진동감각 같은 특정 감각이 더욱 예민해 집니다.

아무도 나를 이해하지 못해요

부모라도 감각이 유달리 예민한 아이를 잘 이해하지 못합니다. 촉각이 너무 예민해서 편한 옷만 입으려 하고, 옷을 잘 안 갈아입는 아이, 구강 감각이 예민해서 이를 잘 닦으려 하지 않는 아이를 그저 '말 안 듣는 아이'로 생각하고 혼을 내게 됩니다. 남들은 다 참는데, 유별나고 이상한 아이라고 생각합니다. 청각이 예민한 아이들은 어릴 때 어린이집에서 단체로 뮤지컬 관람을 가도, 소리에 예민해 혼자서 울고 못 들어가는 경우가 생깁니다. 이런 아이들은 귓속에 있는 (소리를 듣는) 달팽이관 옆에 있는 전정계나, 온몸의 관절과 인대에 들어 있는 고유 감각계를 적절히 자극해주는 감각통합 치료를 받으면 쉽게 해결되는 경우가 많습니다. 이런 아이들의 **독특한 감각적인 특성을 인정해주고, 양육하게 되면 아이들도 부모가 자신을 공감한다고 느끼고, 마음이 편안해지고, 사회성 발달에도 도움이 됩니다.**

이렇게 좋아질 수가!

 감각예민도가 높은 까탈스러운 아이들을 키우는 부모님들은 양육 스트레스가 커서 우울감을 느끼기 쉽습니다. 뇌신경계의 문제이기 때문에 말로 해결이 잘 안 돼서 육아에 좌절감을 느낍니다. 아이의 문제 행동을 보는 다른 사람들은 부모가 잘 못 키운 거라고 부모를 탓할 수 있는데, '아이가 타고난 불안정한 뇌신경계'의 피해자라고 볼 수 있어요. 아이와 부모 양쪽 다 말이죠. 어릴 때부터 개입해서 치료하면 빨리 좋아지고, 성격이 부정적으로 변하는 것도 미리 방지해줄 수 있습니다.
 저는 진료실에서 감각이 예민하고, 강박적이고 고집이 센 아이들을 키우다 힘들어서 놀이치료와 부모교육을 받았지만 해결이 안 된다고 오시는 부모님들의 얼굴이 편안해지고, "진작 올 걸 그랬다", "이렇게 아이가 달라질 줄은 몰랐다"는 말을 들을 때 참 행복합니다. 병원에서는 흔하게 경험하는 이런 상황을 부모님들이 아시고 도움 받게 되면 좋겠습니다. 핵심은 다양한 방법으로 뇌신경계를 변화시키는 데 있습니다.

화를 참는 것도 몸이 받쳐 줘야 가능하다

 그런데 감각기관의 예민성은 가족끼리 닮아 있는 경우도 많습니다. 얼굴이 닮듯이 시각이 뛰어난 것도 닮고, 소리에 예민한 것도 닮을 수 있지요. 미술적 재능이, 음악적 재능이 이어지는 것과 비슷합니다. 아이들을 상담하다 보면 도리어 부모님이 자신의 감각성향을 이해하면서 마음에 평화를 얻게 되는 걸 많이 경험합니다. 예를 들면 아기 우는 소리에 감정이 폭발하는 부모님들도 청각이 참을 수 있는 역치를 넘었기 때문입니다. 우는 아기를 집어던지거나 다치게 하는 불행한 일들이 있다는 걸 아실 겁니다. 부모로서의 자격이 없다고 비난하기보다, 이런 부모님들 또한 청각이 예민하다는 것을 알게 되면 자신을 덜 혐오하고, 해결방법을 찾아가는 데 도움이 됩니다. **사람이 화를 참는 것도 몸(체력과 감각처리 능력)이 받쳐줘야 가능합니다.**

청각에 예민한 아이를 키우는 부모님들을 위해 바깥의 소음에 흔들리지 않는 고요함을 연습해보겠습니다.

🕐 부모님을 위한 시간 〉〉〉 침묵의 소리 듣기

부모님들과 함께하는 몸마음 공부 시간에는 정말로 고요하게
음악도 없이 에너지장을 확장하는 명상을 하는 경우가 많습니다.
음악이 때로는 우리 마음을 편안하게 하고 감정을 움직이는 데 도움이
되지만, 우리의 귀는 너무 많은 소음에 지쳐 있습니다.

그럼 침묵의 소리를 듣는 훈련을 함께 해보겠습니다.

자, 지금 아무런 소리 자극, 음악 자극이 없을 때
우리 귀가 무슨 소리를 듣는지 느껴보십시오.
가만히 침묵의 소리에 귀를 기울여보세요.

고요하다 생각했는데 찡하거나 웅웅거리는 소리가 들릴 수도 있습니다.
지구가 공명하는 소리가 들릴 수도 있습니다.
귀에서 혈관이 뛰는 소리가 들릴 수 있어요.
들린다면 어느 쪽이 더 잘 들립니까?
내 호흡소리, 심장소리가 더 잘 들릴 수 있습니다.

'괜찮다'
라고 하는 마음의 소리가 들릴 수도 있습니다.

잠시 그렇게 침묵의 소리를 들어봅니다.

사회성에 대한 관심이 돌아오고 있다

공부가 뭐가 중요해? 사람이 먼저 돼야지

공부가 세상에서 제일 중요한 것처럼 평소에 아이를 밀어붙이다가, 아이들이 부모에게 대들거나, 불손할 때 부모들이 야단치면서 이렇게 말하곤 합니다. "공부가 뭐가 중요해? 사람이 먼저 돼야지." 하지만 항상 공부가 먼저라는 것을 말로 행동으로 알려주던 부모가 이렇게 말을 해도 아이들 귀에 들어오지 않습니다.

인성이 좋다면, 즉 몸, 마음 그리고 관계(사회성)에서 바르고 좋은 에너지가 형성되면, 자기가 가진 능력 발휘를 잘할 수 있어서 공부도 편안하게 하고, 대학 이후, 즉 공부 이후의 삶에도 도움이 됩니다. 모래성에 집을 짓기보다, 집이 무너져도 다시 쉽게 쌓을 수 있는 바탕을 다져야 합니다. 그 바탕이 바로 좋은 인성입니다

인성을 잡으면 공부도 잡는다

저는 "공부보다 인성이 중요하다" 같은 상투적인 말을 하고 싶지는 않습니다. 인성이 중요한 것은 당연한 것입니다. 그리고 공부도 중요합니다. 아이가 공부머리가 있다면 공부도 성공할 수 있도록 도와주어야 합니다. 둘 다 중요합니다. 그리고 인성이 좋으면 공부 결과가 좋을 가능성이 훨씬 높아집니다. 즉 공부도 인성도 다 잡을 수 있습니다. 도리어 공부만 잡으려다 보면 둘 다 놓치게 됩니다.

공부를 잘하기 위해서도 인성이 필요합니다. 인성과 사회성이 좋으면 물론 선생님들의 좋은 평가도 얻을 수 있어서 생활기록부도 좋아져서 수시에도 도움이 되지요. **인성은 몸, 마음, 관계의 조절력입니다. 인성이 좋지 않으면 꾸준히 공부를 잘하기가 힘듭니다.** 중간에 망하기도 쉽고, 대학입시에 성공한다 해도 언젠가 문제가 터집니다.

창의성과 따듯함

사람을 존중하면서 바라보는 눈길과 여유로운 대화가 없어지면서 점점 아이들이 기계화되어 갑니다. 이미 정보량과 분석 능력은 인공지능 AI가 사람을 능가하고 있습니다. 인간과 AI가 다른 것은 말 그대로 인성(人性)입니다. 인간의 위대한 점은 기존에 없던 새로운 패턴으로 상황을 보면서(창의성이죠) 인간적인 따듯함과 감동과 전율을 느끼고 전달하는 능력입니다. 아이의 눈을 보고, 얼굴과 얼굴을 마주하고, 같이 숨 쉬고 웃고 공명하는 순간이 있어야 합니다. 이런 교류는 만2세 이전의 아이에게는 절대적이고, 청소년이 되어 자연스럽게 부모와 거리를 두게 된 아이들에게도 여전히 가끔씩 필요합니다. 부모가 외면한 아이들의 눈망울과 얼굴을 다시 보고 싶어도, 사춘기를 넘어 마음이 닫힌 아이들은 부모를 외면합니다.

지켜보고 기다리는 힘

아이의 성과물만 보고 몰아세우지 않고, '결과'만 중요하다 하지 않고, 아이가 걸어가고 뛰어가고 넘어져 다시 일어나는 '과정'을 조금 더 편안한 마음으로 지켜보고 기다리는 힘을 어떻게 기를까요? 부모가 자신을 바라볼 때 이런 태도를 가지는 게 먼저입니다. 그래서 부모로서 자신의 몸과 마음을 닦아야 합니다. 몸으로 하는 물리적인 실행 연습이 없이, 생각만으로 사람의 몸으로 하는 행동이 바뀌기가 쉽지 않습니다. **부모의 마음(생각, 감정, 감각)이 넓어지고, 몸이 달라지면 존재만으로도 좋은 영향을 미칩니다. 부모가 몸과 마음에 중심을 잡을 때 아이들도 중심 잡기가 쉽습니다.**

🕐 **부모님을 위한 시간** 〉〉〉 **뇌신경계 중심잡기**

잠시 함께 눈을 감고 나의 정수리와 꼬리뼈를 잇는 선을 상상합니다.
그 선 위의 끝은 우주를 향하고,
아래의 끝은 지구 중심을 향한다고 상상해봅니다.
그 선에 내 등을 살짝 기대봅니다.

내 머리통이 가벼워지고,
목이 편안하고
등이 길고 넓어진다 상상해봅니다.

공부로 위세 떨게 하지 마세요

성적이 전교권인 고2 주리는 자기를 태우고 괴롭히면서 공부한다. 주리의 엄마는 시녀처럼 주리의 시중을 든다. "뭐 해놔!" 하면 해놓고, "뭐 가져와!" 하면 금방 대령한다. 준비물을 챙기는 것도 엄마고, 자기가 해야 할 일을 부모에게 시켜놓고 잘못했다고 화를 낸다. 자기 원하는 대로 부모가 해주지 않으면 꼬투리를 잡고 짜증을 부린다. 공부를 잘하는 주리이기에 시험기간에 아이가 최대한 신경 쓰이는 일 없이, 시간을 아끼며 공부하도록 부모님이 합심해서 아이를 돕곤 했는데 이제는 평상시에도 버릇이 되었다. 주리는 가정의 폭군이다.

공부가 벼슬인 듯 주변 사람들에게 위세를 부리는 아이들이 있습니다. 입시프로젝트의 성공을 위해서 처음에는 자발적으로 시중을 들던 부모지만, 시간이 지나면 뭔가 이상하다고 느낍니다. 하지만, 이미 형성된 관계 패턴을 바꾸기가 어렵습니다. 이 책을 읽는 부모님들은 미리 이런 상태로 가지 않게 미리 선을 그으셔야 합니다. 당장은 뭔가 아이에게 도움이 된다고 느끼실지 모르지만 결국 아이가 피해를 입게 됩니다. 이런 아이들은 좋은 성적을 받더라도 자주 불행하다고 느낍니다. 같은 성적을 받는다 해도 같은 역량을 가진 게 아닙니다. 진정한 공부의 성공은 몸, 마음, 관계에서 균형을 잡으며, 학창시절을 보내고 좋은 대학을 가는 것입니다.

사회성이 어떻게 아이 발목을 잡는가

초4부터 일정이 빡빡한 학원에 다니기 시작하고 국영수 학원이 늘기 시작하니, 아이의 여유 시간은 줄어들고, 사회성 따위(?)에 신경 쓸 여력이 없었지만, 지금은 도리어 사회성 문제 때문에 내원하고 집단 사회성 프로그램에 등록해 다니는 아이들이 늘어나고 있습니다.

뒤늦게 중학교 때 갑자기 사회성에 부모가 관심을 보이는 건 왜일까요? 아이가 중학생이 될 즈음이면 아이가 어릴 때 갖던 공부의 환상에서 깨어나는 부모들도 상대적으로 많아집니다. 벌써 학원 레벨로 아이가 어느 정도라는 게 가늠이 가고, 중학교 성적이 나오면서 더욱 현실감이 생깁니다. 아직도 집착하면서 아이와 갈등을 빚는 경우도 많지만, 웬만큼 꿈에서 깨고 현실을 자각하는 부모도 많아지는 것입니다. 그러면서 아이가 보여주는 말과 행동 그리고 학교에서의 친구들이나 선생님들과의 문제, 주변의 피드백을 경험하면서, 공부가 문제가 아니라 정말로 아이가 위험해질 수도 있다는 사실을 깨달으니 바쁜 시간을 내어서도 사회성을 키워주어야겠다는 생각을 하게 됩니다.

우리 아이가 학교 폭력 가해자래요

학교에서 화를 주체하지 못하고 다른 아이를 때려서 학폭(학교폭력) 가해자로 신고되는 아이들이 있습니다. 놀려먹기 쉬운 약한 아이들을 찾아 스트레스를 풀고, 카톡이나 문자, 혹은 익명으로 다른 아이들을 괴롭힙니다. 최근에는 증거가 남지 않은 방법으로, CCTV가 없는 공간에서 돈을 뺏거나 위협하기도 합니다. 여학생들은 은근히 말을 걸지 않고 시선을 외면하면서 왕따를 주도합니다. 이렇게 다른 아이에게 상처를 주는 아이들은 심리적인 문제가 많고, 도움을 받아야 할 아이들입니다. 특히 감정과 분노가 잘 조절되지 않고 난폭한 가해 아이들은 집중치료가 필요합니다. 부모는 상황을 모르고 있다가 나중에서야 놀라서 진료실을 찾게 됩니다. 보통은 학폭위(학교폭력 대책 심의위원회)에서 보호자와 함께 심리치료를 받도록 조치가 되어 내원하기도 해요.

은근히 괴롭히고 뒤로 빠지는 아이들

그런데 가해자가 된 아이 중에 평소에 오랫동안 피해자로 당하고 있었던 경우도 있습니다. 짓궂은 아이들의 놀림, 패드립(가족을 모욕하는 말), 사소한 성질 돋굼을 참다가 터져버리는 경우인데 도리어 가해자가 되어 버린 안타까운 상황이지요.

> 중1 로이는 머리도 좋고, 스케이트로 다져진 몸에 예의도 바르다. 하지만 감정을 말로 표현하고, 문제 상황을 주변과 상의할만한 사회성은 없었고, 자존심이 강한 편이었다. 그런데 학교에서 계속 자신에게 깐죽거리는 한 아이로 인해 속이 상했다. 가는 길을 막아선다거나 어깨를 일부러 치고 지나가면서 "미안"이라고 놀리듯 이야기하고, 교실에 들어오는 로이 앞에서 교실 문을 잠가 버리는 등의 행동이다. 참다가 로이가 화를 내면 더 놀려대었다. 지능적이고 미묘한 이런 놀림은 점점 로이를 화나게 했고, 수개월을 괴롭힘 받은 로이가 더 이상 참지 못하고 아이를 때렸을 때 즉각 학교폭력의 가해자로 신고되었다.

그만해! 선 긋기

다른 아이를 말과 행동으로 괴롭히는 아이들은 재밌는(?) 대상을 매우 잘 찾아냅니다. 약한 아이들은 좀 어눌하고, 놀려도 자기 방어를 잘 못하니 만만해서 놀립니다. 그리고 자존심이 너무 세서, 놀리면 흥분을 하는 아이들은 재미가 있어서 목표대상이 됩니다. 로이의 경우는 후

자라고 볼 수 있어요.

놀림을 받을 때 차분하고 냉정하게 선을 그을 힘이 있으면 상대방은 재미없어집니다. 단호하고 재미없는 침묵도 좋고, "그만해. 그렇게 하지 마", "그렇게 하면 기분이 안 좋아", "다른 사람한테 그렇게 하는 거 아니야" 등으로 자신을 지켜내는 게 앞서 말한 건강한 공격성입니다.

오랫동안 괴롭힘을 당했다는 걸 알게 되었어요

학교 폭력을 당하는 아이들은 어떻게 방어를 하고, 대처를 해야 할지 몰라 무기력해지는 경우가 많습니다. 마음이 여리고 착해서, 부모님이 알면 걱정할까봐, 혹은 부모님이 자신을 비난할까봐 혼자서 전전긍긍하고 피해 사실을 숨기기도 합니다. 친구가 없이 겉돌다가 등교 거부를 하거나, 괴롭히는 아이들을 피해 극단적인 선택을 하기도 합니다.

부모님이 나중에 알고, 괴롭히는 아이를 신고하려고 해도, 증거가 남지 않는 방법으로 괴롭히기 때문에 안 했다고 하면 그만인 경우도 많습니다. 목격자들의 진술을 받으려 해도, 웬만하면 곤란한 일에 엮이려 하지 않기 때문에 신고도 쉽지 않습니다.

만약 우리 아이가 피해자라면 어떻게 해야 할까요? 가해자를 징계하고 아이가 학교에 안전하게 다닐 수 있게 돕고 행정적인 조치를 취하는 것이 1차적으로 중요합니다. 그리고 어딜 가나 이렇게 존재하는 짓궂은 아이들, 못된 사람들에게 당하지 않도록 아이에게 힘을 길러주어야 합니다. 힘은 안전하고 따뜻한 에너지장을 만듭니다. 아이들은 신기하게도 에너지장을 알아본다는 생각을 하곤 합니다. 약하고 외로워 보이는 아이들을 쉽게 무시하고 침투하고, 배척하고 까칠한 느낌을 주는 아이들에게는 괜한 반발심을 가지고 시비를 걸게 됩니다. 바르고 밝고 넉넉한 에너지장을 가진 아이들은 이런 아이들이 피해갑니다.

피해자가 가해자가 되는 현실

로이 엄마는 학폭위가 열리면서야 로이에게 그동안의 상황을 들을 수 있었습니다. 아이가 그동안 괴롭힘 받으면서도 말 못 하고 참았던 것이 안쓰러웠고, 반듯하다고 생각한 아들이 폭력을 써서 가해자가 되어 속상하고, 아무리 그렇다 해도 때린 것은 잘못이기에 맞은 아이에게도 미안한 마음이 들었습니다. 그리고 로이 입장에서 평상시의 이런 괴롭힘에 폭력을 쓰지 않고 적절히 대응하는 능력과 사회성을 키워주는 게 얼마나 중요한지 새삼 느꼈습니다.

로이는 또래 중학생들과 함께 하는 사회성 프로그램과 심리치료를 받으면서 스스로도 많이 성장했다고 느끼고 학교에서도 마음이 편해졌습니다. 괴롭힘 당하는 게 수치스럽고 부모님이 알면 괴로워할까봐 숨기고 자기 혼자만 끙끙 앓기보다 오픈해서 도움을 청하는 용기도 배우게 되었습니다.

지금이 어느 땐데 거울만 보니, 아들아!

중3 승윤이는 다른 과목은 못하는데 수학을 잘한다. 초등학교 때도 아이들이 그렇게 어려워한다는 ○○수학학원에 즐겁게 다녔고, 항상 높은 점수를 받았다. 대치동에서도 공부 잘하는 아이들이 많다는 ○○중학교에서도 수학점수는 뛰어났다. 그런데 국어, 영어 점수가 심각했다. 엄마는 곧 고등학교에 가야 하고, 조금만 더 시키면 나머지 과목도 좀 할 텐데 아이가 말을 안 들으니 속이 상했다. 초 6때부터 소아정신과에 데려가 ADHD로 진단받고 주의력약을 처방받아 먹였고, 어떻게든 공부를 시키려고 노력했다. 하지만 중3이 된 승윤이는 하라는 공부는 하지 않고, 머리 모양에만 신경을 쓰고, 친구들이 외모에 대해 한마디를 던지면 그 말에 하루 종일 고민하고 신경을 쓰고 거울을 들여다보았다. 엄마는 아이가 마음에 안 들고, 불안해 미치겠다고 했다. 주의력약을 올리고, 다른 여러 약을 써 봐도 애가 말을 듣지 않고 변화가 없으니, 다른 방법이 있는지 상담을 받아보겠다고 내원했다.

승윤이는 자세히 살펴보니, 강박행동과 제한된 사고도 꽤 있었고, 어릴 때부터 사회성이 부족했습니다. 키도 크고 잘생긴 외모였지만, 어쩌면 자폐 스펙트럼을 의심해봐야 할 정도로 미묘한 억양과 발음의 문제를 포함해, 사회관계 인식에 문제가 있었던 아이였습니다. 그래도 늦된 사회성이지만 또래 아이들과 어울리려고 하고, 무리에 끼려고 하고, 웬만큼 상호작용을 하는 지금 상황은 아이 인생을 전체적으로 관망해 볼 때 정말 소중한 시간입니다. 외모에 신경을 쓰는 것도 자연스러운 상황이고요. 친구들의 말에 휘둘리고, 어쩔 줄 몰라 하고 하루 종일 영향을 받는 것은, 승윤이가 실제 나이는 중3이지만, 초5 수준 정도의 사회성이 발현되고 있는 것으로 볼 수 있습니다.

엄마와 아들 사이를 통역하다

승윤이 엄마는 아이를 스스로 진단 내리고 주의력약 이름과 용량까지 이렇게 저렇게 의사선생님들에게 요구할 정도로 집요한 면이 있는 분입니다. "지금이 어느 땐데!" 하면서 끝없이 승윤이에게 화를 내고 행동을 억압하는 엄마를 안정시키고, 상황을 더 크게 멀리 보게 도와야 합니다. 이렇게 아이는 별 생각이 없는데 엄마가 시험관련 불안에 시달리는 경우도 있습니다. 공부에 뜻이 없고, 마음이 콩밭에 가 있는데 아무리 엄마가 닦달한다고 해도 아이가 열심히 공부할 상황은 아닙니다. 그러다가 이 책에서 언급한 수많은 부작용이 발생합니다. 승윤이에게도 시간을 주어야 합니다. 어쩌면 아이가 이런 도전을 하고 있는 것이 기특한 상황인 것입니다. 의사는 이렇게 아이들과 부모 사이에서 서로의 말을 번역하고 통역해주는 역할을 합니다.

뛰어난 면의 발목을 잡는 부족한 면

승윤이처럼 특정 영역에 뛰어난 아이들이 있습니다.
수학머리도 앞서가고, 수학 문제를 푸는 걸 좋아하고, 수학이 취미입니다. 하지만 수학 영역 이외에 다른 것이 약하다면 원인을 파악해서 꾸준히 약한 부분을 자연스럽게 성장하게 만들어 주어야 합니다. 승윤이 같은 경우는 친구들과 어울리는 운동, 신체활동을 꾸준히 하고, 마음 편하게 책 읽기 정도를 장려해도 좋았을 것입니다. 하지만 엄마는 잘하면 잘하는 대로 수학도 열심히 시키고, 같은 방법으로 국어, 영어도 학원에 보내서 숙제를 열심히 시키면 잘할 것으로 생각해 갈등을 빚어온 것입니다. 늦게서야 발동이 걸리고 있는 승윤이의 사회성에 대한 움직임마저 눌러버리면 안 되겠지요.

자, 그럼 승윤이는 어떻게 되었을까요? 여학생도 몇 번 사귀고, 외모의 자신감도 회복하고, 더 이상 친구들에게 놀림도 받지 않고, 어느 정도 할 것을 다 해보니 다시 공부에 전념해서 엄마의 걱정은 사그러들었고 입시 결과도 좋았습니다. 엄마가 이런 승윤이의 방황을 허용하지 않고 꾹 눌렀다면 해피엔딩이 아니었을 겁니다.

🕐 부모님을 위한 시간 〉〉〉 바라보는 힘

눈을 감고 아이를 떠올려 봅니다.
아이와의 거리를 인식하면서 아이를 바라봅니다.
한참동안 그저
바라'만' 봅니다.

부모로서 자꾸 다가가려는 마음의 이미지 즉 심상을 갖기보다 적절한 거리를 두고 청소년 자녀를 바라보는 연습이 필요합니다. 다 큰 아들(딸)을 끌어안고 주무르기보다 의젓하게 성장하는 아이를 조금 떨어져서 사랑스러운 눈으로 바라봐주는 것이 아이를 더 자유롭고 힘있게 합니다.

당장 눈에 띄지 않는 사회성? 그러나 결과는 심각하다

아이의 사회성에 문제가 있다는 것을 알고 있지만, 언젠가 저절로 좋아지겠지 생각하면서, 또 지금 최고로 학습능력이 좋은데 멈추게 하기 어려워서 그대로 학습만 시키면서 가는 경우가 있습니다. 아이가 큰 문제를 일으키지 않으면 정해진 시스템에서 변화가 어렵지요. 그러다가 하나둘 문제가 생기기 시작하면 지금까지 쌓아온 공부까지 한순간에 무너질 수 있다는 것을 알고 그제야 사회성에 신경을 쓰게 됩니다.

성추행 가해자가 된 중2 아들

> 중2 재하는 성추행으로 학폭에 신고되었다. 같은 학년 여학생에게 성적 농담을 하고 가슴에 손을 댔다는 것이다. 재하는 안 했다고 주장하지만 솔직히 재하 부모님도 아들을 믿을 수는 없다. 재하는 영재고를 가기 위해 초 5 때부터 차근차근 준비해왔는데 빨간불이 켜졌다. 변호사까지 사서, 생기부(학생생활기록부)에 기록이 남지 않아 영재고 입시에 불이익이 없도록 부모는 열심히 노력하고 있다.

이런 사건이 아이의 문제 행동의 시작일 수 있습니다. 지금 그냥 덮고 넘어가는 게 능사가 아닙니다. 재하나 부모님이 원하듯이 의사나, 과학자가 되더라도 아이의 왜곡된 성 의식이 아이의 인생에 걸림돌이 될 수 있습니다. 부모가 나서서 지금 일을 무마시키고, 계속 아이를 달리게 할 것이 아니라 잠깐 멈춰서 주위를 둘러보아야 할 빨간불입니다.

부모가 막아주는 것에는 한계가 있습니다. 아이의 비틀어진 성의식이나 다른 사람을 존중하지 않는 태도, 또래를 경쟁자로만 보거나, 이용할 대상으로 보는 행동은 타고난 사회성이 늦게 발달하는 경향 때문이기도 하고, 어릴 때부터 적절한 사회성을 배우지 못하고, 조기 영재교육에 시달리고, 학원에서 밤늦게까지 매일 시간을 보내고, 가정에서도 학교에서도 공감과 교감의 기회가 거의 없이 커온 현실과 관련이 있습니다.

우리 아이 상처받으면 안 돼요

재하의 경우, 부모님이 성취 지향적이고, 불안성향이 있었고, 주변 사람들과 어울리기 힘든 예민함이 있었습니다. 재하를 키울 때에도 아이의 잘못된 행동에 대해 교육을 하기보다 아이가 상처받으면 자존심에 좋지 않은 영향을 줄 거라 생각해, 야단을 별로 치지 않고 키웠습니다.

공부를 잘하는 아이 중에 자기애적 성격(narcissistic personality)의 조짐을 보이면서 다른 사람에게 인정받기를 원하고, 다른 사람에 대한 공감이 부족한 경우가 있습니다. 자신만만하고 잘난 척을 하지만 실상은 열등감이 있고, 조금이라도 자기의 왕국이 손상되는 것을 참지 못합니다. 그리고 생각과 감정의 유연성은 부족합니다.

뛰어난 아이일수록 칭찬만 듣고, 왕자처럼 비위를 맞춰주고 키우기보다 가정 내에서도 자신의 위치를 알고, 가족들의 감정을 살피고 상호작용하도록 도와주는 것이 중요합니다.

세상에서 내가 최고야

> 영재고에 다니는 고2 은결이는 뜻밖의 전화를 받았다. 은결이가 인터넷 특정 커뮤니티에서 쓴 댓글이 경찰서에서 신고가 되었다는 것이다. 상대방을 조롱하고 비아냥거리고 성적인 비하 글을 남긴 게 문제가 되었다. 은결이 부모님도 비상이 걸렸다. 결국 처벌받지 않도록 잘 처리(?)하고 은결이는 자랑스럽게 탑 의대에 진학하였다. 그러나 은결이의 문제 행동은 여기서 그치지 않았다. 책임감 없는 행동, 도에 지나치는 예의 없는 말, 상대방에 대한 배려심 없는 태도로 같은 의대생들 사이에도 좋지 않은 평이 나있다. 부모는 아이의 문제에 대해 어느 정도 알고 있을까?

은결이가 계속 이렇게 간다면, 앞으로 결혼생활은 물론 의사로서의 커리어에도 문제가 생길 것입니다. 이미 괴물로 성장한 아이의 왜곡된 의식은 이제 부모가 고치기 어려울 수 있습니다. 어릴 때 도와주어야 합니다. 그러나 그때는 바빴고 오로지 부모의 목표도 명문대 입시에 가 있었습니다.

아무래도 나를 좋아하는 것 같은데: 관계망상

대치키드로 자란 시오는 중고등학교 때 사회성이 부족해 왕따를 당하곤 했다. 친구 관계에 집착하고, 상처를 받고 성적이 좋지 않은 힘든 시기를 보냈지만, 그래도 인서울 대학에 진학해 만족했다. 게다가 마침 시오는 마음에 드는 여학생을 발견했다. 카톡을 간단히 주고받기도 하고, 점심도 한번 먹고, 고등학교 때와는 달리 뭔가 사회생활도 잘 될 것 같다는 느낌과 함께 여학생에 대한 분홍빛 꿈을 키워가고 있었다. 만난 지 얼마 되지도 않았지만 그 여학생이 자신에게 관심을 보이고 있다고 믿었음은 물론이다. 그런데 그 여학생이 자신을 보고 인사를 하지 않고 지나가자, (실제로 특별한 의도를 가진 무시가 아니었음에도) 예민하게 받아들이고, 카톡으로 "왜 나를 무시하냐, 가만히 두지 않겠다" 등의 협박성 문자를 다량으로 보내기 시작했다. 결국 여학생의 신고로 시오 부모님도 상황의 심각성을 알게 되었다.

사회성이 부족한 아이들은 처음으로 이성에 눈을 뜰 때, 그리고 사랑에 빠질 때도 적절하지 않은 행동을 보이는 경우가 많습니다. SNS에 너무 집착하거나 부적절한 때에 다량의 글을 단톡방에 글을 올린다거나, 자기식대로 상황을 왜곡해서 인식합니다. 이런 행동들은 데이트 폭력이나, 혐오범죄로 이어질 수 있어서 주의해야 합니다. 사회성을 잘 키워주지 않으면 자기 중심적 사고로 어려움을 겪게 되는 경우가 많습니다.

딸이 정신이상 증세를 보여요

> 재수를 해서 명문미대에 합격한 나슬이는, 입학 전에 엄마를 졸라 양악수술과 눈, 코 성형수술을 받았고, 그동안 외모로 자신을 무시했던 아이들에게 복수라도 하듯이, 짧은 치마와 가슴이 파인 화려한 옷을 입고 다닌다. 최근에는 선배 오빠를 짝사랑하고 있다. 그 남학생도 자신을 특별하게 생각한다고 믿었고, 그의 말과 행동을 과도하게 해석하기 시작했다. 팔을 뒤로 젖히는 행동을 하면 자신에게 특정 사인을 보내는 것이라고 생각하는 등이다. 잠을 안 자고 작품 활동을 하고 지나친 말과 이상행동을 보인 나슬이는 정신건강의학과에 방문해 색정망상, 관계망상 증세를 보인다는 설명과 함께 양극성 정동장애나 조현병이 의심된다는 진단을 받았다.

어릴 때에 사회성이 부족한 성향이 있는 아이로 생각될수록, 더욱 정서적인 부분에 초점을 맞추고, 아이와 눈을 맞추고 말을 건네면서 대화를 나누고, 사람 사이에서 적절한 거리를 유지하고 존중하는 것을 가르쳐 주면서 건강한 자존감을 형성하도록 도와줘야 합니다. 대학입시를 위해 많은 시간을 학원을 보내고, 여유 시간이 없어지면 아이의 뇌에서는 적절한 판단력이 결여된 관계망상 회로가 싹 틀수 있습니다. 부적절한 말과 행동으로 정신이 이상하다는 소문이 나고 학교를 그만두는 경우도 생깁니다. 입시의 성공이 끝이 아닙니다.

지금 행복해도 될까요?

입시, 교육문제

초4 성적이 대학을 좌우? 초4부터 더욱 위험하다

초4가 아니라 7살이 대학을 좌우한다!

7세 고시에 대해 기사도 나오고 말이 많습니다. 초등학교 가기 전에 국영수 학원에서 반 배정을 하려고 보는 시험, 레벨 테스트(level test, 레테)를 말합니다. 경쟁이 과열되는 나이가 점점 낮아지고 있습니다. 똑똑한 아이들을 모아 잘 가르친다는 학원의 입학테스트에 통과시키려고 따로 과외를 붙이고 가슴을 졸입니다.

'초등학교 4학년 성적이 대학을 좌우한다'와 같은 말. 한동안 유행했던 오래된 이야기이지만, 부모님의 머릿속에는 이런 말들이 박혀 있습니다. 초4부터는 밀어붙여야 한다면서 엄마들을 솔깃하게 합니다. 그런데 그 나이 기준이 점점 아래로 내려와 이제는 일곱 살 레벨테스트가 대학을 좌우하는 것처럼 생각하는 엄마들까지 늘어나고 있는 듯합니다.

초등생 의대준비반

학원 관계자들이 하는 각종 설명회에 다녀오면 더욱 불안해집니다. 아이들 책 광고를 하면서 '의대생 맘 픽 초등 ○○○○책'과 같이 광고를 합니다. 모든 것이 엄마들의 교육열과 경쟁 심리를 자극합니다. 조금은 일리가 있어 보이는, 그리고 때로는 참작할 수도 있는 이야기들이 진리가 되어 난무하는 시대에 부모님들은 자신과 아이들의 정신건강을, 가정의 균형을 지키기가 어렵습니다. 초등생 의대 준비반 이야기가 나온 지도 오래되었습니다. 부모님들은 초등학생 데리고 웃긴다고 코웃음을 치지만 막상 본인 자녀와 관련되면 한없이 약해지는 마음이 듭니다. '남들은 저렇게 일찍부터 준비하는데 우리 아이는 벌써 늦었구나' 라는 생각에 불안해집니다.

네가 지금 여기서 놀 때야?

대치동뿐 아니라 요새 전국 어디서나 흔히 볼 수 있는 상황을 몇 가지 볼까요?

> 아파트 단지 놀이터 길에서 3~4살 먹은 동생의 손을 잡고 즐겁게 걸어오는 초등학교 4학년쯤 보이는 여자애한테 엄마가 소리를 친다. "네가 왜 여기서 애기랑 놀아! 너 그렇게 시간 많아? 숙제 다 했어?" 활짝 웃던 아이는 어느새 얼굴이 어두워진 채 큰 잘못이라도 한 듯 주눅이 든다.

동생을 예뻐하는 예쁜 마음을 가진 언니인데 그리고 그냥 놀고 싶은 작은 아이일 뿐인데 엄마한테 그놈의 숙제 때문에 야단을 맞는 것입니다.

> 부모님이랑 함께 벚꽃 구경을 가는 초5 아들에게 갑자기 아빠가 소리를 지른다. "너 내일 논술학원 갈 책 다 읽었어? 아빠가 다 읽으라 했잖아. 그러면서 네가 놀러가도 되는 거야?" 차에 타고 있는 가족들의 마음은 모두 다 불편해진다. 벚꽃구경도 그냥 이제 재미없다.

초등학생 아이가 봄에 꽃도 보고, 맘 편히 좀 놀면 안 될까요? 논술학원이 그렇게 중요할까요? 초등학교 때부터 이렇게 위축된 마음이 되면, 각박한 세상을 어떻게 스스로를 다독이고 지켜내며 살라고 부모님은 그러는 걸까요? 조금만 시간이 지나도 깨달을 일을 지금의 초등학생 부모님들은, 그때 당시에는 모르니 안타깝습니다. 아마 아이들을 다 키운 부모님들께 물어보면 그때 더 아이를 자유롭게 해주고, 더 사랑스럽게 대해주지 않은 것을 후회하실 겁니다. **어린아이 시절은 금방 지나갑니다.**

얼굴에 한이 서린 초4 아이

> 진료실에 앉은 초4 아림이의 우울한 얼굴에는 핏기가 하나도 없고, 작은 몸에는 분노심이 가득 차 있다. 어린 여자아이가 한이 서린 것처럼 섬뜩

> 한 면까지 보인다. 엄마 또한 불안감에 시달리고 있다. 겉으로 웃는 얼굴을 하지만 순간순간 엄마의 표정도 불안하기만 하다. 아림이는 초2 때 대치동으로 이사해 들어왔다. 높은 학원의 입학테스트에 척척 붙어서. 잘하고 있다고 믿고 있었는데 최근에 멍 때리는 일이 많아졌고, 요새는 숙제를 제대로 하지 않아, 엄마랑 싸우는 일이 많아졌다.

아이는 엄마의 닦달과 야단침에 순응하는 듯 지금까지는 당하고 있지만, 이제 사춘기에 들어섰습니다. 아림이의 섬뜩한 분노로 보았을 때 장차 가족 내에서 폭력적인 일이 되받아 일어날 가능성도 많습니다.

똑똑한 아이들이 더 불쌍하다

서울과 근방 지역에서도 교육열기가 특히 높은 구들이 있지요. 이곳에 살다가 아림이처럼 공부를 잘하면 대치동으로 옵니다. 잘하지 않으면 부모들이 일단 대치동에 데려오지 않을 가능성이 많습니다.

이렇게 똑똑한 아이들이 더 불쌍한 구조가 바로 대치동이고, 우리나라 교육현실입니다. 아이들이 한계를 보이고, 나가떨어지기 시작하면 (바로 이것이 아이의 능력인데) 부모는 그 상황을 받아들이지 못하고, 더욱 다그쳐서 아이를 공부기계로 만들고 싶어 합니다.

사고가 터져야 채찍질도 멈출까요?

아이는 심각한 우울증이고 엄마 또한 불안, 우울증세가 있지만 스스로는 잘 느끼지 못하고 있습니다. 오래전부터 만성적으로 조금씩 생긴 증상은 갑자기 찾아오는 증상과 달리 스스로 알아채기도 어려울 때가 많습니다. 이런 엄마들은 애가 조금 나아지면 괜찮다고 생각하고 또다시 학원 숙제를 강요합니다. 완전히 회복될 때까지 충분히 놀리고 쉬는 시간이 필요한데 말이죠.

중고등학생도 정서 상태가 좋고 친구관계가 원만한 아이들이 수능도 잘 볼 가능성이 높아집니다. 그러나 아림이 엄마는 불안감에 아이를 쉬게 할 수가 없습니다. 정말로 아림이가 많이 아프거나 방황하거나 손을 놓아버리지 않는 한 엄마의 채찍질도 멈추지 않을 것입니다. 큰일이 일어나기 전에 작은 일에 행동을 고칠 수 있으면 지혜롭습니다.

저는 바보예요

초5 미호가 우울한 얼굴로 진료실에서 하는 이야기입니다. 대학교 영재원에 수학으로 다니고 있고, 누구보다 똑똑하고 영민하고 얼굴도 예쁜 아이입니다. "저는 꼴찌예요. 엄마가 영재원에서도 저는 낮은 반이래요", "전엔 머리가 좋았는데 이젠 안 그래요. 엄마가 '다른 애들이 다 너보다 앞서가는데 속 안 상해?'라고 다그치세요." 미호는 남들이 부러워하는 유명수학학원에 일찍 들어갔고 거기서 하는 과정을 남보다 더 일찍 끝내고 졸업했다. KMO(수학올림피아드)를 하는 코스에 들어가서 하다가, 그만두고 다시

> 고등학교 수학을 하는 곳 ○○○에 입학테스트를 보았는데 졸업 후 막 시험을 보지 않아서 그런지 시험 결과가 안 좋아 입학을 못 했다. 이때부터 엄마의 좌절감과 조바심이 미호를 더욱 다그치게 되었다. 이제 갓 초5인데, 고등학교 수학을 해야 하는지 물어보니 이렇게 말한다. "왜 그 학원에 가야 하는지는 모르겠는데 그렇게 안 하면 큰일 나는 건 알아요. 고등학교 가서 내신도 안 좋아지고, 대학도 좋은 데 못 가고, 수능성적도 안 좋아진대요."

정말 대답도 잘하지요? 자, 누가 이렇게 똑똑한 미호를 슬프게 만들고 있을까요? 카더라 하는 엘리트 교육코스에 대한 환상이 사회를 지배하고 부모님과 아이까지 지배하고 있습니다. 가만히 놔두어도 똑똑해서 자기 길을 잘 찾아갈 아이에게 불안감과 패배감을 안겨줍니다. 세상을 넓게 보고 다양한 경험을 하게 해줘서 그 좋은 머리에서 세상을 구할 아이디어가 나올 기회를 박탈하고 있습니다.

○○수학학원 입학테스트를 위해

대치동에서 선행으로 유명한 수학학원 ○○. 지금은 전국적으로 지부도 많이 늘어 다니는 아이들도 늘었다고 하는데, 그래도 아무나 들어가지 못합니다. 입학시험이 어렵고 선행을 많이 하기 때문에 그곳에 다니는 아이들은 똑똑하다고 인증이 되었다고 봐도 된답니다. 거기 들어가기 위해 과외를 붙이고 몇 번 떨어진 끝에 집어넣습니다. 아이들 사이에서도 부모들도, 아이가 서울대 다니는 것처럼 자랑스럽습니다.

못 들어가면 자괴감에 시달리고 우울증에 빠지는 엄마들도 있습니다. 힘들게 들어간 만큼 다니다가 끊기 어렵습니다. 그 학원을 그만 다니면 낙오자 같고 실패자로 밀려날 것 같습니다. 아이가 힘들어도 채근하면서 꾸역꾸역 다니게 합니다. 그런데 저는 진료실에서 만난 아픈 아이들에게서 그 학원 이름을 너무 많이 들었습니다. 거기 다니면서 불안증, 우울증이 생긴 아이들, 가정이 시끄러운 집이 너무 많습니다.

단순히 그 학원에 문제가 있다고 말하는 것이 아닙니다. 학원이 훌륭해도 우리 아이와 지금 안 맞을 뿐이고 우리 아이는 다른 영역에서, 또 다른 때에 훨씬 훌륭할 수 있습니다. 그 학원에 다니다 실패(?)하였어도 좋은 의과대학에 잘 다니고 있는 친구들도 만납니다. 좋지 않은 기억을 이야기하곤 합니다. 학원이 아이들에게 잘 맞았다가도 안 맞을 수도 있고, 그만두었다가 다시 즐겁게 다닐 수도 있습니다. 아이들과 부모님들께 때로는 쉴 수 있고, 때로는 달릴 수 있는 선택권이 있어야 합니다. 아이가 때로는 '하기 싫다'고 말할 수 있는 자유를 허용해 주고, 아이가 선을 그을 때는 넘어가지 않는 기다림이 있어야 합니다. 부모님들이 아이를 정확히 보고 균형을 맞출 힘이 생겼으면 합니다.

초5 영재아이, 벌써 머리가 잘 안 돌아가서 미치겠어요

초5 도겸이는 선행학원을 잘 다니고 남보다 앞서나가는 아이이다. 그런데 언젠가부터 숙제를 하면서 자신의 머리를 때리는 자해행동을 한다. 머리가 나쁘다면서 우는 때도 있다. 잘하고 싶은 욕심이 있는데 잘 모르는 문제가 나올 때마다 소리를 지르고 이상행동을 보인다. 엄마가 위로하고 말려도, 학원을 쉬라고 해도 듣지를 않는다. 도겸이 스스로가 숙제는 반드시 해야 한다고 하면서 고집을 피운다. 너무 어려운 선행문제이기도 한데, 다른 아이들은 하는데 자기가 앞서나가지 못한다고 느끼고, 속상해하면서 불안해하는 것이다.

숙제를 하지 않고 놀려고만 하고, 고집을 피워서 부모와 싸우는 아이들도 있고 멍해서 답답한 아이들도 있지만, 도겸이처럼 본인도 숙제해야 한다고 믿고 열심히 하려고 하지만 잘 되지 않아서 힘들어하는 아이들도 생깁니다. 옆에서 지켜보는 부모가 애가 딱해서 말릴 정도입니다. 잘하는 아이지만 선행이 너무 앞서간 탓에 내용이 어렵게 느껴질 수도 있고, 실제로 아이의 능력이 그렇게 뛰어나지 않는데 아이를 밀어붙여서일 수 있어요. 기능이 좋았던 아이들도 우울, 불안증에 빠지면 집중력이나 인지기능이 저하되어서 아무리 빠져 나오려고 해도 나올 수 없는 함정에 빠진 듯 느낄 수 있습니다.

개근 거지도 안 만들어야 하고

이렇게 초등학교 때부터 이미 지쳐버린 아이들이 많은데, 부모들은 아이들의 스케줄을 정확히 꿰뚫고 더 철저하게 시간을 관리하려고만 합니다. 아이들이 쉬는 것도 엄마가 계획해 놓은 스키여행, 영어캠프를 간다거나 하는 이벤트적인 것입니다. 개근거지(학교 학기 중 해외여행 등 체험학습을 안 가고 꾸준히 등교하는 학생들을 비하하는 말)가 되지 않기 위해 해외여행을 가는 것도 모두 '엄마의 의도적인 프로젝트'입니다. **부모는 아이를 위해 최선을 다한다지만, 정작 아이 본인은 아이를 잘 키우고 있다고 믿는 '교육 환상 프로젝트'의 참여자 역할인지도 모릅니다.**

학습 트라우마

공부를 잘하려면, 아이들 스스로 마음을 열고, 배움 안에서 즐거움을 느낄 수 있어야 합니다. 걸음마를 배우는 아이를 상상해보세요. 자연스럽게 넘어지기를 반복하다가 걷게 되지요. 뇌신경계 연결이 늦어서 아직 걷지 못하는 아이를 걷게 만들려는 단기 목표 달성을 위해(때로는 부모님이 더 조급합니다.) 준비되지 않은 상태에서 과도하게 자극을 주거나, 두려움과 통증을 느끼게 하고, 호기심을 느끼지 못한 채로 특정행동을 반복하게 훈련시킨다면 아이는 걷기를 싫어하게 될 것입니다. 공부도 나쁜 기억과 연결되면 공부에 학을 떼서 공부가 트라우마가 되고, 공부를 안 하려 하게 됩니다. 편안한 가운데 아이의 뇌가 배울 수 있도록 도와주어야 합니다.

요새는 공부가 점점 길어지는 추세입니다. 대학입시는 물론 20~30대에도 취업시험 준비, 자격증(공무원, 변리사, 회계사, 세무사, 임용고시, 의사, 변호사) 시험 준비, 편입시험 준비, 로스쿨, 의치한에 가려고 다시 공부하거나 입학 후 공부할 때도 말이죠. 길게 보고 아이의 뇌신경계가 지치지 않도록, 호기심에 반짝거리도록 도와주세요. 지친 아이들은 공부 이외에도 무언가를 할 의욕을 잃어버립니다.

선행이 기본이 된 시대, 선행시켜야 하나요?

소신형 엄마였는데

대치동의 초3 로하 엄마는 나름 소신을 가지고 학원에 보내지 않고 지내 왔다. 이제는 학원에 좀 보내볼까 생각하고 엄마들에게 인기 있다는 학원 문을 몇 개 두드려 보았더니 이상한 엄마 취급을 당했다. 기본적으로 선행이 몇 년씩 되어야 한단다. 학원에 문의할 때마다 로하 엄마는 기가 죽고 불안해졌다. 지금까지 상식적이라고 생각하는 교육을 해왔는데 뭔가 내가 잘못한 것은 아닐까? 잘할 수 있는 아이인데 엄마가 너무 안 시켜서 아이를 망치는 건 아닐까? 불안한 생각이 들었다. 입시 설명회에 다녀오면 상술이라고 생각하면서도 가슴이 답답해진다. 전에는 잘 노는 아이를 보면서 미소가 지어지고 흐뭇했는데 지금은 놀고 있는 아이를 보면 마음이 불안해지고, 다 컸는데(?) 저렇게 놀면 뒤처질까봐 괜히 아이에게 그만 놀고 공부하라고 심술(?)을 부리게 된다. 그러면서도 '이건 아닌데' 하는 생각에 마음이 심란하다.

로하는 정말 뒤처진 걸까요? 절대 그렇지 않습니다. 로하처럼 미소 띤 얼굴에 여유 있는 성격을 가지면서도, 지금 선행으로 달리고 있는 아이들보다 중고등학교 때 성적이 더 좋거나, 더 좋은 대학에 가는 것, 모두 얼마든지 가능합니다. 그렇지 않다고 부추기는 사람들이 있고, 그렇게 믿는 엄마들이 달려가고 있기 때문에 로하 엄마가 이상한 사람이 되는 것뿐입니다.

나를 불안하게 하는 학원 설명회

소신형 엄마들은 아이를 학원에 보내지 않고 버텨 봅니다. 아이가 잘 할 거라는 확신이 있고, 뒤처지지 않게 나름 여러 가지 방법으로 아이를 공부시키고 있다고 자부하기도 합니다. 아직은 좀 놀아야지 하는 마음도 있습니다. 그러다가 주변에서 들리는 소리에 갑자기 귀가 얇아지면서 불안해집니다. 여기저기서 레벨테스트 이야기가 나오니 테스트를 보러 가야 하나 마음이 또 심란해집니다. 선행도 안 되어서 떨어질 텐데 테스트는 봐서 뭐하나. 애 기만 죽일 텐데 하는 생각도 듭니다. 이렇게 되면 나중에 다닐 학원도 없으니 미리 선행하지 않으면 안 된다고 또 겁을 주니, 엄마들은 또 미리부터 서두르게 됩니다.

객관적으로 보면 이상한 상황이지만, 마치 꿈속처럼 그 상황 안에 있을 때는 세뇌되어 불안감을 느끼고 빠져나오기 어렵습니다.

선행이 권력이다

> 초6 태희는 엄마들이 선망하는 학원에 합격해서 다니고 있다. 숙제가 많고 힘들지만 주변에서 높은 학원에 다닌다면 똑똑하다고 알아주기 때문에 너무 힘들어서 그만두고 싶어도 자존심상 학원을 옮길 수 없다. 놀고 싶고 쉬고 싶지만 모든 게 학원이 먼저라서 한숨이 나온다. 온 가족이 모여서 저녁식사를 하고 이야기를 나누는 시간이 별로 없다. 가족여행 한번 가보려고 해도 시간내기가 쉽지 않다. 어릴 적 키워주신 외할머니도 보고 싶은데. 왜 이렇게 살아야 할까 이상하지만 멈출 수는 없다.

얼마나 선행을 많이 하고, 좋은 학원에 다니고, 높은 반에 들어가느냐가 엄마들의 프라이드가 되고 아이들의 권력이 됩니다. 그런데 아이들은 학원에 들어가기도 어렵지만 거기에서 또 잘하고 이겨내야 하니 죽을 맛입니다. 소수의 뛰어난 아이들, 예를 들면 수학이나 영어에 특별한 재능과 호기심을 보이는 아이들은 이런 과정을 즐길 수도 있습니다. 선행을 해도 쉽게 배우는 아이들이 존재합니다. 하지만 문제는 내 아이가 그런 성향이 아니라면 시간과 돈을 들여 아이를 망치게 됩니다.

좋아하면 선행 시키세요

실제로 아이가 제 학년 것도 소화하기 힘든 지능을 가진 경우도 있고, 머리가 좋아도 선행을 무척 싫어할 수도 있습니다. 중요한 것은 아이가 무리 없이 선행을 받아들이고 할 만한지입니다. 충분히 잘 해내고 좋아한다면 선행이 왜 나쁠까요? 저는 도리어 그럴 때는 선행해야 한다고 생각합니다. 하지만 그런 아이들도 전체적으로 잘 크고 있는지, 다른 주의할 점은 없는지 때때로 살펴볼 필요는 있습니다. 그런데 **문제는 선행이 유행이 되고, 부모들의 불안감과 경쟁심에 불을 붙여서 모든 아이를 달려가게 한다는 것입니다.**

내 아이를 잘 파악한다면 잠시 멈추거나 다른 길로 가도 대세에 지장이 없다는 것을 알려드리고 싶습니다.

선행학원에 억지로 다니면서 잃은 것들

억지로 다니는 학원은 공부를 싫어하게 만듭니다. 아이의 시간과 에너지를 잡아먹습니다. 좋아하는 것을 탐색하고 정보를 습득해 반짝거려야 할 머리가 어둡게 변합니다. 숙제에 치여 수동적인 아이가 되고, 성격이 부정적으로 변합니다. 부모와 아이 사이가 나빠집니다. 경제적으로도 부담이 큽니다. 선행을 잘 따라가는 아이들도 책상 앞에 앉아만 있다 보면, 나중에 탈이 나기 쉽습니다. 힘들어도 표현을 못 하고, 표현해도 원래 다 힘든 거라고 넘어가 버리면 스트레스가 쌓여 이 책 2부의 사례에서 보듯이 문제들이 터집니다. **유행 따라 남들이 좋다는 옷을 입을 것이 아니라 정말로 내 아이에게 편안하고도 아이의 장점을 부각할 수 있는 옷을 찾는 것이 중요합니다.**

힘들어하면 잠시 쉴 수도 있죠

아이가 좋아서 즐겁게 다녔더라도 언제부턴가 아이가 선행학원을 싫어하고 고통스러워하면 쉬어줘야 할 때입니다. 패배가 아닙니다. 쉴 타임에 쉴 수 있는 자유, 그리고 아니라고 생각했을 때 방향을 트는 결단력이 마음의 힘이고, 우리 아이와 가정을 살립니다. 처음부터 옷이 안 맞았을 수도 있고, 가다 보니 옷이 안 맞게 되는 경우도 있습니다. 일단 지금 아이가 고통스러워한다면, 우리 아이에게 맞지 않는 옷을 입히려 하는 것은 아닌지 살펴보세요. 우리 아이가 자신을 괴롭히는 상대에게 아무 말도 못하고 계속 끌려 다니며 가스라이팅 당하는 걸 원치 않으시겠죠? 학원도 마찬가지입니다.

리나는 초중고 모두 공부를 그리 잘하지 못했지만 서울에 있는 의과대학에 다니고 있다. 선행도 별로 해본 경험이 없다. 엄마가 시키려 했지만 아이가 강하게 거부해서 할 수가 없었다. 서울 ○○구의 일반고에 다녔지만, 고등학교 내신 성적도 그리 좋지 않았고, 친구들과 어울려서 놀면서 고등학교 시절을 보냈다. 고3 때부터 공부해야겠다고 깨닫는 순간이 있었고, 첫 수능 결과는 만족스럽지 않았지만, 재수를 하고 성적이 올랐고 지방 의대에 합격했다. 공부 욕심이 들어서 한 해 더 하겠다면서, 삼수하면서 성적이 더 많이 올랐고 결국 정시로 수능을 잘 봐서 지금의 학교에 왔다. 리나는 지금까지 공부를 많이 안 했던 것이 재수하면서 전력질주하는 데 도움이 되었다고 느꼈다. 그런데 공부 잘하는 친구들이 모인다는 이 의대에서 리나의 성적은 매우 좋다. 학교에서는 고등학교 때 전교 1등을 했던 아이들은 여전히 학교에서 그런 방식으로 열심히 공부하면서, 힘들어하고, 잠 안 자고 공부해도 좋은 성적을 내기 힘들다. 하지만 자신은 사고력

> 이 살아 있다는 것을 느낀다. 전체를 크게 보는 눈도 있고, 공부할 때 이미지화를 해서 빨리 판단하는 능력, 전체적인 상황판단 능력 등은 모두 어릴 때와 학창시절에 놀았던 경험 때문이라고 생각한다.

직관력과 곰곰이 생각할 수 있는 능력을 지나친 선행학습이 망칠 수 있습니다. **빨리 먹이고, 많이 먹이고, 억지로 먹여서 체하는 일이 반복되다 보니 아이의 소화능력이 떨어지고, 무엇보다 먹고 싶지 않은데 먹여서 아이가 먹는 것을 싫어하게 되고 식욕(공부의욕)을 완전히 잃어버립니다.** 돈 잃고, 시간 잃고, 부모와 아이 관계를 잃고, 공부 잃는 상황이 될 수 있습니다. 그런 상태가 되었다고 하면 그 상황에서 나오는 결단과 지혜가 필요합니다. 부모는 이렇게 생각할 수도 있습니다. 어떻게 해서든 일단 의대라도 들어가 보자고요. 그런데 문제는 이렇게 해서는 의대 갈 아이도 그 길을 막게 되는 것이 현재의 공부방법이라는 것입니다.

소화할 정도로 배우기

3~4년 선행한 아이들은 제 학년 학교시험은 틀리지 않고 잘 풀까요? 심지어 이전 학년 것도 잘 못하는 아이들도 있을 겁니다. 앞으로 배울 것을 가볍게 예습하는 것은 좋을 수 있습니다. 한번 들어 놓고 두 번째 배우면 쉬울 수 있지요. (이것도 어느 정도 내 뇌회로 속에 제대로 된 길의 흔적이 나야 의미가 있습니다. 억지로 구겨 넣은 것은 큰 의미가 없습니다)

선행을 한다 해도 학교 공부의 배움에 흥미를 잃지 않고 도움이 되는 정도의 선행은 어디까지일까요? 새로 배울 학기를 한번 훑어보는 연습으로, 제 학년 학습을 신나서 잘할 정도의 선행이면 어떨까요? 경쟁적으로 진도를 나가지만 소화를 못 하고, 목구멍에, 식도에, 위에 걸려 있는 아이들이 많을 것입니다. 제 학년 것도 소화가 제대로 안 되는데 더 많은 것을 시키는 것이 의미 없는 아이들도 많습니다. 선행이 대세더라도 그냥 유행 따라갈 게 아니고 우리 아이 상황을 살펴봐야 합니다.

소화 안 되는 의미 없는 선행이라고 판단되면 그 시간에 놀거나 체육활동을 하는 것이 나중에 공부를 진지하게 할 때 유리합니다. 아이에게 음식에 대한 입맛을 떨어뜨리고 트라우마를 일으켜 먹으려 하지 않는 아이로 만들지 마세요. **부모님들은 현명합니다. 잃어버린 지혜를 다시 찾고 상식적인 생각을 부모인 나와 아이를 위해서 해야 합니다.**

선행 안 해도 공부 잘할 수 있나요?

선행을 시키는 이유는 더 앞서가서 공부를 잘해서 다른 아이들보다 좋은 성적을 받기 위해서일 것입니다. 그런데 누구나 선행하다 보면 앞서간다는 의미보다 불안해서 안 하면 안 될 것 같아서 하게 됩니다. 극장에서 앞에 누가 일어서기 시작하면 뒤에서 잘 안 보여서 누구나 일어서게 되는 것처럼 말이지요.

아이들은 저마다 능력이 피어나는 시점이 다릅니다. 수학을 좋아하고 앞서가는 아이가 있다면 수학과 관련된 뇌의 능력이 팽창하는 때입니다. 그런데 우리 아이에게 이런 때가 오지 않았는데, 즉, 아직 수학공부 능력이 그만큼 열리지 않았고, 그래서 하고 싶지도, 하려고 하지도 않은 상태에서 억지로 시키게 되면 길게 보면 오히려 손해입니다. **다른 아이가 피어나는 시점에 맞추어 아직 피지 않은 우리 아이 꽃을 강제로 피려고 하는 것과 같습니다.** 철 따라 피는 꽃처럼 각자의 때가 있습니다. 봄이 지나고 여름에 더 화려하고 아름답게 피어날 우리 아이의 꽃을 못 기다리고 억지로 꺾는 것과 같습니다.

선행과 때가 안 맞았을 뿐 열등한 게 아니에요

내 아이가 부족하거나 모자라서 그 학원에 못 다니는 것이 아닙니다. 그곳 시스템이 그때 그 시간에 내 아이에게 안 맞았을 뿐, 우리 아이가 열등하거나, 부모가 원하는 성공의 트랙에 못 올라가는 것이 아닙니다. 도리어 억지로 고집하다가 탈이 나지요.

불행한 생활을 하지 말고, 고단하다 싶으면 잠시(몇 달일 수도 있고 몇 년일 수도 있습니다) 아이에게 맞는, 그리고 우리 가족만의 시간을 보낼 수 있는 소신이 필요합니다. **엄마를 불안하게 하기보다 소신을 갖게 할 사람들을 만나십시오.** 조금만 더 밖으로 나가 넓게 보면, 내가 신봉했던 그 생각들이 마치 사이비 종교에 빠져 허덕이는 것처럼 느껴지고 눈이 떠질 수도 있습니다.

선행하는 학원에 부적응하고, 다니기 싫어하고 숙제도 제대로 못 해가던 아이들이 나중에 잘 되는 경우도 정말 많습니다. 부모님이 선호하는 의대에 다니는 아이들도, 초등학교 선행을 진즉 몇 년씩 하고 영재고 준비를 해온 아이들이 아닙니다. 그렇게 하지 않아도 의대에 갈 **방법이 많이 있는데 한두 가지 길만이 전부인 것처럼 부모님들을 믿게 하고, 아이를 거기에 맞추려 합니다.**

영어를 즐겁게 공부할 수 있을까요?

영어 선행은 어떤가요? 수학과 달리 제 나이의 미국 아이가 사고하고 읽을 수 있는 수준의 영어 공부를 하는 것은 선행이 될까요? 한글 독해력도 좋고, 영어도 쉽게 읽고 좋아한다면 어려운 영어 책을 금지할 이유가 없을 것입니다. 그렇지만 한국어 책도 그 수준이 아닌데 어려운 영어책을 읽히면 아이가 어떨까요? 유학파에 명문대 출신인 엄마가 봐도 한숨이 나오고 고개가 갸웃거려지는 어려운 영어 지문을 소화해야 하는 아이들, 뭔가 이상하지 않은가요?

영어 단어를 20개씩 무조건 외우게 시키는 방법을 싫어한다면 뭔가 다른 방법은 없을까요? 한글 단어를 습득하듯이 자연스러운 문장에서 자꾸 읽으면서 뜻을 유추해내면서 학습할 수는 없을까요?

저는 주입식, 암기식 공부법도 때로는 필요하다고 생각합니다. 다양한 공부법을 아는 것 자체가 뇌에는 힘이 됩니다. 하지만 **자기한테 맞는 공부법을 찾는 게 핵심입니다.** 남들이 좋다는 공부법도 우리 아이에게 맞지 않는다면 다시 생각해봐야 합니다.

쉴 수 있는 능력

선행이 선택이고 선행하지 않아도 불안하지 않은 상황을 응원합니다. 선행을 좋아하고 잘 따라가던 아이도 힘들면 쉴 수 있다고 말씀드렸습니다. 대부분의 부모님은 여기서 멈추면 아이가 쉽게 그만두는 것을 배울까봐, 성실하지 못할까봐 두려워합니다. **가다가 좀 힘들어하면 쉬어주어도 됩니다. 그것이 실패가 아니라고, 대세에 지장이 없다는 것을 부모와 아이가 알면 좋겠습니다.**

능력이 좋은 사람들이 일 중독이 되고, 쉬면 불안해서 계속 달리게 되는 게 도리어 문제인 시대입니다. 즉 쉴 수 있는 능력이 없어서 정신건강이 악화되고 우울불안, 자살에 이르는 사람도 많습니다. **쉬는 것이 능력입니다. 그 능력을 아이가 습득하게 해 주세요.**

여러 선택지를 갖는 힘

사람들이 몰려가는 곳에 경쟁적으로 집착하지 않고, 우리의 에너지, 시간, 돈을 여러 곳에 쓸 수 있다는 생각을 해야 합니다.

다양한 선택을 할 수 있는 유연성을 가지고 여러 선택지 옵션을 가지고 있는 것이 뇌의 힘입니다. 그것이 살아가는 힘입니다. 한 가지 선택밖에 할 수 없는 상태라면 선택 역량을 더 키워야 합니다. 특히 우리 아이의 뇌신경계의 역량을 어떤 것이 돋워 줄지를 생각해 보세요. 웃을 수 있는 역량, 호기심을 느끼는 힘, 뭔가를 진심으로 관찰하는 반짝임을 죽이지 않도록요.

경계를 지키는 힘

내 행복을 다른 사람이 함부로 침입해 뺏어가지 않도록 경계를 지키는 지혜가 필요합니다. 나의 경계가 어디인지, 몸의 경계, 마음의 경계를 헤아리는 시간들이 필요합니다. 아이의 영역을 침범해 억지로 입을 벌리고, 먹고 싶지 않은 것을 강제로 먹이면서 아이를 괴롭게 만들고 슬프게 만들고 있지는 않은지 생각해봐야합니다.

아이도 부모도 자신을 잊고 삽니다. 도달해야 하는 바깥의 목표를 생각하다 보니, 자신의 몸과 마음과 멀어지고 있습니다. 경계를 알고, 건강한 공격성(열정)으로 자신을 지키고, 서로 함께 살아가는 따듯한 에너지장, 자신의 영역을 확장해야 합니다.

제가 아이들과 부모님들과 함께 하는 진료실에서, 그리고 온라인에서 부모님을 위한 시간에 하는 작업은 뇌와 몸과 마음을 서로 연결하는 일입니다. 예를 들면 손과 발을 인식하고, 입안과 혀를 인식하고, 발목을 인식하고, 움직임을 인식하는 것입니다. 자기 자신에게 돌아오는 방법입니다. 자신을 느낄 수 있는 사람이 자신을 사랑하고, 살아갈 힘을 얻습니다.

대한민국에서
공부 못하는 아이,
느린 아이의
엄마로 산다는 것은?

공부를 못하지만 성격은 좋아요

공부를 잘하는 아이도 있지만, 못하는 아이도 있습니다. 이 아이들은 성적이 계속 나오는 학창시절 6~12년을 살아가면서, 뭔가 부족하다는 피드백(성적, 점수, 코멘트, 평가)을 받습니다. 그러다보면 상대적으로 열등하다는 느낌을 받기 쉽고 기분도 그리 좋지 않을 수 있습니다. 그런데 집에서도 부족하고 열등한 아이로 평가하고 못 마땅해 하면 이 아이들은 정말로 갈 곳이 없어집니다. "너는 공부를 잘할 수 있을 거야. 열심히만 하면"이라는 말도 무섭습니다. 열심히 해도 공부가 한계가 있는 아이들이 분명히 있습니다.

이 아이들의 행복을 누리는 뇌는 공부 잘하는 강박적인 아이들보다 더 발달되어 있을 수 있습니다. 느긋하면서도 착하고 미소가 많고요.

그런데 그 모습조차 부모가 비난하고, 공부하라고 몰아세우면 어떻게 될까요. 공부를 못하는 자녀가 웃는 것도 보기 싫다는 엄마도 보았습니다. 그런데 능력도 없는 우리 아이가 불행하기까지를 바라지는 않으시겠죠? 결국 아이가 건강하고 행복한 게 부모의 바람이라면 더 큰 목표를 작은 목표에 희생시키는 상황이 됩니다.

그들의 서비스를 이용하라.

공부 잘하는 사람이 필요한 직업이 있습니다. 지금은 의사, 판검사, 변호사, 회계사 같은 직업일까요? (그런데 이런 직업도 멀지 않아 급속도로 발달하는 AI와 새로운 시대에 변할 수 있습니다.) 치밀하고 분석력과 기억력이 좋은 쪽으로 머리가 발달된 사람이라면 그 직업을 열심히 하도록 하고, 다른 사람들은 그들의 서비스를 이용하면 됩니다. 이런 직업은 공부를 많이 해야 하니 고생이 따르고 머리 좋은 사람이 해주면 고맙습니다. 이런 일을 하다가 적성에 맞지 않고 힘들어서 그만두는 사람도 꽤 보았습니다.

우리 아이와 잘 맞지 않고, 힘들기까지 한 그런 직업이 마치 최고인 것처럼 믿게 하면서, 줄을 세우고 패배감을 느끼게 할 필요가 없습니다. 우리 아이만의 장점이 분명히 있습니다. 아이가 자기 길을 가도록 도와주세요.

조부모의 교육열

세 아이를 키우고 있는 재희 씨. 본인은 좋은 대학을 나왔는데, 남편은 그렇지 않다. 남편은 재력이 많은 집의 외아들로, 의사인 시아버지는 손주들에게 공부에 대해 기대를 많이 한다. 아들에게 못 이룬 꿈을 손주를 통해 대신 이루고 싶으신 것 같다. 재희씨는 시아버지의 경제적 도움을 받고 있으면서 마음이 무겁다. 세 아이 모두 공부를 잘 못해서 속상한데, 시부모님은 그런 상황을 이해를 잘 못한다. 부지런히 학원도 보내보고 과외도 시켜보지만, 아이들이 머리가 명석하지 않다는 것을 확인하게 되곤 한다. 이해력이 떨어지고 아무리 주입을 해도 안 된다고 느낀다. 아이를 몰아세워도 결과로 나오는 것이 없으니 포기해야할까 생각도 하지만, 시아버지의 기대도 그렇고, 아직도 늦지 않았다는 생각에 마음이 조급하다. 그러다가 밤늦게 학원에서 돌아오던 큰아들 민우가 교통사고로 크게 다쳐 몇 개월을 병원에서 입원해 생사를 넘나든 후에야 마음이 정리되었다. 이젠 아이와 함께 일상을 살아가는 것 자체가 얼마나 소중한지 알게 되었다.

건강만 해다오

민우가 교통사고를 당한 것은 불행한 일이었지만, 어떤 면에서는 좋게 작용했습니다. 재희 씨는 인생에서 정말 중요한 것이 무언지 깨달았고 아이를 있는 그대로 지지하는 계기가 되었습니다. 아이가 암에 걸리거나 생사를 넘나드는 상황이 되면 부모님들은 변합니다. 하지만 이런 큰일이 있기 전에는 부모들은 포기하지 않습니다. 힘들고 비극적인 일이 일어난 뒤에야 부모의 질주가 멈추는 것은 정말 슬픈 일입니다.

민우 가정에서 보듯이, 세대를 넘는 조부모의 교육 열기도 보통이 아닙니다. 특히 경제적 여유가 있는 조부모님들이 그렇습니다. 이렇게 많은 걸 해주는데 아이의 입시 결과가 나쁜 것은 며느리 탓일 수 있어서 부담감을 많이 느끼고, 그 부담은 아이에게 전해집니다.

시댁의 기대가 부담이에요

> 스튜어디스 출신인 민혜 씨는 변호사인 남편과 결혼했다. 결혼 때에 시댁에서 반대가 있었기 때문에 항상 마음 졸이고 살아가는 편이다. 남편의 형과 아내는 모두 서울대 출신인데, 최근에 큰아이가 또 서울대에 진학했다. "시댁은 모두 명문대 출신들이 많아요. 우리 애들이 공부를 못하면 모두 제 탓이 될 거에요. 너무 두렵고 스트레스를 받아요. 그런데 애들이 공부가 시원치 않으니 요새 제가 사는 게 사는 것 같지 않아요."

사랑하는 남자와 어렵게 결혼해서 아이들을 낳고 행복하게만 살면 될 텐데, 비교와 인정욕구로 우울해하고 있습니다. 이렇게 아이의 교육은 이렇게 한 가정만의 문제가 아니고 친척들까지 연루된 자존심의 문제입니다. 엄마가 시댁에서 받는 인정의 짐까지 아이들은 지게 되는 것입니다. 어떻게 하면 이런 상황에서 자유로워질 수 있을까요?

엄마인 민혜 씨가 자아 존중감을 가지고 아이들까지 감싸 안을 수 있는 넓고 큰 마음의 힘이 어디서 나올까요? 어느 누구도 민혜 씨를 불행하게 만들 수 없습니다. 주변 사람들이 심지어 모욕하고 조롱하더라도, 내가 그러한 쓰레기를 받지 않으면 됩니다. 나와 가정을 지키는 그런 마음가짐은 엄마이기에 가질 수 있는 것이기도 합니다.

결과보다도 아이가 좀 성실했으면 좋겠어요

> 초5 유안이는 주눅이 잔뜩 들어 있었다. 친정 집안이 안 좋고 공부를 많이 못 해서 내가 어렵게 산다고 믿는 엄마의 한풀이를 그동안 외동인 유안이는 모두 받아내야만 했다. 엄마는 유안이를 강제로 앉혀놓고 공부시키면서 욕을 하고 자주 때렸다. 아빠는 엄마의 히스테리를 안타까워하면서도 강한 아내에게 반발하지 못하고, 몰래 진료실에 아이를 데려왔다.

유안이는 경계선 지능이었는데, 엄마는 무조건 학습을 강요하던 경우였습니다. 아이가 학습을 잘 못할 때는 밀어붙일 게 아니고, 공부머리가 얼마나 있는지를 살펴볼 필요가 있습니다.

엄마들 많이 하는 이야기는 "결과보다도 과정이 중요하다"입니다. "저는 성적도 성적이지만 열심히 하는 모습을 보고 싶어요. 열심히 하고서도 안 된다면 할 수 없지만, 너무 성의가 없어요"라고도 합니다. 그래서 숙제를 꼬박꼬박 해야 한다고 생각해서 시킵니다. 그런데 잘 생각해보면 공부는 결과가 중요합니다. 계속 공부하는데 성적이 나쁘다면 뭔가 잘못하고 있는 것이고 결과가 잘 안 나오는 일을 오랫동안 하기도 힘들죠? 이런 상태에서는 우울증에 빠지기도 쉽습니다. 아이 입장에서도 열심히 공부하는데 하위권이라면 성취감도 없고 기분이 안 좋은데 계속 공부할 수 있을까요?

공부머리 없는 아이들

실제로 아이큐가 낮은 경우가 꽤 있습니다. 보통 지능은 80에서 120 사이를 정상범주로 보는데 경계선지능은 (과거에는 아이큐 71-79 사이로 보았고) 지금은 DSM-5(정신질환의 진단 및 통계 편람)를 참고해보면 71~84 사이로 볼 수 있습니다. 언어성 지능은 높아서 똑똑해 보이나 다른 요소의 지능이 낮아서 전체 아이큐가 경계성 지능인 경우도 있습니다. 아이의 지능 요소들을 살펴보고, 필요한 경우 잘 보완해서 교육하면 좋습니다. 즉 인지능력을 향상시킬 수 있는 것입니다.

아이 상황을 잘 모른 채로 강제로 공부를 시키면 결과도 좋지 않고 아이의 마음 상태, 성격에도 악영향을 미칩니다. 정서 상태가 좋지 않으면 인지기능도 덩달아 안 좋아지니 역효과만 납니다.

부모는 공부를 잘했나요?

공부는 일단 공부머리가 중요합니다. 저는 지능검사의 수치만 가지고 아이를 섣불리 판단하지 않습니다. 아이가 협조적으로 한 지능평가나 정서 평가를 결과를 참고하고, 부모님의 개인력도 참조합니다. 부모님이 자란 환경은 어땠는지, 본인은 공부를 쉽게 했는지, 좋은 학교를 나왔는지 등이 아이 교육 방식에도 영향을 많이 미칩니다. 좋은 학교를 안 나왔다고 하시는 부모님들도 조심히 상황을 물어볼 때가 있습니다. "중학교 때까지는 공부를 잘했는데 고등학교부터는 성적이 뚝 떨어져서 너무 괴로웠어요", "아무리 해도 잘 안되어서 제가 유학을 갔어요" 등입니다.

부모님의 형제들에 대해서도 알면 좋습니다. 발달 장애가 있는 가족이 있을 수 있고, 가족 내에 특별한 일(제외된 가족, 사고, 질병, 죽음과 관련된 일)도 살펴봅니다. **아이는 개체가 아니고 가족 시스템의 일부입니다. 가족에 대해서 잘 알게 될수록 아이를 잘 이해하게 됩니다.**

즐겁게 치료(학습)할 수 있을까요?

저는 생각과느낌 몸마음 클리닉에서 발달이 느린 미취학 어린아이들을 위한 발달학교(낮병동)을 16년 정도 운영했습니다. 지금도 발달 지연 아이들을 많이 접하고 돕는 소아정신과 의사입니다. 대학병원에서 중증 자폐로 진단받고 내원한 아이들이 놀랍게 좋아지는 기적 같은 일들을 많이 보았습니다. 발달 지연은 영구히 고정된 진단이 아니라 얼마든지 변할 수 있는 발달 과정 중의 진단이라는 생각으로 치료를 합니다.

발달 지연이 있거나, 자폐 스펙트럼으로 진단받았다 해도 아이들의 예후는 다양합니다. 잘 성장해서, 영재학교도 가고 명문대도 가는 것을 본 저로서는 발달 지연이 있는 아이들이 훈련을 받아야 할 대상으로 보지 않습니다. 도리어 보통 아이들보다도 더 감각과 감정이 섬세하고 예민합니다. 그래서 자연스러운 상호작용을 해주고 특이한 감각 예민성을 줄여주면 장애물을 치워준 것처럼 발달이 가속화됩니다. 그렇게 되면 마치 눈덩이가 불듯이 언어가 트이고 숨어 있던 인지능력이 작동되기 시작합니다. 자연스러운 발달 과정상의 아이들이 폭발적으로 발달하듯이 말이죠. 공부와 학습도 같은 원리입니다.

빨리 걸어야 하는데

> 윤서는 19개월이 다 되었는데 아직 걷지 못한다. 대학병원 재활의학과에서 검사도 받았고, 물리치료도 받았지만 걷지 못하니 부모는 조바심이 났다. 특히 할머니가 성화였다. 무조건 일단 걸어야 한다고 매일 물리치료를 받게 했고, 걱정스러운 눈으로 아이를 바라보면서 불안한 마음에 치료사들에게 많은 요구를 하고, 때로는 비난하기도 하였다.

남보다 앞서가고 싶은 마음처럼, 다른 아이들에 비해 뒤처진다고 생각하면 불안합니다. 말이 늦는 아이들은 어떻게든 말을 하게 만들려고 언어치료를 매일 하다시피 해서 수개월을 시켰는데, 진전이 없다고 진료실을 찾아오기도 합니다. 먼저 아이의 뇌 신경회로가 바뀔 수 있도록 자극이 제대로 주어졌는지 살펴봐야 합니다.

뇌 신경가소성을 올려줘야 발달합니다

걷는 것도 학습입니다. 아이가 아직 제대로 걸을 준비가 되지 않았을 때 아이에게 억지로 강요하면, 걷게 되더라도 어정쩡한 모습으로 어눌하게 혹은 어색하게 걷게 될 것입니다. 준비되지 않은 바탕 위에 갑자기 걷는 회로가 생기기 때문이죠. 만약 혼자서 걷게 되었다면 이제 문제가 다 해결되었다 생각하면 될까요? 아닙니다. **동작의 협응력, 관절을 조화롭게 사용해 편안하고 쉽게 움직이는 움직임, 충동적인 행동을 하지 않고, 어떨 때는 천천히 움직이고 기다리면서 몸을 조절하는 능력은 몸의 감각과 뇌가 적절히 연결되었을 때 가능합니다.**

늦게 걷는 아이들은 이유가 있고, 이를 분석해서 다양한 방법으로 다른 기능도 향상될 수 있도록 조언이 필요합니다. 뇌신경계 회로 발달에서 빠진 벽돌의 빈자리가 잘 메꿔지면, 다른 발달 지연 문제도 저절로 해결되는 경우도 많답니다.

예를 들면 뇌신경계의 청지각 통합이 잘 되면 언어 지연이 해결되겠죠? 소리가 들리는 방향으로 고개를 돌리고, 기어가는 등 감각과 운동은 서로 연결되어 발달합니다. 귀에 소리를 듣는 청각기관인 '달팽이관'과 공간에서 움직일 때 균형을 잡는 '전정기관'이 함께 들어 있는 이유랍니다. 이렇게 **뇌신경계와 몸이 설계되고 작동하는 길이 있고 결국 길을 터주는 일을 하면 됩니다.** 즉 움직임이 좋아지면 언어발달이 좋아지는 데 도움이 되지요.

뇌신경계가 서로 통합해 작용하는 데 어려움을 겪는 ADHD아이들은 시청각 주의력에도 문제가 있으면서 몸 사용 '조절'이 어려울 때가 있습니다. 그래서 급하고 충동적인 행동을 보이거나, 반대로 몸이 어눌하고 느린 경우가 생긴답니다.

윤서의 경우에도 충분히 준비될 때까지 자연스러운 몸의 흐름의 길을 찾아주고, 걷는 연습(학습)을 즐겁고 편안한 분위기에서 호기심을 느끼도록 하면서 이끌어 주면 좋습니다. 몸을 일으키고 잘 걷는 것이 무엇인지 뇌가 감각을 인식하게 해주고, 조금씩 아이의 몸 부분들이 연결되게 합니다. 좋은 치료는 바로 이런 원리를 이용합니다. **발달지연 치료에서도 그렇고 좋은 치료와 학습은 아이들의 뇌 신경 가소성을 올려 스스로 주변의 감각자극을 다양한 방식으로 통합하게 합니다.**

호기심이 학습에 중요해요

그렇게 되면 어느 순간 갑자기 아이가 외부 자극을 스스로 해석하고 처리하는 능력이 생겨 발달이 가속화되는 시기가 옵니다. 언어발달이 느리다고, 아이가 싫어하는데도 반복해서 천천히 단어를 따라하게 반복시키거나 싫다고 저항하는데 강압적으로 앉혀 놓고 교육, 훈련시키면 어떻게 될까요? 단기간에는 조금 효과가 있을지 모르지만, 크게 멀리 보면 잃는 것도 많을 것입니다. **소통하고 싶다는 감정과 호기심 그리고 눈맞춤과 자세, 움직임 같은 비언어적인 상호작용의 바탕 위에 언어가 발달합니다.** 너무 치료를 많이 받거나 좋지 않은 경험을 많이 해서 치료개입에 질린 아이가 도리어 사람 눈을 피하고 거부하는 상황이 되기도 합니다.

학습과 발달 지연이 있는 아이들의 치료 원리는 같습니다. **아이의 눈에 반짝이는 즐거움과 호기심을 이끌어내는 치료(학습)가 장기적으로 볼 때 성공적입니다.** 인지, 정서, 사회성, 움직임 모든 영역은 서로 도움을 주기 때문입니다.

풀밧데리검사 받으러 왔어요

요새는 '풀밧데리'(full battery)란 말이 엄마들 사이에 유행할 정도로 심리검사도 많이 받으려 합니다. full battery는 여러 항목을 포함한 전체 심리검사를 일컫는 말로, 전문가들 사이에서 쓰는 용어였는데, 어쩌다 부모님께 퍼져서 유행하는지도 알 수 없을 정도로, 부모님들은 아이큐와 내용에 관심이 많습니다. 학원 입학테스트 하듯이 결과에 관심을 갖고, 점수가 잘 안 나오면 속상해 하기도 합니다.

아이큐가 변할 수 있느냐고 물어보는 부모님들이 많습니다. 아이큐는 변할 수 있습니다. 같은 연령대의 아이들과의 상대적인 수치라고 볼 수 있어서, 작년보다 나는 더 발전했지만, 평균적인 아이들의 성장이 더 크다면 도리어 아이큐 수치는 떨어질 수 있습니다. 검사에 협조적이지 않거나 잠을 제대로 자지 못했거나 주의를 잘 기울이지 못해서, 너무 긴장해서 점수가 낮게 나올 수 있으니까 나중에 집중력이 좋은 상태에서 검사하면 올라갈 수도 있지요. 또 일정기간 적절하게 교육을 받고 관심을 가지고 뇌 활동을 한다면 올라갈 수도 있습니다. 반대로 적절하게 인지활동을 하지 않는다면 내려갈 수도 있겠지요.

매년 키 재기하듯 반복해서 아이를 테스트하려고 하는 부모님들도 있습니다. 부모들은 아이의 테스트 결과를(학원 레벨테스트나 학교 성적을 포함해서) '높다, 낮다', '합격이다, 불합격이다'로 보기 쉬운데 **테스트는 아이 성향을 잘 살피고 향후 어떻게 교육할 것인가의 조언을 들을 수 있는 좋은 기회랍니다.** 높으면 높은 대로, 낮으면 낮은 대로, 불균형이 있으면 있는 대로, 전문가가 조언할 내용은 많습니다.

지능이 낮다고 미워하실 건가요?

현재 아이큐가 낮다는 것은 아이가 제 학년 학습을 제대로 소화할 수 없다는 것을 의미합니다. 공부머리가 낮게 태어난 것은 아이의 죄가 아니지요. 아이도 좋은 머리를 가지고 태어나고 싶었을 것입니다. (달리 생각해보면 부모가 좀 미안할 수도 있는 상황인 것입니다.) 이런 상황에서 공부를 못하고 싫어하는 아이를 야단치고 강제로 시키는 것은 아이 입장에서는 억울한 일입니다.

> 키가 크고 외모가 훤칠한 중3 건우, 예의도 바르고 진료실에서 대화도 잘했다. 엄마는 애가 공부를 잘 하려 하지 않는다고 중학교 내내 싸우다가 데려왔다. 그런데 심리검사 결과에서 아이는 지능이 좋지 않았다. 우울, 불안 요소가 크지 않고, 주의력에도 큰 문제는 없었고, 나름 건우가 열심히 검사에도 협조했기 때문에, 평가가 왜곡될 가능성은 별로 없다. 순하고 친구 관계도 좋은 건우지만, 공부를 못하는 건 사실 머리가 좋지 않았기 때문이었다. 이런 상황에서 부모가 계속 공부를 강요하면 건우는 패배감과 자괴감, 열등감에 시달리게 될 것이다.

지능검사에서 점수가 낮다고 해서 아이가 사회생활이 어려운 것도 아닙니다. 지능검사는 아이가 가진 재능의 일부를 체크하는 것뿐입니다. 특히 공부와 관련된 능력이 측정되지요. 건우의 배려심 있는 마음, 따뜻한 미소, 예의 바른 행동, 시키지도 않았는데 열심히 하는 요리 솜씨는 별개의 재능입니다. 부족한 아이를 채근하면, 아이가 가지고 있던 좋은 인성, 사회성까지 망치게 됩니다. 어쩌면 다른 아이들과 비교할 수 없이, 훌륭한 아들을 건우 엄마는 공부라는 단 한 가지로, 미워하고 과소평가하고 있는지도 모릅니다.

형은 똑똑한데

> 중2 태람이는 엄마 말을 안 듣고 공부에는 뜻이 없다. 집중력이 없고 산만한 데다 성적이 좋지 않은데 이성교제나 하려는 말썽쟁이다. (이성에 관심을 보이고 사귀고 싶어 하는 것은 중요한 사회성 연습인데 대부분의 부모님들은 싫어한다.) 형은 공부를 잘해 강남의 고등학교에서 전교 1등이었고, 최고 의대를 간 엄마의 프라이드였다. 형의 성향은 엄마와 합이 맞았는데 엄마는 도대체 태람이가 이해가 되지 않은 구석이 많다. 엄마는 태람이에 대해 더 알고 싶어서 아이를 데려왔다.

엄마가 걱정해서 클리닉에 데려온 아이 중에 얼굴이 밝고 면담에서도 말을 잘하고 소통이 잘되는 아이들이 있습니다. 적절한 유머 감각까지 겸비하기도 합니다. 소위 살아 있는 아이들입니다(엄마들은 아이가 밝고 행복해도 공부를 안 하면 걱정입니다). 저는 이런 경우, 엄마들에게 아이 잘 키우셨다고, 아이의 장점에 대해 설명을 많이 해줍니다. 이런 능력이 모든 아이에게 있는 것이 아니니까요.

태람이의 경우에도 공부머리가 그렇게 좋지는 않았지만 각종 검사에서 장점이 많았습니다. 태람이는 심리검사 결과상 아이큐가 100명 중 50등 정도가 나왔습니다. (한 번의 아이큐 테스트로 그 아이 전부를 규정하지는 않습니다. 진료현장에서 여러 번 아이를 만나면서 그 결과를 참고해 아이를 살펴봅니다.) 절대 불가능하다 할 수는 없겠지만 형처럼 좋은 학교를 갈만한 수능성적이 나오기는 어려울 것입니다. 이럴 때 엄마한테 말씀드리는 것은 형은 학교에서 우등생이었지만, 형이 없는 것을 태람이가 가지고 있고, 태람이 같은 아이가 사회에서 형보다도 더 많은 것을 이루고 행복하게 살 수 있다는 사실입니다.

장점이 없는 아이는 없다

공부를 못하지만, 다른 장점이 있는 아이를, 공부에만 맞추려고 애를 쓰다 보면 아이가 갖고 있는 장점까지 퇴색되어 버립니다. 진료실에서 인터뷰를 해보면 사회자나, 개그맨, 아나운서를 해도 좋겠다는 생각이 드는 아이들이 있습니다. 그렇게 유쾌하고, 말도 잘하고, 밝은 아이들의 기를 죽이고, 입을 닫게 하는 교육이 아니었으면 합니다.

어떤 아이든 부족한 면이 있기 마련이니까, 그런 면은 잘 파악해서 메꾸어 주면 됩니다. 단점이 없는 아이도 없듯이 장점이 없는 아이도 없습니다. 아이가 적절히 몸을 사용하고, 사람 눈을 바라보고 대화하고, 미소 짓고 소통할 수 있는 능력은 소중합니다. 사회적인 성공도 이런 능력과 연결됩니다. 각종 리얼리티 쇼 멤버들이 그냥 떠들고 놀면서 돈을 버는 시대, 기운이 좋은 아이들이 장사해도 잘되고. 의사보다 돈 많이 버는 자영업자도 많은 시대. 공부만이 능사가 아닌데 공부한다면서 다른 능력을 죽여 버리면 안 되겠지요.

성실해야 한다?

앞서 말했듯이 "결과야 어쨌든 성실한 모습을 보여줬으면 좋겠어요"와 같은 무서운 말을 부모님이 하지 않았으면 합니다. 성실성을 강조하는 말이지만, 결과가 안 좋으면 부모도 기쁠 수가 없습니다. 성실한 모습을 요구하는 것은 아이의 일상생활을 지배하겠다는 뜻입니다. 무엇이 성실한 것인가요? 꼬박꼬박 학원 숙제를 해가고 부모가 볼 때마다 책상 앞에 앉아 있으면 성실한가요?

저는 도리어 반대로 이야기해줍니다. 아이가 성실하지 않다고 어떤 기준을 만들어 놓고 아이를 못 마땅해 하지 말라고요. **아이는 부모 눈에 뜨일 때마다 공부해야 하는 기계가 아닙니다. 딴짓도 하고, 놀기도 하고, 쉬기도 하고, 빈둥거리기도 해야 합니다. 그것이 삶입니다. 자유롭게 움직이고 웃고 대화해야 합니다. 그런 아이가 건강하게 성공합니다.**

공부 못하는데 머리 좋은 아이

공부를 못하는 아이 중에 검사를 해보면 지능이 매우 높은 아이들도 있습니다. 이 아이들이 공부를 안 하고, 못하는 원인은 좀 더 들여다보아야 합니다. 공부에 관심이 없고, 하고 싶지 않아서, 집중력이 너무 부족해서, 정서 상태가 나빠서, 주변에 무슨 일이 생겨서(부부싸움, 친구 갈등), 트라우마를 겪어서, 여러 걱정거리가 많아서, 몸이 불편하고 안정이 안 되어서 등 원인은 다양합니다. 해결책은 아이마다, 구체적인 사안마다, 가족 상황에 따라 달라집니다.

어쨌든 이 아이들은 방해하는 요소가 사라지고, 공부해야겠다고 마음먹으면 성적이 쑥쑥 올라갈 수 있는 아이들입니다. 그렇게 되기까지 무엇이 방해요소인지 파악해 해결을 해주면 됩니다.

열심히 하지 않고도 공부 잘할 수 있어요?

부모님과 아이들이 '놀면 공부를 못 한다'는 믿음에 세뇌되었다고 느낄 때가 있습니다. 정말 놀면서도 성적이 좋을 수 있을까요? 많이 놀고, 적게 공부하고(효율이 높은 것일 수도 있고, 공부할 때 집중력이 아주 좋은 것일 수 있습니다.) 시험 성적이 좋다면 좋은 것입니다. 적게 공부하면서도 성적이 좋은 것이 가능할까요? 어차피 깨어 있는 시간은 누구에게나 동일합니다. 그 시간 동안 즐겁게 효율적으로 신나게 공부할 수 있는 게 낫습니다.

'어떻게 공부를 잘할까', '어떻게 공부를 편하게 할까', '어떻게 공부를 신나게 할까', 놀면서 쉬면서 이런 것을 연구해야 합니다. 아이가 빈둥 거리면서 이런 생각을 하게 해주는 게 낫습니다. 성실해야 성공한다는 믿음 그리고 성실의 기준까지 부모가 마음대로 만들어 놓고, 무조건 여기에 맞추라고 하는 것은 부모와 아이 갈등만 만듭니다.

세 살 아이가 과외받는 사연

4세 고시

초등학생 대상 영어학원에 들어가려고 과외까지 붙인다는, 7세 고시 이야기를 앞서 나눴습니다. 그런데 4세 고시도 존재합니다. 사실 몇 년 전부터 유명 모 영어유치원(영유)에 들어가려고 과외를 붙여 아이를 공부시키면서, 아이가 이상행동을 보이고, 엄마도 자기가 정상적이지 않다고 자각해서 진료에 오는 경우가 꾸준히 있었습니다. 또 그 영유에 다니면서 문제가 있는 아이들이 줄줄이 진료실에 오곤 하였습니다.(한 아이가 도움을 받으면 주변에서 알고 오기도 하고, 선생님이 권유해서 오기도 하는 것 같습니다. 정신건강의학과는 아주 가까운 사람이 아니면 아이나 본인이 다니는 이야기를 잘 하지 않는 경향이 있습니다. 좋아져도 다녔다는 후기 글을 온라인상에 잘 안 남깁니다. 그래서 친척이나 친한 지인들이 오게 됩니다.)

'흔한 강남 엄마'인 희주 씨의 사연을 함께 보시죠.

> 남부럽지 않게 강남에 살아가는 그냥 강남의 흔한 엄마입니다. 애기 낳고 4살 때 특정 유치원을 가기 위해서 테스트를 보게 하려고 주변에 휩쓸려서 저도 미쳐서, 아이를 놀게 하지 못하고 학습시키는 그런 생활을 해왔습니다. 그 특정 학원(유치원)을 가기 위해 프렙(prep)을 다니고 과외를 붙였죠. 몇 개월 차이도 발달에 큰 차이를 보이는 아이들인데, 잘 못 한다고 자꾸 다그쳤어요. 지금 돌아보니 제가 너무 괴롭습니다. 아이한테 무슨 짓을 하였는가. 눈도 깜박거리는 이상증세도 있었고요. 애기가 너무 어릴 때부터 "안 돼, 앉아, 적어, 이거 뭐야" 지시적인 것들만 하다 보니 언어도 퇴화하는 것 같고요, 애기 눈빛도 슬퍼지네요. 주변 아이들이 달리니 안 달릴 수도 없고 제 주관을 갖고 가야 하는데 다른 애들이 달리고 있으면 뒤처지는 것이 아닌지 조바심이 납니다. 이 나라를 뜨고 싶습니다.

흔히 진료실에서 보는 상황입니다. 경쟁이 점점 아래로 내려가더니 이렇게 만 3~4세 되는 아이들도 좋은 영어유치원 계열로 들어가기 위해 준비단계를 다니는 것입니다. 거기 들어가기 위해 과외선생을 붙입니다(고등학생 이야기가 아닙니다).

점점 경쟁 연령이 내려가요

대치동에서는 수년간 이루어지던 일들입니다. 너도나도 경쟁적으로 아이 교육에 달려들고 상황이 왜곡되고 있습니다. 희주 씨의 아이는 언어발달도 늦고, 틱 증상도 보이고, 정서적으로도 우울해 보입니다. 엄마는 이걸 느끼면서도 달려야 하는 상황입니다. 그래서 엄마마저 불안증과 우울증세를 보이죠.

행복하려고 좋은 사람 만나서 결혼하고, 아이를 낳아 키우는 건데 왜 이렇게 삶이 지옥이 되었는지, 도대체 어디서부터 잘못되었는지 알 수가 없습니다. 달리는 호랑이 등에 탄 것처럼 내리려니 불안하고, 계속 타고 있어도 무섭고 불편합니다. 이렇게 이러지도 저러지도 못하는 엄마들이 많습니다. 대치동의 진료실에서 부모님들을 만나보면 머리가 좋고, 공부도 잘했고, 주관을 가지고 열심히 살아온 분들이 정작 자식과 관련된 상황에서는 마음이 약해지고 헷갈립니다.

희주 씨가 이 나라를 뜨고 싶다고 했는데 다른 나라도 교육에 관심이 있는 집단은 항상 경쟁이 치열합니다. 차이점이 있다면 한국은 교육열이 전반적으로 높은 데다가, 인터넷도 잘 발달 되어 정보가 굉장히 빠르게 전달되고, 다른 사람이 하는 것을 나는 왜 못하나, 나도 할 수 있다는 심리가 있어서 사교육 시장도 더 과열되는 것 같습니다.

7세 고시에 실패하다

일곱 살 도명이 엄마는 과외 선생님을 붙여서 열심히 준비시켜 영어학원 입학 테스트를 보러갔다. 그런데 평소에는 활발하던 아이가 울음을 터뜨리고 협조하지 않아 테스트를 보지도 못하고 도로 나오게 되어서 기가 막혔다. 시험이라도 쳐보고 떨어졌으면 억울하지 않을 것 같다. 아이를 달래보기도 하고, 야단도 쳐봤지만 결국 시험은 못 보고 말았다.

엄마가 이렇게 집착하고, 중요하게 여기는 테스트인 걸 아는 아이는 압박감을 느끼고 지레 겁에 질립니다.

테스트에 가면 대답을 안 해요

> 4살 민서는 영어 놀이학교를 다니고 있는데 같은 계열의 유명 영어유치원으로 진급시키고 싶다. 그런데 유치원에서 말을 거의 하지 않아 시험 통과가 안 될 것 같다. 집에서는 미국 교포출신인 엄마와 영어로 말을 주고받고, 영어책도 읽는 민서인데 밖에만 나가면 입을 꼭 다물고 대답을 안 하니 너무 답답하다.

민서의 경우는 선택적 함구증(selective mutism)이 의심됩니다. 수줍음이 많고, 예민한 아이 중에 불편한 장소에 가면 묻는 말에 대답도 하지 않고 발표도 하지 않아서, 사회생활을 하는 데 어려움이 있는 경우지요. 영어를 잘하지만, 이렇게 소통에 문제가 있으니 테스트에 통과를 못 합니다.

엄마들이 많이 하는 이야기가 '아는 것도 시험 보러 가면 대답을 안 해서 속상하다'입니다. 저는 그럴 때 수학 잘하는데 수능 수학에서 덜덜 떨어서 5등급이 나오면, 아쉽지만 그래도 5등급이라고 말해줍니다. 즉 아이가 시험에 적응하고 불안감을 극복하고 실력 발휘하는 것이 바로 아이의 능력이라고 말입니다. 영어유치원의 테스트는 실력도 보지만, 수업 중에 울지 않고, 여러 아이와 함께 배울 수 있는 아이를 가리는 통과 의례일 수 있습니다. 우리 아이에게 부족한 점은 스트레스 상황에서 건디지 못하는 약한 정서일 수 있습니다. 영어 과외를 더 받아야 할 게 아니고, 엄마와 눈을 더 맞추고 함께 웃는 것이 필요한 상황입니다. 함구증에 대한 적절한 치료도 필요하고요.

삶을 풍요롭게 살아가는 힘은 어린 시절에서 나온다

모든 사람들은 압니다. 어떤 인생이든 고통스럽고 험난한 상황이 항상 오고 간다는 것을요. 귀한 아이가 꽃길만 걷길 바라는 부모의 바람과는 달리, 힘든 일들을 반드시 겪게 됩니다. 이 힘든 일들을 잘 이겨낼 힘은 어린 시절에서부터 옵니다. 어차피 세상의 경쟁 속에서 살아가야 할 아이들이 너무 일찍 경쟁에만 뇌가 노출되면 어떻게 될까요?

어린 시절은 느긋합니다. 시간에 쫓기지 않고 시간이 다르게 흘러갑니다. 이 어린 시절의 풍요로움이 인생을 통해 우리에게 지지가 되는 감정적 신체적 건강의 바탕이 됩니다. **충분히 관찰하고, 생각하고 느끼게 하고 온몸으로 체험하게 하는 시간**을 빼앗지 마시기를 소아정신건강의학과 의사로서 호소합니다.

풍요로운 삶은 세상의 정보를 미리 가르치는 것이 아니라 아이의 내면에 움직이고 있는 생명의 흐름을 막지 않는 데서 시작합니다.

숨 쉴 틈이 있어야 한다

부모들은 "몇 년만 참아라" 이야기하지만 코와 입이 막힌 아이들은 단 하루도 버티기가 힘듭니다. **숨 쉬면서 가야 목표에 잘 도착합니다.**

서두르는 마음은 아이의 미래가 부모 손에 달려 있다는 착각에서 비롯됩니다. 그러나 인간에 불과한 부모인 내가 아이의 행동이나 운명까지 좌우할 수는 없습니다. 다만 아이와 같은 집에서 살아가는 가장 가까운 사람으로서 부모인 내가 건강하고 행복하게 살아가려는 모습, 그리고 더 나은 사람이 되기 위해 노력하는 삶의 태도를 아이에게 전해줄 수 있을 뿐입니다. 때로는 숨 죽이고, 때로는 숨 가쁘게 살아가지만, 결국 자신만의 고유하고 아름다운 숨을 찾아가는 모습을 아이에게 보여주세요.

아이는 나의 자랑

> 래온이 엄마의 인스타그램은 팔로어가 많다. 주된 콘텐츠는 아이 자랑이다. 대치동의 유명 영어유치원에 다니는 아이의 일상생활, 여러 사설대회에 나가서 아이가 받은 트로피를 찍어 올리고, 명품 옷을 입혀서 사진을 찍고, 아이가 영어 연설을 하는 동영상, 성장클리닉에 다녀온 후기 등을 올린다. 그런데 아이의 얼굴에는 생동감이 없고, 영어 연설은 열심히 외운 듯하고 어색하다. 또래 엄마들의 마음을 흔들어 놓고 부러움을 살 수 있지만, 스피치를 좀 알고 아이가 큰 엄마들에게는, 안타까운 모습이다. 그래도 본인은 아이자랑에 여념이 없다.

래온이 엄마만이 아닙니다. 인스타그램에 아이가 유명 수학학원에 다니는데 높은 점수를 받고 있는 비결을 올리는 엄마의 인스타가 급부상하는 등 드러내놓고 아이 자랑을 합니다. 산전수전 다 거쳐 아이를 키워낸 엄마들은 그런 인스타그램을 보면 안쓰러운 마음이 듭니다. 아이가 받았다는 트로피와 상들이 어떤 의미가 있을까요? 아이다운 생동감과 천진난만함은 잃어버리면 다시 돌아오지 않습니다. 편안하고 자유롭게 클 때 아이들은 자신감이 생기고, 자연스럽게 웃고, 유머를 섞어서 연설할 만큼 능력이 생겨납니다.

유명했던 내 아이

인터넷에서, 혹은 학교나 동네에서 유명했던 아이들은 어떻게 커갈까요? 아이의 삶에는 많은 일이 일어납니다. 모든 사람의 눈에 노출시킨 아이는 그만큼 자유롭게 커가기가 어렵습니다. 다른 사람이 지켜보는 눈과 들리는 소리를 아이도 감당할 수 있어야 합니다. 엄마는 자랑과 뿌듯함을 얻을 수 있지만 한편으로 많은 것을 잃고 있을지도 모릅니다. 아이가 동의하지 않는데 자신의 사생활이 부모에 의해 공개되는 것도 생각해볼 문제입니다.

하지만 래온이 엄마 같은 SNS를 보면서 영향을 받고, 조바심을 느끼는 엄마들도 많을 것입니다. 너도나도 달리고 저렇게 앞서가고 있다는데, 우리 애만 방치되고 뒤처지는 것 같아 불안해 어린아이에게 공부를 강요합니다. 지쳐 잠든 아이를 보면 후회되지만, 또다시 눈을 뜨고 영어유치원 숙제를 해서 보낼 때가 되면 다시 그 경쟁모드에 들어갑니다. 해결책은 어디에 있을까요?

부모가 받는 저주이자 축복, 빛과 그림자

깨어나야 합니다. 조금 더 현명해야 합니다. 내 아이를 잘 살피면서 큰 그림을 그릴 수 있어야 합니다. 삶의 근본적인 의미를 생각하고 부모인 자신의 마음을 먼저 살펴야 합니다.

부모가 받은 저주이자 축복이 바로 이런 것입니다.

아이가 태어나고 아이를 기르면서 느끼는 기쁨과 같은 무게로 걱정과 고통이 있다는 것을 아이를 키워본 사람은 알 겁니다. 아이가 없으면 하지 않아도 될 걱정들이 얼마나 많습니까? 다치지나 않을까, 아픈 것도 챙겨야 하고, 먹이고 입히고 항상 신경을 씁니다. 노인이 된 부모도 아이를 걱정하니 평생 빛과 그림자 두 개를 동시에 선물 받습니다. 그리고 그 과정을 통해 부모는 지독한 영적 성장 훈련을 받습니다. **숨 쉬고 살아가는 동안 생명의 힘이 우리와 동행하면서 삶의 테스트를 통해 우리가 더 넓어지고 커지도록 안내합니다.**

과외를 해야 할까요?

집이 감옥이 된 아이들

학원을 안 다니고 집에서 엄마표로 공부하는 아이들도 있습니다. 엄마가 시간표를 짜고, 같이 책상에 앉아 홈스쿨링 식으로 공부를 시키는데, 학원보다도 더 아이를 더욱 옭아매기도 합니다. 아이의 노는 시간, 자유시간까지 엄마가 정하고 간섭을 해서, 아이의 건강한 발달을 저해하는 거지요. 인터넷상에 ○○표 학습법이 유행할 때는 너도나도 집에서 그 방법으로 아이를 공부시키기도 했지요. 그 방법이 통하는 아이들도 있겠지만, 부작용도 심했습니다. 다른 엄마들이 올리는 성공담이 도리어 마음을 불안하게 합니다. 아이가 편히 쉬고 놀 수 있는 '집'이 학습 강박으로 오염되면서 아이는 감옥에 들어가게 됩니다.

학원에 다니는 것은 나름대로 장점이 있습니다. 밖으로 나가 몸을 움직여 걷고 세상 구경을 하고 꽃향기도 맡고, 하늘도 쳐다보고, 시원한 바람도 느끼고, 햇볕도 쪼이고 친구들과 교류합니다. 부모가 허용하지 않는 핸드폰도 오가며 더 할 수 있고, 친구들과 떠들고, 떡볶이도 사먹고 즐겁습니다. 집에 들어오면 학원에서 공부 많이 하고(?) 왔으니 좀 쉴 수 있는 자유를 가지기도 합니다. 그런데 집이 학습장으로 바뀌고, 부모가 아이의 일거수일투족을 모두 알게 되면 아이는 완전히 감시자의 눈 안에서 생활해야 됩니다. 사육장에서 사육되는 것처럼 말이지요.

학원 안 다니고 과외해요

학원에 보내지 않는 건 부모가 아이를 집에서 돌보고 학습시킬 시간과 능력이 되기도 하지만 학원에 적응을 잘 하지 못하기 때문이기도 합니다. 아이가 학원가는 걸 너무 싫어해서 그만두거나 학원에서 문제 행동을 보여서 그렇습니다. 학원에 가면 다른 아이들과 어울리게 되고, 효율이 떨어지니, 우리 아이한테만 맞춰서 집중적으로 학습을 받기 위해서 과외를 선택하기도 합니다. 어떤 부모님은 아이가 학원에 왔다 갔다 하는 시간조차 아깝다고 생각해요. 과외는 일단 경제적인 여건이 되어야 시키기 어느 가정에서나 할 수 있는 건 아닙니다. 고액 전문과외는 물론이고 대치동의 의대생 과외 등은 시급도 높습니다.

> 은우는 내년에 중학교를 간다. 은우 아빠는 초6 11월부터 야심 찬 계획을 세웠다. 중학교에 들어가기 전까지 학습효과를 극대화시키기 위해 학

> 교도 별로 보내지 않고 중학교 주요 과목 과외를 선생님 별로 짜서 공부시키기 시작한 것이다. 친구들과 걷고 웃고, 수다를 떠는 것까지 제한되면서 은우는 그야말로 사육되고 있었다. 아빠의 감시에 집 안에서도 가슴이 두근거리고 불안증이 생겼고 공부는 잘 되지 않았다.

아버지는 아이를 위해 최고의 선물로 큰돈을 들여 완벽한 학습여건을 갖추었다고 믿었지만 아이는 학습도 되지 않고 불안증만 얻게 된 것입니다. 배가 고프지 않고 먹을 생각이 없는 아이에게 음식을 강제로 먹이는 것은 서로에게 고역입니다. 아버지는 이렇게 완벽한(?) 학습상황에서 아이가 집중하지 않자 집중력에 문제가 있는지 알아보려 소아정신과를 찾았습니다. 아이의 뇌 상태는 물론, 신체 상태, 감정 상태에도 모두 빨간불이 들어와 있습니다. 은우를 위한 최고의 학습 환경 조성은 사랑의 선물일까요? 정서학대일까요?

과외 샘에게 성추행을 당했어요

과외선생님도 아이와 잘 맞고 좋은 영향을 주는 경우가 있습니다. 하지만 아이가 과외를 자꾸 미루고, 딴짓을 하고, 과외시간을 싫어한다면 다시 고려해볼 필요가 있습니다. 뭔가 문제가 있는 것입니다. 과외선생님이 아이를 협박하고 무섭게 대해서 학습의욕을 꺾거나, 아이에게 맞지 않는 사적인 이야기를 하고 시간을 보내기도 합니다. 심지어는 성추행이 일어나 상담에 옵니다(남자아이도 안전한 건 아닙니다). 방문을 닫아놓고 공부를 시키는데 과외선생님이 부적절한 사람이라면 얼마나 위험한 상황일까요? 부모의 지혜는 모든 상황의 가능성을 예견해 보는 것이고, 아이가 싫어하면 뭔가 일어나고 있는지 살펴보고, 한발 물러서고 대안도 선택하는 것입니다.

엄청 돈을 들였는데

> 딸이 강남구 ○○여고 2학년에 다녀요. 그런데 국어 과외비만 월 400을 내고 있어요. 저희 언니 딸, 그러니까 우리 애 사촌언니가 같은 학교 윗 학년에 다니는데, 이 선생님한테 간 뒤로 70점이던 국어 내신이 1등급이 되었다고 너무 만족한다고 소개받았거든요. 근데 우리 아이는 반년 넘게 고액을 들였는데도 성적이 안 오르네요. 실망스럽고 아이에게 화가 납니다.

고액과외를 했는데 성적이 올랐다면 선생님이 훌륭한 것도 있겠지만, 아이와 상황이 잘 맞았을 것입니다. 하려 하지 않는 아이들은 뭘 해도 소용이 없습니다. 그렇다면 어떻게 하려 하는 아이로 만들까요? 이 말 자체가 문제가 있습니다. 그런 아이로 '만드는 게' 아닙니다. 즉 아이 안에서 스스로 그렇게 되어야 합니다. 어떤 버튼을 누르면 아이에게 그런 순간이 잘 올지, 어떤 버튼을 누르면 도리어 그런 순간이 오지 않도록 방해하는지, 부모가 알아야 하는 것은 그 정도입니다.

버튼 감별사

제가 부모님을 만나 상담할 때 저를 버튼 감별사라고 설명해드릴 때가 있습니다. 부모님이 하는 말과 행동이 아이를 살리고, 잘되게 하는 1번 버튼인지, 도리어 아이를 죽이고 힘 빠지게 하는 2번 버튼인지를 함께 감별하는 작업을 하기 때문입니다. 부모가 아이를 믿고 기다리는 것은 1번 버튼이겠지요. 어쩌면 부모는 기다리는 것만 할 수가 있습니다. 어떤 마음과 자세로 기다리느냐가 중요합니다.

아이를 원하는 대로 만들려는 의도는 2번 버튼입니다. 순수한 믿음과 소망이 아닌 강한 의도는 도리어 방해하는 요소로 작용합니다.

과외도 거부해요

중3 시윤이 엄마는 마음이 급하다. 이제 곧 고등학교를 가야 하는데 아이가 학원을 안 가려 한다. 어릴 때부터 엄마가 게임을 못 하게 시간을 제한하고 관리하며 키웠는데, 중2부터는 아예 집에 들어오는 시간도 지키지 않고 학원 간다고 나가서 가지 않고 PC방으로 돌기 시작했다. 잡으러도 다니고 혼을 내도 아이 행동은 고쳐지지 않았다. 한번은 가출을 해서 경찰에 신고하고 난리를 피웠는데, 알고 보니 아파트 계단에서 밤을 새웠다고 한다. (시윤이는 마땅히 어울릴 만한 친구도 없다.) 이제 키가 180cm에 육박하는 데다가 엄마가 힘으로 제압할 수도 없고, 눈에 보이는 곳에 애가 있는 게 낫겠다 싶어서 집 컴퓨터를 최신 사양으로 바꿔 주면서 집에서 게임을 하도록 허용했다. 그 대신 신신당부 공부를 하기로 약속을 했지만, 며칠 반짝 문제집을 푸는 듯하다가 주구장창 게임시간이 늘고 있다. 학원을 안 가니 과외 선생님을 부르지만, 조금만 기분이 나쁘면 못 하겠다고 취소해달란다. 그것도 1시간 전에. 엄마는 번번이 그렇게 취소하는 것도 죄송하고, 또 돈도 아까워서 아이를 야단쳐 보지만 도리어 상황이 악화될 뿐이다. 배달음식에 맛을 들여, 엄마가 해주는 음식을 거부하고 이것저것 시켜달라는 통에 들어가는 돈도 장난이 아니다. 세련된 미인이었던 시윤이 엄마의 얼굴엔 기미가 끼고 수심이 가득하다. 속이 바짝바짝 타들어가고 아이가 미워 죽을 것만 같은데 해결방법이 없다. 엄마가 우울증에 걸린 것만 같다(아니 이미 걸렸다). 아이가 어릴 때는 붙잡고 윽박질렀지만 지금은 도리어 아이가 큰 소리로 대들기 때문에 무섭기도 하고 그럴 수도 없다(실제로 시윤이 같은 상황에서 엄마랑 대립하다 엄마에게 쌍욕을 하고, 폭력을 행사하는 청소년도 많다). 괜히 대치동으로 이사를 왔나. 아이가 이런 상태인 걸 누구에게 말도 못하고 끙끙 앓는다.

과외해도 소용이 없어요

학원을 거부하는 아이들이 과외마저 거부하는 경우는 흔합니다. 과외선생님이 올 시간인데 갑자기 수업하지 않고 취소하겠다고 말해서 엄마를 당혹스럽게 하는 일이 반복되다 보니 속에서 열불이 난다고 합니다. 선생님이 왔는데 울며불며 난리를 치고, 방문을 잠그거나, 수업을 해도 선생님 말에 대답을 안 하고 비협조적으로 굴어서, 결국 과외선생님도 아이를 포기하게 만들게 저항을 하기도 합니다.

어떤 아이들은 하는 척하면서 과외시간을 때우지만, 이것도 곧 아이의 성적이 형편없는 것을 보고 부모가 그동안 뭘 한 건지 당황해하면서 과외도 끝이 납니다. 겨우겨우 사정하며 끌고 가봤자, 얻는 것이 없고 잃는 것만 많습니다.

아이와의 적절한 거리

아이는 한때 엄마 배 속에 들어있어 엄마와 한 몸인 적이 있었고, 태어나서 엄마 젖을 먹고, 부모님 품에 안겨서 돌봄을 받습니다. 하지만 걷게 되고, 달리게 되고, 학교에 가면서 부모님에게서 떨어집니다. 특히 사춘기 아이들은 아이들의 몸도 스스로 생명을 퍼뜨릴 만큼 성숙하고, 부모님에게 독립하기 위해 자기 목소리를 냅니다. 그런데 부모와 아이의 거리가 너무 가까운 경우, 문제가 생깁니다. **사람과 사람 사이의 적절한 거리가 있습니다. 그리고 둘 사이의 경계에 '섬'이 있습니다. 그 섬에서 우리는 만나야 합니다.** 자식이라도 너무 가깝게 갈 때, 그 영역을 침범해 들어갈 때 문제가 생깁니다.

아이는 심지어 적이 침입해 전쟁이라도 벌어진 듯, 폭력으로 대응하기도 합니다. 시윤이처럼 이렇게까지 상황이 악화된 경우, 문제가 하루 이틀에 생긴 것이 아닙니다. 단시간에 해결하려고, 아이를 바꾸려고 조바심을 내기보다, 다시 좋아지기까지도 시간이 걸릴 것으로 예상하면서 조금씩 부모님의 영역과 에너지장부터 자신을 바르게 세워 나가야 합니다. 그래야 아이도 달라지고, 아이로부터 존중받는 부모 위치로 다시 갈 수 있습니다.

사람 사이의 섬

부모님들께 정현종 시인의 시 「섬」을 들려드리곤 합니다. 아이에게 너무 가까이 가지 않고, 적절한 거리에 서서 존재하는 부모, 흔들리지 않고 자신을 세울 수 있는 부모, 그리고 아이와는 섬이 있는 그곳에서 대화하고 소통하는 부모가 되기 위해 자신의 영역과 '섬'을 감지해야 합니다.

아이도 부모도 안전하고 아이를 건강하게 하는, 그 섬에서 아이와 만난다고 생각해보십시오.

강 건너 불구경

부모님은 아이 쪽에서 문제가 생겼을 때 얼른 가서 불을 끄려고 합니다. 그런데 불이 났다고 생각했는데 그게 아닌 경우도 있습니다. 멀리서 보는 내 눈에는 불로 보였지만 말이죠. 저쪽 동네에는 별일이 없었는데 보는 사람이 패닉(극심한 공포, 공황)에 빠지는 경우입니다. 패닉에 빠지면 정말 필요한 때 잘 돕지도 못합니다.

게다가 아이는 스스로 불을 끌 능력이 있었습니다. 부모님이 꺼주면, 껐다고 생각했을 뿐 진화된 건 아닙니다. 스스로 꺼야 합니다. 스스로 끄는 법을 배우지 못하고 기회를 놓친 아이에게서, 불은 금방 다시 살아나서 아이를 위협합니다. 아이가 꺼야 합니다. 그리고 태어나는 순간부터 아이에게는 아이를 돕는 큰 힘이 같이 존재하기 때문에 끌

능력이 분명히 있습니다.

부모님은 그 능력이 발현되도록 돕는 것입니다. 걱정과 안타까운 마음을 가라앉히면서 아이를 축복하고 그 힘에 맡기면서 참으셔야 합니다. 혹시 아이가 요청해서 아이를 돕는다고 해도, 이 적절한 거리를 유지하는 것을 잊어서는 안 됩니다. 이렇게 부모님이 거리를 지켜줄 때 아이가 잘됩니다.

🕐 부모님을 위한 시간 〉〉〉 우리 사이의 강과 섬

눈을 감고 아이를 떠올리고 바라봅니다.

우리 둘 사이의 거리는 얼마나 가까운가요? 먼가요?
가늠해봅니다.
너무 가까우면 조금 더 멀리, 너무 멀면 조금 더 가까이 움직여봅니다.

그리고 둘 사이에 선을 긋습니다.
둘 사이에 강물이 흘러가고 있다 상상합니다.
그리고 이렇게 한번 이야기해봅니다.

'강 건너 불구경'
'너는 불을 스스로 끌 능력이 있다.'
'내가 부모로서 너를 위해 할 수 있는 최선의 일은 여기서 너를 축복하는 것이다.'

학원에
대하여

학원에 안 다니면 불안해요.

초5 지한이는 수학학원에 다니기 싫다. 숙제도 더 이상 하기 싫다. 하지만 수학학원을 그만두는 건 불안하다. 언제까지 이 생활을 해야 하는지 답답하고 화가 나지만 좋은 대학에 가려면 공부를 해야 하고 자기보다 더 높은 레벨에 있는 아이들도 있고, 지금 학원마저 그만두면 죽는 거나 다름없다고 주입을 받았기 때문에 그만둘 수도 없다. 중학교에 갈 준비를 하려면 시간이 없다면서 엄마는 그나마 지한이가 좋아하던 예체능 과외도 다 줄였다. 지한이가 조금이라도 행복한 때는 게임을 하는 것이다. 그런데 게임도 제대로 안 풀릴 때는 화가 난다. 게임을 하면서 소리를 내며 욕을 하고 씩씩대는 모습에 가족들도 짜증이 난다. 부모도 둘 다 의사인 부모는 지금까지 열심히 모범적인 삶을 살았고, 뭔가 이건 아닌데 하는 생각이 들지만 답답하기만 하다. 어릴 때부터 아이한테 있었던 눈을 깜박이고 고개를 트는 틱이 악화되지 않았으면 병원에 올 생각을 안 했을 것이다.

학원에 노예가 되었습니다

혼히 진료실에서 만나는 초등학교 고학년 아이의 모습입니다. 엄마들은 이제 중학교에 가야 하니 더 긴장하고, 아이를 옭아맵니다. 그러다 아이가 문제 행동을 보이고, 뭔가 이건 아니다 싶어도, 부모도 그렇고 그동안 같이 세뇌당한 아이도 불안해서 이러지도 저러지도 못합니다. 부모가 학원을 끊게 해주겠다고 해도 아이가 못하게 한다는 경우도 많습니다.

학원 그만두라고 하는 부모님의 말도 오염이 되어 있을 때가 많습니다. 부모가 "이럴 거면 학원 그만 다녀"라고 하면 '너를 포기한다'라는 의미이거나, 화가 났다는 표현이거나, 학원 숙제 등과 맞물려 거래되던 게임 등 다른 좋아하는 것도 다 못하게 하겠다는 협박이라는 걸 잘 알기 때문입니다.

우리는 진짜 안 시켜요.

부모님들이 아이들과 싸우게 되는 이유, 아이가 힘들어하고 우울해하는 이유의 대부분이 학원, 숙제, 공부 때문입니다. 정말 아이를 놀리는 엄마도 있지만, 공부를 안 시킨다고 하면서도, 나름 기준을 가지고 아이 공부를 시키는데, 그 기준이 천차만별입니다. 기본만 한다고 생각하는데 그 기본 값이 참 다릅니다. 학원에 안 보내면 학습지라도 시키고 그걸 안 했다고 아이와 싸웁니다. "우리는 진짜 안 시켜요", "다른 애들 하는 것 절반도 안 해요", "다른 아이들에 비해 학원을 안 다니는 거 죠"라고 하지만 아이가 버거워한다면 많은 것입니다. 아이가 힘들어하는 학원이 뭔지 살펴보고 조정해 주는 게 낫습니다. 포기하지 못하는 건 부모의 사랑이자 집착입니다. 아이가 정말 아프게 되면 그때는 뚜렷하게 잃는 것이 많아지기 때문에 그제서야 부모가 움직입니다.

학원의 좋은 점도 많아요

저는 공부와 관련된 학원을 무조건 나쁘게 보지 않습니다. 학원 때문에 아이들이 정신적으로 신체적으로 아픈 것처럼 많이 알려졌지만, 사실 학원의 순기능도 많습니다. 아이와 맞지 않는 공부방법으로 아이를 밀어붙이는 게 비단 학원'만'은 아니지 않을까요? 학교도 그렇지만, 학원도 아이들을 모아 놓는 공간이라 자연스럽게 아이들이 상호작용이 일어나고 즐거운 일도 생깁니다. 선생님들도 학교와는 또 다른 성격과 교육 방식, 학습 분위기를 가지고 있고, 선생님들로부터 좋은 영향을 받을 수도 있습니다. 유명한 대형학원이 아니고, 집근처 잘 알려지지 않은 동네 학원이지만 선생님 덕분에 수학을 좋아하고 잘하는 계기가 되기도 합니다. 칭찬도 많이 해주고 용기를 주셔서요.

하지만 아이마다 다르기 때문에 다른 아이가 효과를 본 학원도 내 아이와는 맞지 않을 수 있습니다. 내 아이의 심리상태, 뇌신경계의 상태, 몸 상태, 부모와의 관계에 따라 아이가 경험하는 것도 다릅니다.

집에 돌봐줄 사람이 없고, 아이가 혼자 있을 수밖에 없는 아이들에게 학원은 대안이 되기도 합니다.

학원에서도 짤렸어요

그런데 부모님들이 선호하는 대부분의 '좋은' 학원은 공부를 열심히 시키는 것 같습니다. 숙제가 안 되어있으면 부모에게 전화나 문자로 알리고 부모에게 압박을 줍니다. **부모는 공부시켜 달라고 학원에 보냈는데 도리어 학원 측으로부터 공부시키라고 숙제를 받는 상황입니다.** 수업 중에 다른 아이들에게 말을 걸고 학습 태도가 좋지 않으면 그만두라는 말이 들어옵니다. 학원 입장에서는 학습 분위기 조성에도 좋고, 학원 이미지도 흐리지 않으니 문제 아이들은 안 나오는 게 낫습니다. 수업 태도가 좋지 않거나 선생님에게 반항하거나 다른 아이들에게 공격적인 아이들은 다른 학부모들의 항의가 들어오니까요. 학원이 부모님들에게 서비스 제공한다기보다 군림하는 상황입니다.

엄마 오늘 학원 안 가면 안 돼요?

중1 기호는 오늘도 일터에 출근해 있는 엄마한테 전화를 한다. "학원 숙제가 힘들다, 숙제하기 싫다." "오늘 학원 안 가면 안 되냐."라는 내용이다. 반복해서 하는 이런 전화에 엄마는 넌더리가 났다. 어떤 때는 시간이 남

> 는데 뭘 해야 하냐고 엄마에게 문자와 전화를 한다. 엄마는 이런 기호가
> 너무 힘들다.

중학생쯤 되면 알아서 학원을 제끼는 아이들이 점점 많아집니다. 이렇게 막 나가기 시작한 아이들은 부모에게도 대들고, 엄마의 허락 따위(?)는 필요로 하지 않다고 하면서, 자기 목소리를 내기 시작합니다. 부모에게 혼이 나지만 그래도 말을 듣지 않고 반항하니 결국 부모가 포기하게 됩니다. 부모는 아이를 억지로 학원에 보낼 수 없다는 걸, 결국 아이를 이길 수 없다는 걸 깨닫지요(자식 이기는 부모는 없다지요).

이렇게 기호처럼 엄마에게 전화해서 허락을 맡는 경우는 아직 아이가 순진한 상태입니다. 엄마를 권위자, 결정권자로 보고 인정과 사랑을 바라고 의존합니다. 이렇게 서로에게 힘든 학원을 어떡하면 좋을까요?

심심해 보자

한시도 아이를 포기하지 못하고 '사랑'하는 부모님들에게 싫어하는 학원을 잠시 보내지 말기를 권해드립니다. 숙제 채근도 안 하고, 아이가 어떻게 시간을 보내는지 간섭도 말고, 몇 달만, 아니 불안하시다면 정말 딱 1달이라도 놔둬보시라 말씀드립니다. 숙제와 맞바꾸던 게임도 일단 정지입니다. 아이를 포기했다거나, 미워한다거나, 방치한다는 것, 벌주는 것도 아닙니다. 따듯한 지켜봄입니다. 그런 기간을 시작할 때는 아이에게 잘 설명을 해야 합니다. 아이 안에 스스로 할 수 있는 뇌회로

가 싹트기를 함께 기다려보자고요.

아이의 뇌신경계는 처음엔 이런 부모의 방관(?)을 믿지 않을 것이고 여러 가지 테스트를 해볼 것입니다. 여러 과정이 있겠지만 기다리고 버텨야 합니다. 그런 과정을 통해 부모와 아이 관계가 새롭게 태어납니다. 아이는 무척 심심해 할 것이고 평소 안 하던 일을 하게 됩니다. 엄마가 요리할 때 같이 옆에서 만들어보고, 자기 빨래도 세탁기에 넣어서 돌리고, 널고요. 마르면 걷어서 예쁘게 개서 자기 서랍에 넣어보게 하세요. 집안일도 하면서, 칭찬도 받고 아이의 뇌는 재정비됩니다.

내 인생이 내 마음대로 된다는 느낌

무기력감은 도망치고 싶은데 도망가지도 못하고, 문제를 해결할 수 없는 상황에서 생깁니다. **내 삶이 어느 정도는 원하는 대로 된다는 느낌이 자신감과 성취감입니다.** 아이가 처음 걷게 되면서 느끼는 환희처럼 온몸으로 느끼는 기쁨의 감각이 있어야 아이는 삶이 살만하다고 느낍니다. 겨우 게임 정도에서나 레벨 업이 되면서 잘하는 것도 재밌는 것도 별로 없는 삶이 수년간 지속되면, 아이들은 우울해질 수밖에 없습니다.

부모님들은 아시죠. 인생이 맘대로 안 된다는 것을요. **살 만하다고 느낀 경험, 살아가고 싶은 마음이 있어야, 좌절도 이겨냅니다.** 잘 안 돼도 버티고, 쉬었다 다시 도전해보는 능력도 이 마음을 바탕으로 탑 쌓듯이 생겨납니다.

자기주도적 삶?

많은 부모님이 자기주도 학습은 좋아하면서, 아이가 정말 자기주도적으로 사는 것을 두려워합니다. 부모가 원하는 것을 자기주도적으로 하라는 말이지, 아이가 원하는 대로 주도적으로 하는 것은 싫습니다. 그러나 **일상의 삶을 마음대로 해본 아이들이 공부도 자기주도적으로 꾸준히 할 수 있습니다. 믿어 보세요. 아이들은 부모보다 똑똑합니다.** 이것을 인정해줄 때 아이들은 정말로 더 부모보다 똑똑해지고, 멋지게 성장합니다.

영원히 싫어하게 만들지 말라

> 초2 딸이 피아노 학원을 다니기 시작했는데 영 재미를 못 붙이는 것 같아요. 다른 아이들은 진도도 잘 나가는데, 우리 아이는 더디네요. 안 가겠다고 떼를 쓰는데 그냥 아이 말을 들어주면 계속 뭐든 쉽게 안 하겠다고 할까봐 억지로 보내고 있어요. 지난번에는 태권도를 보냈는데 1달 만에 그만둔 적이 있고, 뭐든 끈기 있게 하는 게 어려운 아이라서 이번만큼은 물러서지 않으려고요.

이렇게 생각하는 부모님들이 많습니다. 아이가 싫다고 할 때마다 아이 의견을 따르자니 인내심을 못 배울까봐 걱정이 됩니다. 그런데 하기 싫은 것을 억지로 강행하면, 앞으로 절대로 하지 않으려 할 가능성이 높습니다. 안 하려할 때는 뭐가 어려운지 파악을 하는 것도 필요하고, 나중에 하고 싶을 때 다시 하자고 하면서 중단했다가, 언젠가(2달 후일 수도 있습니다) 다시 시도하면 그때는 다를 수 있습니다. 그 기회를 잃어버리게 하지 마세요.

싫어하고 못하는 이유가 있답니다

왜 아이가 싫어하는지 이유를 찾아보고 개선해주세요. 앉아 있기가 힘들어서 그렇다면 앉는 방식을 개선시켜 주면 됩니다. 뇌의 감각을 통합해 근육을 다르게 반응하게 하는 여러 소매틱스(somatics) 방법으로 아이를 도와줄 수 있습니다. 소근육이 약한 아이라고 생각이 되면 눈-손 협응도 도와주고, 손 운동을 재밌게 할 수 있어요. 저는 진료실에서 몸을 이용한 활동을 같이 해보곤 합니다.

피아노 선생님의 교육 방식이 안 맞는다면 다른 선생님에게 배울 수도 있고, 악보를 보고 치는 게 힘들면 악보 없이 배우게 할 수도 있을 것입니다. 클래식 코스를 지루해하면 기타처럼 화성으로만 배울 수도 있고 피아노에 맞춰서 노래해도 됩니다. 또 피아노를 건반악기로 보기보다, 박자를 맞추는 타악기로서 이용할 수 있습니다. 다양한 발상이 즐거움을 생성합니다. 무조건 강행해서 결국은 그만두게 되면서, 영원히 싫어하게 만들거나, "이번에도 너는 이렇게 포기하니?"와 같은 말로 패배의식을 갖게 하지 마세요.

힘들면 다른 방법을 찾을 수 있는 능력

아이가 배움에 벽에 부딪혔을 때 다양한 방식으로 배움을 이어가는 대안을 찾다 보면(쉼도 그 대안 중 하나입니다) 아이는 힘들면 다른 방법을 찾을 수 있다는 사실을 학습할 수 있고, **삶의 유연함과 넉넉함**을 배울 수 있습니다. 바로 그것이 피아노를 잘 치게 되는 것보다 더 큰 수확일 수 있습니다. 아니 그래야 피아노를 더 잘 칠 가능성이 커집니다. 공부에도 똑같은 원리가 적용됩니다.

지치면 쉬어갈 수 있는 능력, 힘들 때는 힘들다고 인식하고, 다른 방법을 찾아보는 능력. 하나의 방법이 아닌 여러 방법을 가질 수 있는 유연함이 아이가 살아가는 데 중요한 능력입니다.

학원에
안 다닐 수도
있을까요?

학원에서 자유로운 아이들

이준이는 대치동에서 3살 때부터 살고 있지만, 학원을 별로 다니지 않았다. 몇 번 다닌 적이 있었지만, 아이가 너무 싫어해서 길게 못 보냈다. 그런데 학교 시험 성적은 매우 좋다. 제 학년 것이 잘 소화가 되어 있다. 수학문제도 많이 풀지는 않는데 어려운 문제는 곰곰이 며칠 동안 생각해 보기도 한다. 학원에 많이 다니지 않아서 시간적 여유도 있어서 여가생활도 가능했다. 취미, 운동도 본인이 골라서 여러 가지를 경험해보곤 했다. 드럼, 기타를 배우기도 하고, 유도, K-pop 댄스를 배운 적도 있다. 단정한 외모에 표정이 여유롭고, 예의가 바르다. 부모님께는 존댓말을 쓰고 맞벌이인 부모님 대신 설거지를 해놓는다. 가끔 이준이가 가고 싶다는 학원이 있는데 아이는 1~2달 정도 다니고 그만둔다. 선생님들이 어떻게 가르치는지 알았으니 이제 혼자 할 수 있겠다고 하는 것이다. 중학교 내신 성적이 좋기 때문에 남들이 선망하는 특목고도 쉽게 갈 수 있었다. 다른 아이들은 면접 준비 학원 등을 따로 다닌다는데 이준이는 그냥 그대로 가서 보았고 합격했다.

이준이가 이상한가요? 이준이는 학원을 싫어하지 않습니다. 이용합니다. 이렇게 학습과 인성과 건강을 다 챙길 수 있는 길이 있답니다. 이준이는 고민이 생겨서 자발적으로 원해서 상담에 왔고 위기를 극복하는 마음 공부를 또 잘 해냈습니다. 상담 기간이 끝나고 나면 스스로 자기 고민을 잘 푸는 능력을 자가 발전해 나갈 것입니다.

아이가 학원에 가지 않고 공부하겠다고 할 때 뜻을 존중하기 쉽지 않습니다. 부모가 불안하기 때문입니다. 저는 아이들에게 "부모님과 학원에서 자유로워지는 방법은 스스로 알아서 생활하면서, 성적 잘 받는 거라고" 이야기해줄 때가 있습니다. 누구나 힘을, 자유를 원합니다. 공부하라고만 하기보다 그 점을 일깨워주는 게 낫습니다.

내 맘이야

아이들은 내 맘대로 할 수 있는 것이 많이 없습니다. 그래서 떼를 씁니다. 사회생활에서 "내 맘이야!"를 외쳐서는 안 되겠지만 내 마음속으로는 '내 맘이야'를 할 수 있어야 합니다. 건강한 공격성과 열정이 있어야 합니다.

요즘에는 내 맘이 뭔지도 모르고, 맘대로 살 수 없어서 사람들이 우울, 불안증에 쉽게 빠집니다. 마음이 뭘까요? 생각과 느낌(감정, 감각)인가요? 그렇다면 내 생각과 감정, 감각을 잘 살필 수 있어야 합니다. 상황에 쉽게 좌지우지되지 않는 더 넓고 큰 마음도 있을까요?

마음대로 해도 안전한 어떤 영역이 있어야 아이들은 괴물이 되지 않습니다. 부모의 지나친 사랑과 간섭으로 침범받고 억눌린 아이들의 감정은 분노가 되고, 부적절한 때와 장소에서 충동적으로 표현됩니다. 타인의 영역에 함부로 들어가 좌지우지하려고 하거나, 다른 사람을 도구로 삼기도 쉽습니다. 자신이 억눌렸던 것처럼 다른 사람을 착취하고 억누르려 합니다.

계속 집중하라고요?

학교에 가면 수업시간에 집중해야 하고, 선생님의 말에 따라야 합니다. 그런데 학교가 끝나고도 자유 시간을 갖지 못하고, 계속 앉아서 집중을 요하는 학원 수업에 들어가서 누군가의 말에 귀를 기울여야 한다면 아이에게도 고역이 아닐까? 부모님들은 도리어 '집중력 부족'을 이야기하지만, **아이의 뇌는 일정 시간 확실히 쉬어야 합니다.** 먼 산도 보고, 하늘도 보고, 멍도 때리고, 친구 얼굴도 보면서 말이죠.

모든 인간은 누구나 자유롭고 싶어 하고, 놀고 싶어 하고, 어느 정도 자기 자유시간이 있어야만 합니다. 부모도 마찬가지이고 아이도 마찬가지입니다.

부모가 아이의 시간과 공간에 지나치게 관여하게 되면서, 아이도 쉬지 못하고, 부모도 쉬지 못합니다. 그래서 가정이 지옥이 되고 삶이 지옥이 됩니다. 그리고 지옥에서 괴물이 탄생합니다.

아이에게 정보를 주입해야 한다는 강박

부모님들은 아이가 학원에 안 가면 게임만 할 거라 걱정합니다. 그런데 학원에 너무 다니다 보니 여유 시간도 없고, 쉬는 시간에 뭘 할 수 있을지를 모르게 되어서 게임만 하게 되었을 수 있습니다. 건강하게 창조적으로 자기가 하고 싶은 것들을 실컷 해본 적이 없기 때문에 그렇습니다. 시간이 걸리더라도 스스로 몸을 사용해 할 수 있는 일을 하고, 감각을 사용하면서 생활해 봐야합니다. 활발하게 주변을 탐색하던 어린아이 시절이 점점 더 짧아지고 있습니다. 또 부모님들은 아이를 그냥 두면 시간을 낭비하고 관리를 못 하니, 학원이라도 보내는 것이라고 이야기합니다. 노느니, 가서 공부 관련된 콘텐츠라도 아이한테 노출시켜야 안심이 됩니다.

아이는 정말 시간을 낭비하고 있는 걸까요? 아무것도 강요받지 않고, 빈둥거리고 심심한 시간이 아이에게는 반드시 있어야 합니다. 그래야 아이의 머릿속에 들어간 정보들이 새로운 것을 창조할 만큼 통합이 되어 나올 수 있습니다. 또 시간 관리도 해봐야 늡니다.

작전적으로 놀려야 한다

교육에는 작전이 필요합니다. 대치동에 이사와 여러 맘카페나 대치동 관련 사이트를 보고, 학원을 찾아다니고 설명회를 듣고, 남들 하는 대로 그냥 생각 없이 따라가다 보면 원하는 것을 얻기 힘듭니다. 내 아이에게 맞게 가야 합니다. 그러려면 무엇보다 부모 스스로에게 아이를 잘 관찰하는 시간적 여유와 눈이 있어야 합니다.

"정말 아이가 성공하기를 원하시나요? 그렇다면 작전적으로 놀리십시오."

아이를 그냥 놀리는 게 두려운 부모들에게 해주고 싶은 말입니다. 시간 들여 돈 들여 놀이를 배우는 일도 많아졌습니다. 노는 게 얼마나 중요하면 '놀이치료'가 있을까요?

아이들은 놀아야 합니다. 노는 것은 허비가 아니고 뇌를 준비시키는 과정이고 뇌가 성장하는 시간입니다. 영감이 들어오는 시간입니다. 에너지를 비축시키고, 공부할 터전을 닦고 행복하게 살 길을 연습하는 시간입니다.

어떻게 아이를 믿을 수 있을까요?

처음부터 균형을 잘 맞추는 아이는 없습니다. 잘못을 저지르기도 하고, 실수하며 흔들리는 아이를 믿음으로 바라볼 힘이 필요합니다. 그런데 아이를 어떻게 믿을 수 있을까요?

아이를 믿는다는 건 현재의 능력을 믿는다는 것보다 '아이를 도와주는 큰 힘'을 믿는 것입니다. 부모가 아이와 24시간 함께 있을 수 없지만, 이 힘은 아이와 함께 있습니다. 이 생명의 힘이 아이를 태어나게 했고, 숨 쉬게 하고, 아이의 심장을 뛰게 하고 있습니다.

이 힘에게 아이를 맡겨 보세요.

선생님 아이라면 그렇게 하실 거예요?

가끔 질문을 받곤 합니다. 선생님 자녀라면요? 저는 이런 방식으로 딸 둘을 키웠습니다. 초등학교 때 수학 같은 공부는 제 학년 진도도 겨우 따라갈 정도였고, 사교육은 예체능을 주로 했습니다. 큰아이는 초6 때에도 퀼트 만드는 곳에 가서 주머니나 동전 지갑(제가 아직도 소중하게 간직하고 있죠. 이런 게 명품이죠)을 만들곤 했어요. 무용을 좋아해서 방송 댄스, 한국무용을 하고요. 작은 아이는 중학교 때도 클라리넷을 불고, 해금을 배우고, 태권도를 했습니다. 대치동에서 자라지도 않았습니다. 대치동의 학원은 고3부터 조금씩 다니기 시작했고, 둘 다 수능 정시로 의대에 갔고 곧 의사가 됩니다. 이제 손자가 생기더라도(물론, 내가 부모가 아니니, 교육적인 결정을 직접 하지는 못하겠지만) 그렇게 키우라고 권하고 싶습니다.

영어 잘하는 법?

한국 사람들이 영어 공부를 많이 해도 자유롭게 듣고 말하기가 안 된다는 자조적인 한탄이 얼마나 많았나요? 테스트에 시달리고, 수십 개씩 단어를 외워오라고 해서 압박감을 받으면서 영어를 아예 싫어하게 되고 자신은 영어를 못한다고 믿게 되는 아이들. 지금은 영어로 된 대화나 드라마, 만화영화, 자료가 쏟아지는 시대입니다. 영어학원, 좋습니다. 열심히 아이의 듣기·말하기·읽기·쓰기를 효과적으로 가르쳐 주는 분들이 있다는 것은 고마운 일입니다. 하지만 아이가 싫어하고 부모가 버거운 때가 온다면 다른 방법을 생각해보세요. 아이가 힘들어한다면 얻는 것보다 잃는 것이 많을 수 있습니다. 영어학원에 다니는 이유는 명확합니다. 영어 실력을 높이는 거죠. 시험에서도 좋은 성적을 받는 것입니다. 그런데 주 2~3회 2~3시간씩 영어 학원에 꼬박꼬박 다니고, 숙제를 하는 방식이 아니어도 영어를 잘할 수 있는 방법은 없을까요?

아이가 빠르게 발음되는 생활영어를 매일 한 문장 듣고 입으로 따라할 수 있어서 자기 것이 되면 어떨까요? 그리고 그 한 문장을 읽고 쓸 수 있으면 어떨까요? 한 달이면 30문장 정도를 익숙하게 듣고 사용할 수 있게 되겠죠? 남는 시간에 자기 수준에 맞는 영어책을 조금씩 읽어나가면 어떨까요? 모국어를 배우고, 책을 읽으면서 문해력이 성장한 것처럼요. 아이가 좋아하는 컨텐츠를 영어 영상이나 영어 자료로 읽게 하면 어떨까요? 영어 사용 뇌회로를 자연스럽게 늘게 하는 방법은 뭘까요? 아이도 덜 고생시키고, 영어를 싫어하게 되지도 않으면서 효과를 많이 볼 방법이 있을까요?

저는 영어나 프랑스어로 외국인 진료를 해오고 있습니다. 그래서 외국어를 잘하는 방법에 대해서 계속 고민해왔고 지금도 공부합니다. 부모님들도 영어 학원에만 맡기기보다 이런 고민들을 함께 해보면 좋겠습니다

불안하지 않은 학원 레벨 테스트

대치동에 학원이 많기 때문에 학부모 중에서도 학원을 운영하거나 학원 강사인 경우가 많습니다. 학원에 대해서 언급하다가는 악플이 달릴 거라는 우려를 해주는 분도 있었습니다. 하지만 많은 부모님, 아이들, 가정의 평화를 위해서는 이제는 많은 부모님이 공감하고 깨달을 수 있는 바른 소리를 해야 합니다.

학원에 가지 말라는 것이 아닙니다. 때에 따라 영어학원 입학 테스트를 볼 수 있고 학원에 다닐 수도 있습니다. 테스트는 아이의 영어 실력을 파악하는 기회가 됩니다. 하지만 그 결과로 아이를 비난하지 말고, 불안해하지 말고, 합격해도 안 다닐 수도 있다는 편안한 마음으로, 또 다닐 수도 있다는 유연한 태도로, 아이가 얼마나 성장했는지를 재보는 '키 재기'처럼 생각해보면 어떨까요? 아이를 관찰하고, 용기를 북돋아주는 기회로 삼을 수도 있지 않을까요? 각박한 경쟁심과 불안감을 아이 마음에 너무 새겨 넣어 역효과를 보지 않게 해주세요.

아이들을 선행학습으로 미리 지치게 만드는 것이 문제가 있다는 것을 이제 조금씩 사람들이 깨닫고 있습니다. 효과도 불확실하면서, 아이가 싫어하고, 부모도 스트레스 받는, 도리어 부작용이 확실한 선행학습으로 아이들을 재촉하는 분위기가 줄어들 것입니다.

부모들은 현명합니다. 어떤 것이 아이에게 본인들에게 가장 유리한지 알게 되면 그런 선택으로 옮겨 갑니다. 아이들이 유년 시절을 풍부하게 가질 수 있도록 배려해주세요. 그래야 똑똑한 우리 아이가 더욱 멋있게 행복하게 성취합니다.

어떤 학교를 보낼까요?

선행이 안 돼서 한국학교에 안 보내려구요

> 5살 아이인데 앞으로 외국인학교에 보내려고 해요. 비인가이긴 하지만요. 아이가 그렇게 똑똑하지도 않고, 남들은 다 선행한다고 하는데 우리 아이는 그렇게 못 해서요. 초등학교부터 다른 애들에게 치이고 행복하지 않을까봐 좀 무리가 되더라도 자유롭게 해주고 싶어서요.

아이 기죽일까봐 한국교육에 넣지 않겠다고 하는 부모님들을 만납니다. 이런 분들은 크면서 한국 학교에서 상처를 많이 받았고, 그때 받은 불행과 열등감을 아직 해소하지 못한 경우가 많습니다. 아이를 걱정하지만 한편 부모 자신의 자존심을 지키고, 본인의 트라우마가 재생되는 걸 두려워합니다. 엄마의 우려와는 달리, 아이는 동네 친구들과 어울려 즐겁게 집 근처 공립학교를 다니면서 잘 해낼 수도 있습니다.

그런데 아이가 상처받을 거라고, 잘 못 해낼 거라고, 미리 부모가 걱정하고 아이의 선택권을 제한해 버립니다.

부모는 최고의 교육을 선사해주고 싶다고 하지만, 실은 아이의 능력을 과소평가하고, 과보호하게 되지요. 과보호의 부작용은 아이의 자율성을 제한하고 자라나지 못하게 하는 것입니다.

아이가 부족한 취급을 받는 건 참기 힘들죠

어린이집이나 유치원에서 아이에 대해서 부정적인 피드백을 받을 때 아이가 적응하지 못하는 이유가 뭔지 찾아서 도와주려고 하기보다, 아이가 부족한 점을 부인하고 회피하고 싶어 하는 부모님들도 있습니다. 교육기관이나 선생님을 문제 삼고 비난하고, 자존심 상해합니다.

유치원 생활에서 자꾸 지적을 받는 충동적인 행동을 창의성이 많아서 그렇다고 하면서 우리 아이를 인정해주고 더 잘 봐줄 것이라 생각하면서 자유로운 분위기로 보이는 외국인 학교의 문을 두드리는 경우도 있습니다. 그런데 좋은 외국인학교는 어쩌면 한국 학교보다 더 엄격합니다. 부모님의 막연한 생각과 현실은 차이가 있습니다. 아이의 호기심과 창의성이 잘 펼쳐지기 위해서라도 조절능력을 길러줘야 합니다.

불안한 새 학교

> 7살에 잘해야 초중고를 무사히 지낼 거라는데, 불안하기만 하고 어떻게 해야 할지는 잘 모르겠어요. 엄마인 제 마음이 긴장 상태입니다. 초6, 중3은 더 하겠지요? 일단 내년에 사립초등학교를 보내야 할까요? 집 근처 공립학교를 보내야할까요? 좀 크면 대치동으로 무리해서라도 이사가려고 하는데 지금 사는 곳은 경제 수준도 좀 그렇고 아이들이 거친 것 같아서 사립학교를 보낼까 봐요.

7세, 초6, 중3처럼, 학교가 바뀌기 전년도가 부모님들의 긴장감이 가장 높은 때입니다. 새로운 학교에 맞춰서 휴직도 많이 하시죠. 학원도 바뀌는 때라서 레벨 테스트가 많고(7세 고시라는 말이 여기서 나오지요) 예중, 특목고, 영재고 입시를 하는 아이들은 수험생인 학년입니다. 대학까지 다 지나놓고 나면 아무것도 아닌데, 이때의 엄마들은, 특히 첫 아이인 경우, 제대로 출발하지 않으면 뒤처질 것 같다는 불안감을 느낍니다. 학원 마케팅과 설명회도 많아집니다. 부모의 긴장감이 높아질 때 아이도 덩달아 긴장합니다. 새로운 학교에 대한 기대와 설렘보다, 잘해야 한다는 압박감이 커집니다. 이런 때일수록 지나친 긴장도를 낮추는 게 좋습니다. **더 안아주고, 눈 맞춰주고, 웃어주고 '어떤 경우에라도(공부를 잘하지 않아도) 내가 너를 지지한다'는 메시지를 주세요. 새 학교에서는 좋은 사람들과 즐겁게 지내고 좋은 일이 많이 생길 것이라고 긍정적인 암시를 해주세요. 긍정적인 뇌회로가 부정적인 일, 힘든 일도 잘 이겨내게 해줍니다.**

사립학교를 보내야 할까요?

부모의 교육관은 자신이 커온 가정환경, 교육환경, 학력, 가치관, 성격, 사회경제적인 상황 등에 영향을 받습니다. 어떤 학교(사립, 국제학교, 대안 학교)를 보내겠다. 어떻게 키우겠다. 아이를 교육하는 목적, 모두 가정마다 다릅니다. 주치의의 조언으로 쉽게 바뀌지는 않습니다.

아이에게 좋은 교육환경을 만들어주고 싶다는 부모의 바람을 탓할 이유는 없습니다. 다만 결정이 헷갈릴 때 다음과 같이 생각해보세요. 부모는 아이를 모든 좋지 않은 것으로부터 보호할 수 없습니다. 좋은 환경에서 좋은 사람하고만 만나는 게 삶이 아닙니다.

학교 생활은 다양한 사람과 다양한 일을 보고 겪으면서 세상을 알아가는 기간입니다. 세상을 이끄는 리더가 될 사람들이야말로 귀족학교에서 온실 속의 화초처럼 클 것이 아니고, 다양한 사람들을 만나보면서 세상을 경험하는 것을 추천합니다. '세상에는 이런저런 사람도 참 많구나'를 깨닫고, 어떻게 대처해야 하는지 등을 알아가는 겁니다.

학교는 성인이 되었을 때 자신을 스스로 보호하고, 자신이 원하는 것을 사회 안에서 잘 펼쳐나갈 수 있는 능력을 갖도록 연습하는 곳입니다.

사회성이 부족할수록 동네 친구 사귀기

> 강남에 살고 있는데요. 사립초등학교를 보내볼까 생각 중이에요. 아들이지만 예민하고 마음이 약하고, 센 아이들에게 치이는 편이라서요. 사립학교는 선생님들도 더 친절할 것 같고, 아이들 관리도 더 잘될 것 같아서 고민하고 있어요. 근데 사립학교들이 거리가 멀어요.

20년간 대치동에서 소아정신과를 하다 보니 서울의 유명 사립 초등학교 아이들을 거의 다 만나본 것 같습니다. 엄마들이 밖에서 하지 못하는 학교 이야기들을 듣습니다. 사립학교라고 순한 아이들만 있고, 좋은 선생님만 계시지는 않을 수 있어요.

일단 사립초등학교 선택을 할 때는 집과의 거리를 고려하는 게 좋습니다. 서울의 사립초는 거의 강북에 있거나 집과 거리가 멀어서, 강남 아이들은 더 일찍 일어나 스쿨버스를 타고 멀리 가거나 부모가 태워다 줘야 합니다. 이런 상황도 우리 집 상황에 편안한지 살펴보세요.

사립학교나 외국인 학교를 다니는 아이들 즉 동네 학교에 다니지 않는 경우는 동네 친구들이 별로 없고, 놀이터에서도 소외되거나 적절한 사회성을 기를 기회가 부족할 수도 있습니다. 또래와 잘 어울리지 못하고 위축되는 아이일수록 사는 곳을 중심으로 영역을 넓혀가도록 도와주면 좋습니다. 동네에서 오며 가며 아이들과 인사하고, 놀이터에서 만나서 놀고, 집 근처의 예체능 학원, 방과 후 교실에서 또래 아이들을 만나고, 집에 놀러가기도 하면서요. 엄마가 아이를 살펴보고, 문제점을 파악하기도 쉬워서 해결책을 세우기도 쉽답니다.

아이가 예민하고 마음이 약한 편이라고 이미 느낀다면 보호하기보다 어떻게 강화할까 생각해보세요. 남자아이들은 거친 상호작용에도 노출이 되고, 대처법을 배우는 게 좋습니다. 어차피 중학교에 가면 섞이게 되는데, 순한 사립학교 출신 남학생들이 거친 또래들에게 문화 충격을 받는 경우도 봅니다.

대치동으로 이사를 가야 할까요?

> 대치동으로 언제 이사를 가야 할까요? 제 조카들은 이미 대치동으로 가서 학원 다니고 나름 잘하고 있어요. 언니가 이사오라고 자꾸 그러는데, 꼭 가야 할지, 겁이 납니다.

경제적인 사정과 부모 성격, 아이 성격이 모두 다르고, 부모의 직장과의 거리도 다 다르니, 다양하게 고려해서 결정할 일입니다. 확실한 건 **부모님 마음이 편안한 곳에서 아이를 키우라**고 조언해주고 싶습니다. 경제적으로 무리해서 이사한다면 부모 마음이 불편할 가능성이 많습니다. 아이에게도 빚쟁이처럼 여러 가지 결과를 요구하기 쉽고요. 출퇴근이 너무 직장에서 멀면 불편할 수 있고 이런 불편함은 아이들에게 투사되기 쉽습니다. 조부모님이 가까이 살아서 도움을 받는 가정이라면, 거리가 멀어지게 되면, 아이들 케어가 힘들어지는 것도 참고할 요건이 됩니다.

선생님이라면 어떻게 하시겠어요?

저의 경우는 두 아이(20대 중반이 넘은 성인들입니다)를 대치동에서 키우지 않았습니다. 결혼해서 처음 신혼살림을 하던 곳에서 자연스럽게 아이들을 낳아 키웠고, 두 번째로 이사한 지역은 남편 직장 바로 옆이었습니다. 대치동으로 이사하지 않은 것은 정신건강의학과 의사로서의 직업적 특성 때문이기도 합니다. 의사나 교사들이 공통적으로 겪는 문제인데, 직장과 집이 같은 동네면, 일상생활 여러 곳에서 일로 만난 분들을 마주치게 되어 서로 불편합니다. 정신분석적인 정신치료를 하는 정신과 의사는 상담받는 분들께 사생활을 되도록 노출시키지 않는 편입니다. 다른 과 의사와는 달리 정신건강의학과 의사들은 내담자들의 고민 상담을 하다 보니, 가정 상황을 속속들이 다 알게 되는 경우가 많습니다. 그래서 밖에서 마주치면 반갑게 인사하기보다 내담자 쪽에서도 못 본 척하는 경우도 많습니다. 이런 상황을 존중하는 것이 마음 편한 특수한 사정인 것입니다. 이렇게 부모의 직업이나 성격에 따라서도 편안한 거주지 선택은 달라집니다.

유연하게 생각하기

드리고 싶은 중요한 이야기는 혹시라도 아이가 대치동으로 들어왔는데 힘들어한다면 이사를 다른 곳으로 가는 건강한 선택도 유연하게 마음에 갖고 계시라는 것입니다. 대치동에 와서 잘 지내던 아이도 힘들어할 때가 있습니다. 그 문제를 해결하는 다양한 선택지가 있지만, 대치동에서 잠시 혹은 아예 떠나 있는 것도 방법입니다. 입시 상황도 계속 바뀌기 때문에 일부러 지방에 내려가서 내신을 챙기거나, 대치동에서 살면서도 내신 성적을 더 잘 받기 위해 멀리 있는 학교로 통학하는 경우도 있습니다. 대치동이 꼭 해답이 아니라는 것입니다.

특목고를 갈까요? 말까요?

특목고(과학고, 외고, 국제고), 영재학교, 유명 자사고(자립형 사립고)를 갈지 말지도 항상 부모님들이 고민하는 주제입니다. 대입 정책에 따라 유행하듯 흐름이 있습니다. 즉 특목고 입시가 경쟁이 치열할 때도 있고, 인기가 없을 때도 있습니다. 수시 전형으로 웬만한 좋은 대학교와 인기 과를 갈 수 있다고 하는 이름난 특목고 그리고 의대를 많이 보낸다 해서 이름난 학교는 꾸준히 선망의 학교이긴 합니다.

어떤 학교는 미리 캠프를 개최하고, 2차 3차 면접 등을 통해서 단체 생활에 적합한지 등을 염두에 두고 학생들을 선발합니다. 전혀 떨어질 성적이나 상황이 아닌데 마지막 면접에서 탈락했다는 아이들을 만나보면 대인관계나 사회성에 어려움이 있어 보이는 경우가 있습니다. 학교 측에서도 공부 외에 입학해서 기숙사나 단체 생활, 학교 교과과정에 큰 무리 없이 잘 적응할 아이들을 고르는 것입니다.

선망의 특목고에 갔는데 우울증에 걸렸어요

이렇게 합격해서 입학했지만, 얼마 지나지 않아 부적응으로 학교를 나오는 경우도 있습니다. 저는 그동안 엄마들이 선호하는 서울을 비롯해 전국에 있는 유명한 학교 학생들을 두루 진료실에서 만났습니다. 중학교 때까지 성적이 좋고 모범생이었던 아이들이 주로 진학하는 학교들입니다. 특히 영재고 경우에는 초5 때부터 밤 10시가 넘도록 학원에서 수학과 물리, 화학 등 올림피아드를 준비하면서 훈련된 아이들이 많습니다. 그런데 문제는 뛰어난 아이들이 어릴 때부터 입시를 하면서 지칠 가능성이 많고 사회성을 기르는 데도 영향을 받는다는 겁니다. 인지적으로 뛰어나지만 사회성 뇌가 늦게 성장하는 아이들도 있습니다. 아스퍼거 장애나 ADHD로 진단을 내릴 만한 아이들도 있습니다. 그런데 부모님들이 공부에서 아이의 재능을 발견하고 거기에만 집중을 하게 되면 어떻게 될까요?

영재고 입시뿐만이 아닙니다. 특목고 준비를 위해 중학교 시절 내신 성적을 챙기고, 밤늦게까지 학원에서 시간을 보내면서 공부만 했던 아이들은 고등학교 때는 이미 지쳐 있기도 합니다. **아이가 잘하는 것을 살리는 것도 중요하지만 아이의 부족한 면에 빛을 쪼여주지 않으면 잘하는 부분까지 발목을 잡는 경우가 생깁니다.**

괜히 좋은 고등학교를 갔나 봐요

> 희상이는 대치동의 중학교에서 성적이 좋았고 모두가 부러워하는 ○○○고 이과반으로 진학했다. 그런데 워낙에 잘하는 아이들이 많이 오는 학교라서 내신 성적이 중하위권이 되었다. 그러다 보니, 갈수록 기가 죽고 우울감에 빠지게 되었다. 일반고로 전학가는 것도 고민했지만 "쟤 그 학교에서 적응 못 해서 전학 왔대"라는 말이 무서웠다.
> 내신 성적 수준에 맞춰 수시 원서를 지원하면서 희상이는 한숨을 쉬었다. 이러려고 초등학교 때부터 잠 안 자고 학원 다녔나 싶고, 공부는 안 되고 눈물이 자꾸 흘렀다. 내신 성적이 좋지 않지만 수시가 강점인 학교라서 생기부도 챙겨야하니, 수능에도 제대로 집중할 수가 없다.

우수했던 희상이였지만, 특목고를 다니면서 자신이 '별 볼 일 없는 존재'라는 것에 익숙해졌고, 의욕을 상실하고, 더 이상 입시 공부를 하고 싶지 않다는 무기력감에도 빠져 있었습니다. 체력과 자존감을 회복해야, 재도전도 가능하고, 성과도 만족스러울 것입니다. 그 과정을 도와주는 상담이 필요합니다.

중학교 때 공부를 잘해 특목고를 갔던 아이들과 달리, 성적이 안 좋아 특목고는 생각지도 못하고 축구공이나 차면서(좋지요!) 놀았던 아이들이 집 근처로 일반 고등학교에 다니면서 몸과 마음이 편하고 컨디션 조절도 잘해서 좋은 대학교에 쏙쏙 들어가는 경우도 많습니다. **철이 들 때가 아이들마다 다르기 때문에 부모는 기다려야 하고, 지치지 않게끔 쉬어가면 가도록 배려해야 합니다.**

남들이 부러워하는 ○○고에 다니는데

> 연재는 대치동의 초등학교에서 전교회장을 했고, 잘하는 아이들이 많다는 ○○중에서도 전교권의 성적을 받았다. 키도 크고 잘생겨서 여학생들에게도 인기가 많았다. 남들이 선망하는 ○○고에 진학했고, 여기서도 성적이 상위권에다 밴드부에서 드럼을 치면서 다른 학교 학생들에게까지 알려졌다. 하지만 고1 후반부터 남모를 불안증과 대인공포증에 시달리고 있다. 친구들이 쳐다보는 시선에 예민해졌고, 남들의 관심이 부담스럽고, 기숙사 생활도 불편해졌다. 소화가 안 되고 친구들이 자신에게 실망하고 돌아설 것 같은 마음이 들고, 언제부턴가는 자신의 몸에서 냄새가 나는 것 같다는 생각에 괴롭다.

연재는 그야말로 대치키드로서 모든 엄마가 부러워하는 학생일 것입니다. 어릴 때부터 자연스럽게 주목받을 수밖에 없는 위치에 있었습니다. 하지만 언젠가부터 지나친 자의식이라는 함정에 빠지고, 시선공포증, 신체화 증상이 나타나고 있습니다. 몸과 마음의 중심을 지키는 균형이 깨질 때 전형적으로 많이 나오는 현상입니다. 자아가 약해지고, 다른 사람들의 눈치를 보게 되고, 마음의 감옥에 갇힌듯한 느낌입니다. 어릴 때부터 주목을 받는 아이들은 다른 사람의 기대와 질시를 의식하면서, 짐이 무거워집니다.

지금 연재에게 필요한 것은 몸과 마음의 힘을 기르고, 예민한 시각 자극을 통합시키면서 감각계의 안정을 찾고, 자신을 보호하는 에너지장을 풍부하게 만드는 것입니다.

영떨이를 아십니까?

대치동에는 중(고)등수학 정도는 초등학교 때 이미 떼고, KMO(수학올림피아드)를 준비하면서 영재학교를 준비하는 아이들이 있고, 또 이들을 위한 학원이 성행합니다. 그런데 이렇게 준비했는데, 영재학교 진학에 실패하여 일반고로 진학하는 아이들은 어떻게 될까요? 영떨이(영재고 떨어진 아이)라고 부르기도 합니다. 대부분의 학원에서는 이렇게 준비를 했던 아이들이 수학, 과학을 잘하기 때문에 일반고나 과학중점학교에 가서도 잘한다고 선전합니다. 정말 그럴까요?

> 라윤이는 영재고 최종 면접까지 갔지만 불합격 통보를 받고 무척 좌절했다. 다니던 특목고 입시학원 선생님도 떨어진 이유를 모르겠다고 하였다. 친구들과 놀지도 않고, 하고 싶은 것도 못 하고 중학교 시절을 통째로 갈아 넣었는데 원하는 학교에 가지 못해서 너무 속이 상했다. 일반고에 진학하였지만, 그동안 영재학교 입시에만 집중해왔고, 몸도 마음도 지쳐서 학교 내신 관리도 힘들었고, 친구들과의 관계도 어려웠다. 처음에는 '나는 우수한데, 아무것도 아닌 애들과 같이 학교를 다녀서 기분이 별로'였는데, 성적이 좋지 않자, '이제 보니 나는 아무것도 아니구나', '나는 공부와 대인관계에 모두 실패했다'라고 생각이 들었다. 점차 라윤이의 얼굴에는 웃음기가 사라졌고, 점점 죽음까지 생각하게 되었다.

머리가 나빠졌다, 인생 망했다며 자살 생각을 하는 딸 라윤이 때문에 부모님은 노심초사했습니다. 말도 안 되는 대학에 가기보다 죽음을 선택하고 싶은 라윤이가 이런 입시 패러다임(인식체계)에서 벗어나 공부머리를 되찾고 웃음을 되찾기에는 시간이 필요합니다. 아이들이 재능이 펴지는 시기가 다 다르고 삶의 리듬을 탑니다. 초등학교 때 꽃이 피었지만, 이후 주춤하는 아이들이 있을 수 있습니다. 이 **리듬을 잘 탈 수 있는 마음과 몸이 있으면 다시 살아납니다.** 그냥 하향세라고 생각하면 불안하고 초조해집니다.

강박증에 시달리는 영재

> 영재학교에 들어간 유준이는 학교를 결국 자퇴했다. 학교가 자신이 원하는 스타일이 아니라는 이유를 들었지만, 날카로운 성격과 다른 사람과 어울리기 힘든 예민함, 사사건건 논쟁을 하려고 하는 태도 등으로 학교와 기숙사 생활에서 문제가 되었다. 집에서는 온몸을 소독제로 닦는 심한 강박 증세와 함께 어머니에게 폭언하고, 밤낮이 바뀐 생활을 하면서 폐인처럼 지냈다. 몇 년간 집에서 밖에 나가지 않고 생활하며 온갖 걱정을 끼쳤지만 조금씩 호전되어 정시로 명문대에 입학해 다니고 있다.

심한 강박증에 걸려 입시도 제대로 하지 못하고 몇 년을 고생하는 아이들이 있습니다. 유준이는 대학생이 되면서 다행히 조금 누그러졌지만, 앞으로 많이 성장해야 합니다. 좋은 책을 읽고, 좋은 사람을 만나고, 몸 공부, 마음 공부를 많이 해야 할 것입니다. 제가 아는 확실한 믿음은 유준이가 잘 살아가려는 방향을 놓지 않는 한, 계속 발전할 것이라는 겁니다.

과학고에 갔지만

> 아린이는 잠실의 한 아파트 단지 내의 초등학교 중학교에서도 항상 1등이어서 엄마를 기쁘게 했다. 어렵지 않게 과학고에 진학했고 수시로 ○○대 공대에 진학했다. 하지만 의대에 가고 싶은 마음에 비밀리에 매년 수능시험을 다시 보고 있다. 네 번째의 도전에서도 만족할 만한 성적이 나오지 않자 결국 포기하게 되었다.

아린이의 경우도 마찬가지입니다. 같은 아파트단지에서 살면서 초등학교, 중학교 때 이름도 몰랐던 아이들도 의대에 진학한 아이들이 많았습니다. 엄마는 그토록 똑똑한 아린이가 왜 남들이 다 가는 의대 점수가 안 나오는지 이해가 안 가지만 현실을 이제는 받아들일 수밖에 없다고 생각합니다. 그리고 정말 아린이가 의대가기를 원했다면 성적에 맞추어서 과학고를 갈 게 아니라, 그냥 일반고를 보낼 걸 하면서 후회를 합니다.

잠만 자는 영재

> 이공계 쪽 교수인 엄마는 매일 잠만 자면서 영재학교에 간다고 말만 하는 딸 민슬이가 못 마땅하다. 성실하지도 않고, 학원수업도 제대로 듣지 않는데 뭘 하겠나 싶다. 답답해하는 엄마랑 민슬이는 매일같이 큰소리로 다투게 되었다. 엄마는 그동안 정신과에서 받아온 주의력 약도 이제는 안 듣는다고 느끼고, 상담을 받고 싶어서 내원했다고 하였다. 엄마와의 관계

가 조율이 되고, 일상생활을 잘 해나갈 힘을 몸과 마음에 기르는 작업들을 하면서 조금씩 활기를 찾은 민슬이는 영재고 대비 학원 선생님들이 지원하면 떨어질 거라던 영재학교에 척 붙었다. 영재학교에 가서는 중학교 때보다 훨씬 재밌게 지냈고, 무엇보다 엄마와 떨어져 기숙사 생활을 하는 것도 좋았다. 주의 집중력약이나 우울증 약 없이도 학교 생활을 잘 하고 각종대회에서도 상을 탔고, 살도 빠지고 외모도 더 예뻐졌다. 대학도 원하는 대학으로 무사히 진학했다.

매일 잠만 자는 민슬이가 엄마는 답답했겠지만, 엄마와의 갈등이 스트레스로 작용해서 온몸에 힘이 풀리고 더 잠을 잘 수밖에 없게 된다는 걸 엄마는 몰랐습니다. ADHD 증상이 약으로만 해결되기보다 정서 상태와 아이의 생각, 주변과의 관계에서 영향을 받는다는 것도 몰랐습니다. 저는 민슬이가 합격한 영재학교가 진짜 영재를 알아보고 선발을 잘 했다는 생각이 들었습니다. 민슬이는 만들어진 영재라기보다 타고난 영재라는 생각이 들 정도의 반짝거림이 있었거든요.

저는 영재학교가 필요하다고 생각합니다. 영재성이 있는 학생들이 적절한 교육을 받는 것은 우리나라 아니 인류를 위해서도 필요합니다. 그러나 영재학교를 가기 위해 고생하면서, 영재성을 잃어버릴 정도로 정서 상태나 몸 상태가 나빠지면 안 되겠지요? 영재를 육성하는 취지와 전혀 반대 효과가 나니까요. 그리고 영재학교에 떨어지거나, 적응하지 못하고 그만두는 아이가 실패라고도 생각하지 않습니다. 그때 아이의 상태가 그곳과 안 맞았다고 볼 수 있을 뿐입니다. 다시 기력을 회복해 능력발휘를 하도록 도와주면 됩니다. **실패는 없고 경험과 교훈만 있을 뿐입니다.**

예체능에서도
똑같이 과열된
사교육 열풍

예체능은 더 심해요.

초등학교 학생이 공부 입시를 치르는 경우는 지금 거의 없어졌습니다. 인기 있던 특정 국제중학교 등은 입학시험 없이 추첨제이죠. 하지만 예체능은 예중(○○학교, ○○예중, 국○중학교, 체육중 등)이 있기 때문에 초등학교 5, 6학년들이 치열하게 입시를 준비합니다. 피아노, 바이올린, 대금 같은 악기, 성악, 작곡 같은 음악 분야나 한국무용, 발레 같은 무용 그리고 미술, 체육 등입니다. 예중 입시를 준비하는 아이들은 초6부터는 학원에서 주로 입시 준비를 하고 대회를 나가면서 학교도 덜 나가고, 친구들과 함께 보내는 여유로운 시간은 줄어듭니다. 미술전공을 하면서 오랫동안 의자에 앉아 있어서 어린 나이에 허리가 아프고, 무용 전공을 하는 아이들은 크고 작은 부상을 입기도 합니다.

무용학원을 옮기기 힘들어요

초4 가을이는 유명한 ○○무용학원에서 한국무용을 배우고 있다. 모 연예인의 자녀가 다녔다고 소문난 곳이다. 가을이는 영어 숙제를 제때 못해서 엄마에게 많이 혼나고, 자존감이 낮아졌다. 초2 때 ADHD 진단을 받고 약도 먹었는데 그래도 무용을 하면서부터 또래에 비해 키가 크고 예쁜 외모로 자존감을 회복하고 있다. 엄마는 가을이의 간식과 저녁을 싸 가지고 다니면서 라이드를 하고 뒷바라지를 하고 있다. 학교 끝나고 매일 무용학원에 가서 살다시피 하고, 밤늦게 마치는 생활을 반복하지만, 몸은 피곤하고 힘들어도, 하기 싫은 공부를 할 때보다는 낫다고 느낀다. 하지만 그곳에서도 경쟁이다. 엄마가 많은 시간과 에너지를 쏟아붓는 만큼, 가을이가 제대로 하지 않으면 "그따위로 하려면 당장 그만둬"로 시작해서 잔소리와 폭언이 쏟아지기 때문에 엄마와 차를 타고 이동하는 시간이 가장 고역이다. 그래서 오늘도 가을이는 차에 타자마자 열심히 자는 척을 한다.

공부 학원을 쉽게 그만두지 못하는 아이와 부모들처럼 예체능 입시도 비슷한 상황이 생깁니다. 밖을 둘러보면 더 좋은 선생님도 있고, 편안하게 아이를 교육시키면서 좋은 결과를 내는 곳도 있습니다. 그러나 한번 한 시스템에 들어가 각인되면 빠져나오기 힘듭니다. 그만두자니, 눈 밖에 나서 영영 음악, 무용을 못 할지도 모른다는 생각, 그동안 들인 공도 아깝고, 다른 아이들은 계속 거기에서 열심히 하는데 우리 아이만 실패자가 되는 것 같습니다.

입시 선생님이 왕이에요

> 초6 주나는 피아노로 예중 준비를 하고 있다. 예중을 잘 보내기로 유명한 선생님한테 배우는데, 엄마는 주나의 뒷바라지가 힘든 게 아니고, 같은 학원에서 배우는 엄마들 사이에서 스트레스를 받고 있다. 선생님 또한 엄마들 사이를 이간질하거나, 점점 요구하는 것이 많아져서 걱정된다. 누구 엄마는 선생님한테 ○○○○ 백을 해주었다는 등 주변에서 들려오는 말도 있고, 선생님도 은근히 이것저것 바란다. 애를 괜히 음악전공을 시켰나 후회되기도 한다. 아이가 피아노를 좋아하고 재능이 있기 때문에 계속 시키기는 하지만 마음이 무겁다.

한국 부모의 교육열은 미국을 가도 선생님들을 망쳐 놓는다는 말도 나옵니다. 자기 아이를 잘 봐달라고 하면서 선물을 준다는 거지요. 어린 나이부터 치열한 경쟁과 부모들의 성화에 예체능 계열에서도 사교육이 과열되어 갑니다. 이런 분위기에서 학원 선생님이 수년간 아이들과 부모님에게 군림하는 경우도 있습니다. 모든 학원이 그렇지 않겠지만, 입시화된 학원은 아이들이 많이 모이고 경쟁도 치열하고, 마음의 상처를 받을 가능성도 커집니다.

예고, 예대 입시는 더욱 치열해서, 차라리 공부하는 길로 가는 게 마음이 편하다고 할 정도입니다. 공부 쪽은 뽑는 숫자도 많고 익명성도 있는데, 예체능 전공 세계는 전공하는 사람도 적지만, 뽑는 숫자도 적고, 좁은 입시판에서 찍히면 안 될 것 같아 불안합니다. 조금만 더 벗어나면 이런 상황이 아무것도 아니게 느껴질 텐데, 이렇게 하지 않고도 예술 전공을 할 방법이 있을 텐데, 그 사교육의 세계에 갇힌 부모님과 아이들은 탈출구가 보이지 않습니다.

이건 좀 아닌데

> 초5 미하 엄마는 동네 무용학원에 취미처럼 아이를 보냈다가, 선생님이 권해서 전공반을 시작했다. 아이가 좋아하고 재능이 있다고 해서 별 생각 없이 허락했다. 콩쿨을 나가는데 안무비가 있다고 해서 그런가 보다 하고 냈는데, 고가의 의상 이야기를 듣고, 이 길을 가야 하나 고민이 많이 되었다. 콩쿨 날 화장을 해야 한다면서 메이크업 선생님을 불러야 한다고 하고, 아이가 근육통이 있으면 전문 마사지 선생님을 붙이라고 권유를 받았다. 경제적으로 여유가 없는 편이라서 이렇게 해서 전공을 시켜야 하나, 원래 이런 것인가 하면서 갈등이 되었다. 엄마가 무식하고 능력이 없어서 아이 뒷바라지를 못하는 건지, 원래 이 세계가 이렇게 하는 건지 헷갈린다. 앞으로 예중 입시 이야기도 나오는데 계속 무용을 시켜야 할지 고민된다.

성악을 전공하거나, 악기를 하는 아이들은 레슨비에 악기 구매비 등 여러 가지로 부모님의 지원이 필요하고 경제적인 걱정도 많습니다. 아이가 엮인 일이다 보니 그만두라고 말하기도 어렵고 부모는 고민합니다. 일반 교과 공부하는 아이들 뒷바라지도 힘들지만, 예체능 계열도 어렵습니다.

합격은 했지만 아파요

중1 다윤이는 미술 입시를 늦게 시작했지만 모두가 선망하는 유명 예술 중학교에 합격했다. 그러나 입학한 지 1달이 지나고 학교에 가려 하지 않아 부모 애를 태웠다. 다윤이의 우울감과 사회공포증은 남들이 원하는 학교에 입학했지만 해결되지 않고 있었다. 다윤이는 결국 학교를 자퇴하고 집안에 틀어박혔고 이후 10년간 바깥 출입을 거의 하지 않고 집에서 지내고 있다.

입시는 합격만이 목적이 아닙니다. 좋은 결과를 얻지 못하더라도, 경험과 교훈이 소중하고, 인생이 훨씬 발전할 수 있는 계기가 될 수도 있습니다. 그러나 현실은, 입시도 망치고 아이도 망치는 일이 많습니다.

예술중 입시에 떨어졌어요.

중2 유이는 바이올린으로 예중 시험을 봤지만 떨어지고 집 근처 일반 중학교로 진학했다. 엄마는 그동안 해온 게 아까우니 계속 바이올린 레슨을 받기를 권하지만, 아이는 거부했다. 그렇다고 공부를 하는 것도 아니다. 휴대폰을 붙들고 살면서, 쇼핑몰이나 기웃거리며 엄마한테 못되게 구는 아이가 엄마는 한심하다. 하지만 엄마 앞에서 칼을 들고 죽겠다고 한 뒤에는 무서워서 잔소리도 못 하고, 부엌에서 칼을 치우고 말도 못 붙이고 있다.

엄마는 지금에서야 후회합니다. 아이 입시를 돕는다면서, 아이 옆에서 잔소리하고, 나쁜 말을 퍼부은 것이 생각이 납니다. 얼마나 아이에게 상처가 되었을까 마음이 아픕니다. 지금 아이가 자기에게 하는 행동에서 과거 자기가 했던 말과 행동들이 겹쳐 보입니다. 조그맣고 예쁜 말을 하던 아이가 이제 엄마보다 더 키가 커졌고, 엄마를 괴롭히고 있습니다. 남편과의 사이도 좋지 않았던 엄마에게 유이는 유일한 삶의 낙이고 희망이었는데 이렇게까지 망가져 버린 아이와 자신의 관계가 개탄스럽습니다.

아이에게 칼로 위협받는 부모도 비극이지만, 칼을 든 유이도 같이 상처받습니다. 그러나 아이들은 이렇게 칼을 들지 않으면 자신을 침범해오는 부모를 제지할 수 없어서 이런 극단적인 행동을 합니다. **거기까지 가기 전에 아이와 적절한 선을 지킬 수 있는 것이 건강함이고 부모님들은 바로 그것을 할 힘을 길러야 합니다.**

다 때려치우라고 하고 싶어요

오보에를 전공하는 고2 설아의 엄마는 사는 게 사는 게 아니라고 느낀다. 입시를 끝내야 한숨을 놓겠는데, 엄마 입장에서 더 할 수 없을 만큼 지쳤다. 악기 연습할 때 자꾸 옆에 있으라고 하기 때문에 엄마는 벌을 서는 것 같다. 설아는 엄마를 함부로 대하고 욕을 하고 온갖 신경질을 다 내고, 종 부리듯이 반말로 이래라 저래라 한다. 엄마를 발로 차기도 하고, 자기 스트레스를 엄마에게 다 푼다. 엄마는 정말 이건 아닌데 하면서도, 입시스트레스로 힘든 딸의 마음을 모르는 것도 아니고, 도와줘야 한다는 생각으로

> 참는다. 하지만 이젠 아이가 너무 밉다. 다 때려치우라는 말이 목구멍까지 올라오지만 그렇게 되면 모든 것이 망가져버릴 것 같아 오늘도 또 참는다.

이런 설아가 입시에 성공한다고 하더라도, 설아와 엄마는 행복할까요? 설아의 사회생활은 장차 어떻게 될까요? 예쁘고 부잣집 딸이고, 유명 음대를 나오더라도 설아의 삶은 평안할까요?

S대 미대를 가고야 말겠다

> 22살 해나는 명문 예고를 나왔지만 원하는 명문 미대에 진학하지 못했다. ADHD 성향이 있었고, 사회성이 부족한 면이 있었는데, 엄마는 또래 여학생들하고 잘 못 어울리는 해나를 비난했다. 날씬하고 미인인 엄마 주미 씨는 아빠를 닮아 통통하고 느긋한 성격의 해나가 마음에 들지 않아 자꾸 야단을 치게 되었다. 그래도 치밀하고 극성인 주미 씨가 옆에서 챙겨 예술중학교에 합격했고 같은 재단의 예고에도 진학했다(해나도 분명 재능이 있다). 그런데 예고를 다니면서 엄마에 대한 극도의 반항과 방황이 시작되었다. 학교 성적이 떨어져, 수시를 할 만한 상황에서 멀어지면서 엄마의 비난도 세졌다. 점점 손목을 긋는 걸 넘어 팔뚝과 허벅지까지 깊은 상처를 낼 정도로 자해 행위가 심해졌고, 조울병 진단을 받고 정신병원에 입퇴원을 반복하고 있다. 고등학교를 졸업한 지 5년이 되어가지만 자신이 진학하지 못한 명문대에 대한 미련을 아직도 버리지 못하고 있다.

해나의 경우는 아직도 입시 물이 빠지지 않았다고 표현할 수 있습니다. 그동안 해나를 아프게 했던 입시와 명문미대에 대한 갈망이 엄마와 해나를 사로잡고 있습니다. 초중고 시절을 괴롭히고 아직도 망령처럼 이들의 주위를 돌고 있는 것이지요. 이처럼 입시는 한 아이의 삶과 가정을 파괴하고, 지독하게 그들을 지배합니다. 어린 딸을 예뻐하던 엄마 주미 씨도, 명랑하고 밝았던 해나도, 어쩌면 모두 입시의 피해자일 수 있습니다.

발레하면서 얻은 병

> 솔이는 발레 전공으로 예고 2학년 때 국제 콩쿨에 나가서 상을 받은 유망주이다. 그런데 폭식과 자학, 자해가 심했다. 모 대학 발레과에 진학하였지만 발목부상으로 더 이상 무용을 하지 않게 되었다. 이후 다른 전공으로 미국 유학을 갔지만 조울병이 발병하였다. 지금은 집에서 나와 따로 직장에 다니며 살고 있지만 항상 엄마에게는 아픈 손가락이다.

촉망받던 솔리스트 발레리나의 자살도 얼마 전 기사화되었지요. 늦은 나이까지 활동하는 무용수도 있지만, 대부분은 활동하지 않거나 다른 길로 갑니다. 초등학교 때부터 그토록 열심히 무용하고, 먹고 싶은 것도 못 먹고 달려왔는데 허전한 마음이 들면서도 한편 마음이 편합니다. 열심히 무용수의 길을 걷는 분들이 있듯이 나의 길은 따로 있을 수 있습니다. 내가 그 길을 계속 걷지 않는 것이 삶의 실패가 아닙니다. 삶은 내가 정답입니다.

언제까지 입시를 해야 하나?

> 지아는 유명 ○○예고를 나왔다. 그런데 ○○미대를 가야한다며 미술학원에 다니며 삼수를 하고 있다. 그런데 학원에서 절도를 해서 경찰에 신고되었다. 아버지는 계속 대학에 집착하면서 지아를 몰아세우고 비싼 과외와 학원을 강요하고 있었다. 지아는 외모와 체형관리도 안 되고 매우 우울한 상태이다. 사는 게 지옥 같다고 느끼고 건물 옥상에 올라가 아래를 내려다보곤 한다. 좋은 대학을 갈 자신은 점점 없어진다.

좋은 예술중, 예술고를 가기도 힘들지만, 좋은 예술대학에 가기는 더욱 어렵습니다. 입학 정원은 정해져 있고, 일반고에서 예체능을 전공하고 있는 아이들까지 가세해서 그렇지요. 그렇다면 좋은 대학교에 들어가지 못하면 인생이 끝인가요? 또 만약 좋은 미대, 음대를 나오면 무엇이 달라지나요?

졸업생들이 어떤 삶을 살고 있는지 살펴보는 것도 좋지요. 주부인 엄마들이 예체능 출신도 많습니다. 최고의 예대에 유학으로 석사 박사까지 마친 분도 있고, 미국 유명 예술대에 다니다가 중퇴한 분도 있죠. 좋은 전공을 하고 예술적 감각이 있으니 일상생활에 도움이 되고, 결혼하는 데도 좋은 영향을 주었겠지만, 아이들 키우면서 최종학력 이력서를 들고 다니는 것도 아닙니다.

학생 수도 적게 뽑는 대학에, 그것도 후배들과 견주면서, 우울과 불안에 시달리면서 몇 년씩 들어가지 못했다고 고통스럽고 열등감에 시달릴 필요가 있을까요? 좋은 예고에서 좋은 공부를 한 것만으로도 감사함과 자부심을 느낄 수 없을까요? 내 안의 예술적 감각을 깨워 대학이 아직 수용하지 않은 새로운 것들을 창조해 나가고 아이디어를 내서 열정적으로 사업도 할 수 있는 시대가 되었습니다. 그런데 좋은 예대를 가야 한다는 그 하나의 목표에 대한 집착이 그 길을 막고 있는 건 아닐까요?

예술 쪽으로 방향을 틀었는데, 힘들어요

최근에는 클래식 음악이나 무용이 아닌, 실용음악, 작곡, 댄스, 그리고 예술경영, 연기, 뮤지컬까지 가세해서 대학 입시학원들도 넘쳐납니다. 이 과정에서 금전적 투자와 뒷바라지를 하는 부모와 열심히 최선을 다하는 것 같지 않은 아이 사이의 갈등도 큽니다. 열정적으로 늦게라도 자기 길을 찾아 길을 걸어가는 사람들도 있지만, 많은 경우에 있어서 예체능 입시가 공부가 안 될 때 선택하는 차선의 안이 되기도 합니다. 공부가 안 되면 대학가기 쉽다는 특이한 악기를 뒤늦게 고릅니다(이제는 이마저도 알려져서 경쟁이라 어렵습니다).

아이에게 수학학원을 계속 강요하고 시켰지만 수학이 어려워 결국 포기해 '수포자(수학을 포기한 사람)'가 되면 수학 영향력이 없거나 적은 예체능 계열로 노선을 바꿉니다. 즉 고1, 2부터 갑자기 여학생은 미대 입시로, 남학생은 체대 입시로 전환합니다. 모든 선택에 부모의 입김이 들어가 있습니다. 적어도 어느 기준 이상의 대학을 가야 한다고 믿으니까요. 그러나 **꼭 대학 졸업장을 만들지 않아도 생활력이 있고, 소통**

을 원활하게 하는 능력을 길러주는 게 더 중요했다는 사실을 부모는 아이가 20대 중반이 넘어가고 입시물이 빠지면, 그제서야 뼈저리게 깨닫습니다.

유학에 대하여

유학보내려고요

이전보다 유학 열풍은 많이 줄어든 듯합니다. 기러기 가정(아버지가 한국에서 돈을 벌고 엄마와 아이들이 유학을 하는 집)의 부작용도 많이 알려졌죠. 부부 사이가 멀어지고, 이혼 위기에 빠지고, 경제적으로도 부담스럽고 아이들 교육에도 문제가 생긴 경우도 많았지요. 유학을 가지 않아도 외국어를 마스터할 환경이 전보다 수월하니, 어학연수도 덜 가고, 유학을 마치고 온 아이들이 한국에서 인정받고, 자리 잡는 것도 예전과 같지 않은 영향도 있습니다.

단기 유학일지, 앞으로 외국에서 대학까지 보낼지, 아이가 나중에 한국에서 살지, 외국에서 살지 등도 고려해야 합니다. 집안의 자산, 유학비용, 언제까지 부모가 경제적인 뒷받침을 할 수 있을지도요. 아이를 위해서 언제까지 부모가 감당하기 힘들고 불편한 생활을 해야 할까요?

부모인 나도 행복하고 아이도 행복한 균형선을 잘 찾아야 합니다. 좋은 결정이 바로 좋은 삶입니다.

유학이라도 보내야 하나?

국내에서 안 되면 유학을 보내야겠다는 생각을 해본 적 있으신가요? 그런데 요새 아이들은 부모가 외국을 보내준다고 해도 가지 않으려 하는 아이들도 많습니다. 낯선 곳에 가서 적응하기도 귀찮고, 불안감도 크고, 공부를 열심히 할 의욕도 없습니다. 이런 경우 억지로 보내 놓으면 문제를 일으킬 가능성도 많습니다. 미국의 사립고에 입학했지만 교칙을 어기는 행동문제, 마약 문제로 퇴학을 당해 전학을 가기도 하고, 우울증, 부적응으로 한국에 되돌아오기도 합니다. 어린 나이에 부모를 떨어져 유학하다 보니, 가정교육이 안 되고, 기본 상식도 부족하고, 학습에도 공백이 있는 경우도 많습니다.

미국 명문대에 들어갔어요!

부모와 떨어져 유학하지 않고, 한국에서 특목고나 외국인학교를 거쳐서 미국 대학에 가는 아이들도 있지요. 어떤 길을 거쳐서 가든, 미국 명문대 합격은 부모의 위신을 세워주기에 충분합니다. 연예인 자녀도 어디를 갔다더라 하는 이야기가 기사화되곤 하지요. 이름 있는 대학에 간 것이 자식 잘 키운 증거요, 자랑이니, 어떻게든 유학원과 컨설턴트를 통하고, 스펙을 만들어 입학을 시키려 합니다. 그런데 대학에 들어가긴 했지만 결국 대학 졸업을 하지 못하는 경우도 많지요. 억대의 돈을 들여 미국 유학을 마쳐도 취직을 하지 못하는 경우도요. 비자 문제도 있고 해서, 한국에 오지만 몇 년이 지나도록 집에 틀어박혀 아무것도 하지 않습니다. 고스펙이라 아무 직장에나 취직할 수도 없답니다. 집에 경제적 여유가 있고, 가업 승계를 해주려 해도 아이가 거부하거나 능력이 의심스러워 맡기기도 힘들다고 하소연합니다.

유학하는 아이들의 집이 모두 부유한 것도 아닙니다. 외국 유학을 시작할 때는 괜찮았지만 사업이 잘 안되기도 하죠. 유학 뒷바라지를 할 만큼 경제적으로 여유가 있어도, 부모님도 노후를 준비해야 하고, 아이를 계속 경제적으로 뒷받침하기는 어려운 경우도 있고요. 유학하면서 씀씀이가 커진 자녀들을 뒷받침하기에는 힘이 들고 지쳐서 갈등이 생깁니다.

최선을 다해 뒷바라지를 해주마

태우는 초등학교 때부터 숙제를 제대로 하지 못하고, 게으르고 느린 행동으로 야단을 많이 맞았다. 초6 때 소아정신과에서 ADHD 진단을 받고 가족 상담을 하면서 부모님은 아이를 조금 더 이해하게 되었지만 이미 형성된 부정적인 부모-자녀 관계는 앙금으로 남았다. 중1 때 친척이 있는 외국으로 1년간 유학갔다가 적응을 잘 해서 대학도 미국으로 진학했다. 공무원인 부모님은 속만 썩이던 외동아들 태우가 발전하는 모습을 보며 흡족했고 연봉을 쪼개가면서 유학비를 마련해 주었다. 그렇지만 미국에서 대학을 졸업한 태우가 자격증을 딸 수 있는 대학원에 진학하려고 하면서 갈등이 깊어졌다. 태우가 요구하는 돈이 끝이 없기 때문이다. 스트레스가 쌓이니 유럽 여행을 가고 싶다면서 돈을 달라고 하고, 생활비를 보내줘도 금방 돈이 없다면서 계속 보내달라고 한다. 부모는 태우가 연락만 해도 불안해질 정도로 노이로제가 걸릴 지경이었다. 이제 와서 지원을 끊자니, 그동안 해온 지원도 물거품이 되고, 아이 인생을 망치는 것 같아서 돈을 안 줄 수도 없다. 하고 싶은 것을 참으면서 아이에게 헌신해온 부모에게 감사는커녕 비난과 공격을 하니 마음은 더욱 괴롭다. 게다가 태우가 도박사이트에 손을 대고 있다는 것을 최근 알게 되어 하늘이 무너지는 것 같다.

깨어진 부모 자녀관계

태우의 입장에서는 나름 이유가 있습니다. 어릴 때부터 자신을 무시하고 인정과 칭찬을 안 해주던 부모, 더 좋은 대학원에도 합격을 했지만, 나름 집안 사정을 감안해서 납부금과 생활비가 적은 곳을 택해서 진학해서 아쉬운데 부모는 이런 자신의 마음도 모르고, 믿지 못한다는 것입니다. 다른 친구들은 여행도 많이 하지만 자신을 그렇지 못했고 처음으로 영국을 한번 가보고 싶었던 거라고. 그리고 도박사이트라기보다 코인과 관련된 곳이라 투자라는 설명 등입니다. 이렇게 부모님과 태우의 생각의 거리는 멀기만 합니다. 양쪽 다 태우의 건강과 행복을 원하는 같은 편이면서도 서로 불안감과 분노에 휩싸여 있습니다.

부유한 가정도 있겠지만, 아이 교육에 경제적 지원을 하느라 힘든 집도 많습니다. 굳이 왜 유학을 보냈냐고 비난할 수도 있겠지만, 대치동의 많은 부모가 엄청난 돈을 학원비에 쓰는 것과 상황은 크게 다르지 않습니다. 어떻게 해서라도 아이들에게 최고의 것을 주고 싶은 게 부모의 마음이니까요. 하지만 부유하다 해도 평균수명도 늘어났고, 의료비나 앞으로의 건강상태가 어떨지도 모르고, 부모님도 노후준비를 해야 합니다. 유학의 결과가 돈을 잃고, 아이와의 관계를 잃고, 아이의 미래도 암울한 상황이 되면 슬픈 일이지요.

부모에게 남은 것은 무엇인가

교육에 대해서도 그렇고 가족들 간에 의사소통이 필요합니다. 경제적 여유가 없는 가운데서도 아이를 위해 지원을 한다면 아이는 감사함을 표현할 수 있어야 합니다. 어려울 때는 서로를 위로하며 갈 수 있는 같은 편으로서의 한마음이 있어야겠지요. 부모와 떨어져 지내는 아이들은 부모와 얼굴을 보고, 대화를 나누는 시간이 부족하니까 부모 자녀 관계에서 균형의 길을 지혜롭게 찾아야 합니다. 부모가 한정 없이 돈을 대주는 ATM 기계처럼 되면 안 되겠지요? 더 이상 돈이 나오지 않으면 화가 나 기계를 발로 걷어찹니다. 부모를 공감하지 못하는 결과입니다.

외국에 정착한 자녀가 나이든 부모를 병원에 모시고 다니거나, 병원 입퇴원, 요양원 입원에 사인하러 갈 수도 없고, 자식 노릇도 못 한다는 말도 나옵니다. 아이가 행복하고 잘되면 그만이겠지만, 부모로서는 서운한 일이 아닐 수 없습니다.

항상 위를 보고 큰 뜻을 품어라?

> 진호는 유명 자사고를 거쳐 미국의 아이비리그에 진학했다. 항상 위를 보고 큰 뜻을 품어야 한다고 아버지는 강조했다. 부모님은 미국에서 정착해 살고 싶어 하는 진호를 위해 투자 이민도 진행해 주고 있다. 여기까지 들으면 사람들은 진호가 정말 좋은 환경에 있다고 생각할 것이다. 그런데 진호는 서울에 올 때마다 짜증이 난다. 같은 아이비리그에 다니는 동기들은 재벌 3세도 있고, 경제적으로 자신과 비교도 되지 않을 정도로 풍족한 친구들이 있다. 강남 아파트라고 하지만, 좁은 집이 답답하기만 하다. 친구들과 비교할 때마다 위축되는 기분이다. 우울감은 오래되었고, 이제는 공황증세까지 찾아와 삶이 즐겁지가 않다.

위를 보고 큰 뜻을 품는 것은 훌륭한 일이지만, 항상 현실에 더 큰 기반을 두고 있어야 합니다. 그렇지 않고 위를 처다보는 습관을 가지면 항상 자신이 부족해 보이고 삶이 만족스럽지 않습니다. **자신이 가지고 있는 것을 소중히 여길 수 있는 뇌회로 형성을 해주어야 합니다.**

'지금 여기'를 누리는 능력

진호도 그렇고 왜 사람들은 풍족한 가운데에서도 우울증과 불안증에 시달릴까요? 지금, 여기를 누리는 능력, 작은 것에도 감사할 능력이 줄어든 건 아닐까요. 남과 나를 비교하는 습관, 과거의 자신과 현재를 비교하는 버릇을 우리는 항상 경계해야 합니다. **현재 상황에서 좋은 점을 발견하는 능력을 길러야 합니다.** 쓰레기더미 속에서도 꽃을 찾고 감사의 숨을 쉴 수 있는 능력이 생긴다면 그 사람은 막강해집니다. 이 능력에 발을 딛고 더 성취하고 발전합니다.

눈을 감고 스스로를 안고 토닥이며 말해줍니다.

지금 여기,
너인 그대로,
좋아,
잘 하고 있어.

우리는 이런 말을 틈틈이 들어야 합니다.
우리 뇌와 내면의 자아는 나의 음성으로 해주는 말에 특별하게 위안을 받습니다.

지금
문제아라서
고민이
많으시다고요?

짧은 치마를 입은 날라리

> 혜린이는 강하게 밀어붙이는 학원 시스템이 너무 싫어서 학원 숙제도 하지 않고 학원 가는 것도 거부했다. 엄마가 겨우 달래 학원 앞까지 라이드를 해주어도, 학원 앞에서 사라지기 일쑤였다. 짙은 화장과 짧은 치마로 중학교에서는 갖은 벌점과 학부모 호출을 받아 부모 속을 많이 썩였다. 여고를 다닐 때도 야간자율학습 시간에 몰래 나가 남학생을 만나고 다녔다. 하지만 지금은 의대에 정시로 합격해서 다니고 있다. 고3 때 치른 첫 수능에서는 성적이 좋지 않았지만, 재수하면서 성적이 쑥쑥 오른 것이다. 엄마가 많은 것을 포기하자 갑자기 아이의 능력이 나타나기 시작했다.

혜린이 엄마의 마음은 까맣게 탔지만 이토록 성격이 강한 딸을 이기지를 못했고, 결국 뒤로 물러날 수밖에 없었습니다. 그런데 도리어 그렇게 했던 것이 아이가 결국 자기 자리를 찾은 비결이라고 느낍니다.

혜린이는 현재 의과대학에서도 성적이 상위권이고, 어릴 때부터 남학생들을 많이 만난 탓인지, 남자 보는 눈도 탁월합니다. 엄마는 이제는 혜린이라면 자기 인생을 개척하면서 살아갈 만하다고 느낍니다. 딸이지만 믿음직스럽고, 존경스럽기까지 합니다.

그렇게 예쁘게 키웠던 딸이 일탈행동을 해요

> 고2 다인이는 강남의 ○○여고에 다닌다. 빛나는 미모로 중학교 때부터 항상 주변 사람들의 이목을 끌고 있다. 점점 공부는 안 하고 친구들과 어울려 다니면서 공부와는 멀어졌고, 술을 마시고 밤에 늦게 들어오는 날이 많아 부모님의 속은 타들어갔다. 남자친구와 성관계를 하고, 적어놓은 일기 때문에 집안이 난리가 났다. 유달리 다인이를 예뻐했던 딸바보 아버지는 자식과 인연을 끊는다, 나가 죽으라고 할 정도로 분노했고, 모범적인 가정주부인 어머니한테도 이런 일들은 상상도 할 수 없는 쇼크였다. 엄마는 이렇게 남자친구가 끊이지 않은 다인이가 혹시 임신이라도 하지 않을까 전전긍긍하고 있다.

하지만 몇 년 후 다인이는 어떻게 되었을까요? 그동안 많이 놀았던 만큼 대학을 가겠다고 마음먹은 뒤에 고3 말부터 조금씩 공부를 시작했습니다. 재수했고 성적을 많이 올렸습니다. 부모는 그 정도도 좋은 학교라고 그만해도 된다고 하는데도 다인이가 우겨서 다시 반수로 삼수를 했고, 더 좋은 대학으로 진학했습니다. 지금은 고등학교 때 친 사고들은 다 잊혀지고, 부모님과도 좋은 관계를 유지하고 있습니다. 대학을 졸업하고, 대기업을 다니다가 나온 뒤에, 아버지 사업을 옆에서 든든하게 도와주는 것도 믿음직한 다인 씨입니다.

온다고 믿어야 정신 차릴 때가 옵니다

부모가 받아들일 수 없는 골칫덩어리 자식도 한때의 지나가는 일이 되고, 얼마든지 달라지고 좋아집니다. 갑자기 머리에 파란 불이 들어오는 것처럼 정신을 차릴 때가 옵니다. 단 **그때가 올 것을 믿고 아이를 존중하면서, 할 수 있다면 덕담과 축복의 말을 건네며, 부모는 뒤로 물러나 아이를 바라봐야 합니다. 바라보는 힘, 기다리는 힘이 사랑입니다**(부모님과의 몸마음 공부를 할 때 이 두 가지 힘을 실습으로 함께 연습해보곤 합니다).

그래야 아이가 정신 차릴 때가 더 당겨집니다. 부모가 공황상태에 빠지고 분노해, 정신 차리게 하겠다고 아이를 붙잡아 종아리를 때리고, 머리통을 후려쳐도, 아이는 말을 듣지 않습니다. 도리어 방황하는 시기가 길어지고, 영영 정신 차릴 때가 오지 않을지도 모릅니다.

책임감이 너무 커서 방황했어요

놀아본 아이들이 정신을 차리면 그동안 안 했던 공부를 더욱 열심히 하고, 시야도 넓기 때문에 흔들리지 않고 자기 일을 해내는 경우도 많습니다. 문제아들은 의외로 세상 물정을 미리 알고, 부모의 감독 없이 자신이 판단하고 결정하는 경험을 해보기 때문에 사회성이 좋고, 책임감도 강한 경우도 많습니다. 방황한 시간들이 절대 헛되지 않습니다. 심리적 중압감에 방황하게 되었고, 일탈 행동을 했지만, 다시 돌아온 아이들을 살펴보면 도리어 꼼꼼한 성격이라고 느끼곤 합니다. 너무 마음에 부담감이 크고 기대만큼 잘할 수 없으니 튀어나간 경우라고 생각해도 좋을 만큼 말이지요. 그래서 겉으로 보이는 것만이 다가 아니랍니다. 방황하는 아이들을 아무 생각이 없고 책임감이 없는 아이들로 몰아세우지 마세요.

12번도 더 바뀌는 아이들

이런 아이들이 계속해서 공부하고 책상 앞에 앉아 있었다면 아마도 정신적으로 큰 문제가 생기거나, 심지어 자살했을 수도 있습니다. 죽지 않기 위해 밖으로 나갔다고 볼 수 있어요. 다른 세계로 간 거죠.

아이들은 키우다 보면 12번도 더 바뀝니다. 지금 아이가 야무지고 똑똑하다고 해서 너무 큰 기대를 하지도 말고, 지금 문제아라고 해서 미워할 것도 없습니다. 부모의 자리는 아이가 어떻든 버리지 않고 지켜봐 주고, 꾸준한 응원과 사랑을 보내는 것입니다. 그럴 때 아이들은 다시 자신의 능력을 발휘할 자리로 돌아오기도 쉽습니다. 나를 배신하고, 고통스럽게 만드는 대상을 지켜보고 사랑하기는 힘든 일입니다. 부모의 역할은 아이들의 상태와 상관없이, 지지를 보낼 수 있는 인생 과제를 테스트받는 자리라고 봐도 좋습니다.

어차피 잘될 녀석

저는 부모님들께 방황하는 자녀의 전화번호를 휴대폰에 '어차피 잘될 녀석'이라고 저장하도록 권해드리곤 합니다. 매일 보면서 아이를 축복하고 믿는 뇌회로가 열리게 말이죠. 부모의 믿음 회로가 열려야 아이의 자신감 회로도 열리기 쉽습니다. 부모가 걱정회로를 돌릴 때 아이는 이를 감지하고 부모로부터 멀리 달아납니다.

🕰 부모님을 위한 시간 》》》 아이에게 건네는 덕담

눈을 감고 아이를 떠올리고 눈을 바라보면서 이렇게 말해봅니다.

어차피 잘될 녀석.
넌 어차피 잘되게 되어 있어.
엄마(아빠)가 안단다.

넌 잘될 거야.
넌 잘 살 거야.

어떻게 하면 공부 잘할까요?

저는 KBS 제1라디오의 〈교육을 말합시다〉에서 4년, 〈공부가 재미있다〉에서 3년간, 청취자가 보낸 아이에 대한 고민을 분석해서 설명하고, 전화로 그분을 연결해서 상담한 뒤 해결책을 주는 전문가로 출연했습니다. 전국각지에서 도착한 교육상담, 공부상담이었습니다. 지금부터는 부모님들이 가장 궁금해 하는 질문인 '어떻게 하면 공부를 잘할 수 있을까요?'에 대해서 좀 더 이야기 나눠볼게요.

머리로 아는 것과 실전은 다르다

공부에 관련해서 이미 부모님들은 책을 많이 읽으셨을 겁니다. 결혼 전부터 육아서를 많이 읽어도 막상 아이를 키우면 어려운 것처럼 공부에 관해서도 실전은 완전 다른 경우가 많아 고민하다가 진료실에 오십니다. 저의 진료실에는 심리상담 전문가나, 정신과 의사가 부모로서 오시기도 합니다. 이분들은 이미 많은 지식과 해답을 알고 계십니다. 하지만 실전은 다릅니다. 제가 뛰어난 의사여서 돕는 게 아닙니다. 자기 머리, 자기가 깎기 힘드니, 필요할 때 못 보는 부분을 읽어주고, 도움을 주는 것이라고 이해하면 좋을 것입니다. 저 스스로도 삶이 다할 때까지, 균형을 맞추며 성장하면서, 서로 돕고 산다는 생각을 하곤 합니다.

어떻게 하면 대학을 잘 갈까요?

"어떻게 하면 공부를 잘할까요"라는 질문보다 "어떻게 하면 대학을 잘 갈까요"로 질문을 바꿔 볼까요? 입시 성공하는 것을 목표로 말이죠. 공부를 잘하고, 내신 등급, 수능성적이 좋아도 좋은 대학을 못 가면 아쉽겠지요? 그래서 그 질문을 보다 구체적인 질문으로 바꿔 보자는 것입니다.

좋은 대학을 가려면 그 학교에서 요구하는 조건과 규정을 맞춰주면 됩니다. 그렇다면 규정이 바뀔 때마다 여러 가지 고민을 하는 게 맞습니다. 일단 수능을 잘 볼 때 대학을 잘 가는 길이 넓다고 한다면, 수능을 가장 잘 볼 수 있는 최적의 상태로 생활을 만들어 가는 게 유리합니다. 이렇게 뒤집어서 생각해보자는 것입니다. 공부를 열심히 하면 좋은 결과가 나올 테니 지금 무조건 열심히 하라는 것과 다른 이야기입니다. 오늘 숙제를 반드시 시키는 게 목적이 아니라는 겁니다. 초등학교 때 잘하는 것보다 대학을 갈 즈음에 아이가 공부를 잘하는 게 좋지요. 언제나 공부를 잘하는 아이를 만드는 게 목적이 아니고, 결정적인 때 컨디션이 좋게 길게 봐야 합니다. 이렇게 관점이 달라질 때 우리 사고는 유연해지고 성공률도 높아집니다.

공부를 잘할 때가 올까?

부모가 만족할 만큼 공부 잘하는 아이는 상대적으로 드뭅니다. 각자 기대치가 다르겠지만, 부모들이 좋아하는 상위 1%, 5%, 10%, 30%가 있다면 나머지 70~99%는 만족스럽지 않은 아이들이니까요. 그래서 "언젠가는 공부를 잘하게 될까요?" 같은 질문을 던지는 부모가 훨씬 많을 것입니다. **공부를 잘해서 입시에 성공하려면, 1) 공부머리가 있고, 2) 스스로 하려는 의지가 있고, 3) 정서 상태가 좋고 4) 몸이 건강해서 체력이 받쳐줘야 합니다.** 그 밖에도 지금 공부를 못하는 아이라 할지라도 **자신이 잘 거라는 믿음이 있고, 가족이 화목**하면 좋습니다. 어떤 요소가 부족한지 살펴보고 차오르게 도와주세요.

공부머리가 있긴 한데

공부머리는 타고난 학습 능력, 지능인데, 원래부터 타고 납니다. 기본 장착된 컴퓨터의 사양처럼요. 하지만 좋은 성능의 컴퓨터가 여러 이유로 가동이 잘 안 되는 것처럼, 머리가 좋지만 사용이 잘 안 되고 있을 수 있어요. 아이가 얼마나 공부머리가 되는지는 말을 못하는 어린 아이도 놀이 수준을 보면서, 진료실 면담에서 대화하면서, 그리고 심리검사를 통해 유추해볼 수 있어요. 머리가 좋은데 공부를 못한다면 그 이유를 찾아봐야 합니다. 즉 공부머리가 있다 해도 방해하는 요소(의욕, 정서, 몸, 신경계 문제, 주변 사람들과의 관계)를 찾아 해결해 줘야겠지요. 무조건 몰아붙일 일이 아닙니다.

공부머리가 트이는 건 뇌신경계가 연결되는 겁니다. 그리고 뇌신경계 발달은 앉혀놓고 공부를 강요한다고 늘지 않습니다. 부모들이 말하는 국영수 공부를 하지 않아도 아이들의 인지학습은 계속되고 있습니다. 웹소설도 읽고, 웹툰도 보며, 인스타에서 글도 열심히 읽습니다(과거 부모님들이 만화책 보는 걸 싫어했듯이, 지금 부모님도 아이들이 이런 걸 보는 것을 싫어합니다). 그런데 이런 활동은 쓸데없는 것이 아닙니다.

앉아서만 하는 게 공부가 아니다

수학적인 공간 지각력도 몸을 많이 써보고, 집안일도 해보고 걸어도 다니고 놀이터에서 놀고, 운동도 해봐야 늡니다. 글만 읽고 해석 잘하는 것이 공부가 아닙니다. 도리어 그렇게 되면 언젠가 과부하가 걸리고 공부머리가 작동을 잘 안할 수 있습니다. 지금 공부를 못해도 기다리면서 꾸준히 뇌신경계의 다양한 길을 닦도록 해주세요.

타고난 공부머리가 있는 아이들의 학습능력까지 막아버리는 상황이 지금 대치동에서는, 대한민국에서는 벌어지고 있어서 안타깝습니

다. 이 책에서는 조금씩 공부에 관한 이야기를 녹여냈는데요. 공부머리가 없거나 현재는 막혀 있는 아이들을 억지로 괴롭히지 말 것, 그리고 공부머리가 있는 아이들을 너무 공부시켜 공부에 학을 떼게 하지 말 것. 이 두 가지 이야기를 해드리고 싶어요.

공부 잘하고 싶지 않아요

입시에 성공하고, 공부를 잘하고 싶다는 '바람'과 뜻을 가지는 게 성공의 싹입니다. 그런데 그 바람이 부끄러워서 감춰버린 아이들, 우울해서 만사 귀찮은 아이들, 부모가 더 원하는 것 같으니, 청개구리처럼 반대로 나가는 아이들도 있습니다. 공부성공역, 입시성공역을 찾아가겠다는 본인의 바람이 없다면 열차를 제대로 타기도 힘들죠. 이런 기본적인 방향부터 아이 스스로 잡을 수 있도록 부모님들은 살짝 물러날 필요가 있습니다.

그리고 그 열차에는 아이만 탈 수 있습니다. 부모님이 같이 탄다면 잘못된 열차라 생각해도 좋습니다. 아이가 움직이고 활동할 자유로운 영역을 확보해주고, 거기에 건강한 공격성(열정)이 살아나도록 도우면 아이들은 더 잘해 냅니다.

모호함을 참고 버티는 능력

공부를 잘하는 아이들은 공부가 힘들어도 즐거움이 있기 때문에 공부를 좋아합니다. 남보다 앞서 나가는 즐거움도 있고, 모르는 수수께끼를 풀어낼 때처럼 모호함을 참아내다가 뚫리는 기쁨은 엄청납니다. **앞이 안 보이고 힘들 때, 상황이 불확실할 때도, 이런 모호함을 참아내고 버티는 능력이 있어야 공부를 합니다.** 당장 결과가 나오지 않아도 **기다리며 버티는 힘입니다.** 일단 부모인 나부터 기다리는 훈련을 해볼까요?

부모님을 위한 〉〉〉 기다림 영상

내 몸을 중심으로 위아래, 좌우, 앞뒤, 여섯 방향의 공간을 확인하고 안전하고 편안한 넓은 공간이 펼쳐져 있다고 상상해봅니다.

내 앞에서 1.5m 떨어진 곳에 원하는 크기의 하늘색 스크린이 있다고 생각하고 하늘을 바라보듯 쳐다봅니다. 내 머릿속의 생각들과 감정들이 그곳에 떠오른다고 상상합니다. 뭔가가 떠오를 때까지 '기다립니다.'

그 스크린 위에 생각, 감정, 기억, 영상이 떠오른다면, 구름처럼 떠서 지나간다 생각하고, 가만히 지켜보십시오. 무엇이 떠오르든지 가만히 바라봅니다.

괴로운 영상이라서 보기 힘들다면 그 스크린을 꺼도 됩니다.

하지만, 조금이라도 버틸 만하다면 소리를 줄이고 화면을 줄여서 가만히 버티면서 바라보십시오.

하나의 생각이나 영상이 지나가면 새로운 영상이 떠오를 때까지 다시 '기다립니다.'

다른 데 신경 쓰지 말고 공부만 해

부모는 아이가 공부 '행동(action)'을 잘하기를 바라는데요. 그러려면 '상호행동(interaction)'을 무시해서는 안 됩니다. 모든 '행동'은 '상호행동' 안에 있습니다. 아이는 공부와도 '관계'를 맺습니다. 영어책 선전에서 볼 수 있듯이, 공부를 단기간에 '뽀개고', '끝장내고', '죽이고(killing)', '지배하는 것'으로 생각하면 문제가 생깁니다. 어쩌다 잡혀도 공부는 달아납니다. 공부를 대하는 태도로 다른 관계도 오염됩니다. 즉 자기 자신을 대하는 태도에서도 지배적이고 배려심이 없기 때문에 우울과 불안증에 시달릴 수 있고 다른 사람과의 관계와 사회생활에도 문제가 생깁니다. 이 책에서 다룬, 공부 잘하는 아이들의 많은 문제점이 여기서 비롯되었다고 볼 수도 있어요. 부모와의 관계도, 공부와의 관계도, 자신과의 관계도 문제가 생기죠. 나중에 아이가 가질 직업과의 '관계'도 그렇고요. 직업에서의 성공은 '돈'과의 관계, 같이 일하는 사람이나 다른 사업체와의 관계, '성공'과의 관계입니다(제가 가족세우기를 할 때 의인화해서 다루는 주제이기도 합니다).

공부와 관계 맺는 능력

공부가 맘대로 안 될 때에도 공부를 기다려주고 밀당(밀고 당기기)을 하면서 꾸준히 관계를 맺을 힘이 있어야 꾸준히 공부합니다. 시험 결과가 좋지 않아, 즉 **공부가 자기를 실망시키고 배신하더라도 좌절과 슬픔을 딛고 다시 관계를 맺는 능력이 있어야 성공합니다.**

부모님들이 '다른 것 신경 쓰지 말고 공부만 하라'고 하는데 아이는 기계가 아닙니다. 온갖 상호작용과 크고 작은 스트레스에 노출되어 있죠. 신경이 쓰이는 일은 아이에게 중요한 일입니다. 그리고 아이들의 고민은 '관계'에 대한 것이 많습니다. 고민을 잘 해결하고 정리할 수 있는 능력, 이런저런 일에 마음을 뺏기고 속상할 수 있는 상황에서 **균형 잡을 힘**이 있어야, '신경 쓰지 않고 공부할 수' 있습니다. 무엇보다 아이가 삶을 잘 헤쳐 나가는 진짜 능력을 갖게 됩니다.

학습의 길과 결을 알아차리기

발달이 느린 아이들이 기적처럼 머리가 트이고 발전하는 것을 자주 경험한 소아정신과 의사로서, 발달과 공부는 자기 학습(self learning)이라는 측면에서 같다고 봅니다. 뇌신경계의 회로가 연결되어야 합니다. 어떻게 아이들의 눈과 표정에 공부(배움)에 대한 반짝이는 호기심과 반가운 빛이 나오게 할 수 있을까요? 어떻게 아이 안에 있는 잠재력이 깨어나고 공부의 원리를 깨치는 마법의 순간을 경험하게 할 수 있을까요? 억지로 시키고, 강압적으로 대하고 참견하기보다, 적절한 따듯함과 눈맞춤, 미소로 아이와 안정된 관계를 맺고, 아이들이 학습의 길과 결을 인식하면서 자기만의 길을 찾게 도와야 합니다. 그러려면 부모도 스스로 길을 찾아가면서 좋은 에너지를 충전하고 고요하고 편안해져야 합니다. 부모가 조급하고 불안해서 강압적이고 우왕좌왕하게 되면 아이들도 힘들고 뇌신경계도 학습모드에 들어가지 못합니다. 부모가 인생에 대해서 지속적으로 탐구심을 갖고 몸 공부 마음공부를 해야 하는 이유가 여기 있습니다.

전부 다 이야기해!

진료실에 와서도 "너 힘든 건 전부 다 이야기해야 돼" 라고 옆에서 아이에게 확인시키듯 말해주면서 나가시는 부모님들이 계십니다. 숨기지 않고 다 말하면 상담이 잘 될 거라고 믿으시는 겁니다. 여러분은 그런 말을 듣는다면 어떨 것 같으세요? 속에 있는 힘든 것들을 더 잘 술술 이야기하게 될까요? 학습이든 상담이든 마음은 그렇게 해서 열리지 않겠죠? 상담의 목적은 '마음속에 있는 말을 다 하는 것'이 아니고 아이의 마음이 편해지고, 아이가 '변화'하는 겁니다. 말을 적게 해도 감동이 있고, 몸과 마음이 움직여지고 아이행동이 변할 수도 있답니다. 학습은 이런 것이다. 상담은 이런 것이다. 이렇게 믿는 부모님의 생각이 아이의 자연스럽고 자발적인 학습을 막을 수도 있습니다.

정서 균형 맞추기

정서 상태가 좋다는 것은 무엇일까요? 바로 감정의 균형을 잘 맞춰 나가는 능력입니다. 기분은 좋을 수도 있고 나쁠 수도 있기 마련입니다. 마음의 균형은 수시로 깨질 수밖에 없습니다. 그렇더라도 크게 쏠림이 없이 평정을 갖는 힘, **균형 감각**입니다. 이 능력만 있으면 앞으로 성장해 나갈 가능성도 많아집니다. 도전할 수 있는 용기도 정서 영역입니다.

부모가 롤모델이 될 수 있습니다. 부모의 감정 상태는 파장처럼 전달되어 아이의 감정 상태까지 흩트려 놓습니다. 적어도 자신의 불안한 정서 상태를 아이에게 던져서 오염시키는 버튼을 누르지 않는 게 아이에게 도움이 되겠습니다.

자신을 다독이고, 위로하고, 긍정적인 생각을 하고, 힘을 실어주는 정서는 어떻게 배울까요? 저는 몸과 마음의 '중심'을 인식하고 '균형'을 잡는, 일상에서 활용할 수 있는 구체적 훈련을 함께 합니다. 심리적인 방법도 많이 있지만, 몸이 숨어 있는 비밀 키입니다. 다음 장은 몸에 대해서 이야기 나눌게요.

공부도 몸으로 하는 거다

몸의 균형이 감정의 균형 감각이다

몸, 감정, 생각도 '균형' 잡는 게 중요하지요? 그러려면 균형 감각이 좋아야 합니다. 그리고 이 세 가지의 균형은 서로 연관성이 있습니다. 몸으로 균형을 잘 잡으려면, 귀에서의 전정계, 소뇌, 몸 곳곳의 관절과 인대에 있는 고유감각이 뇌에 잘 연결이 되어 있고 원활히 기능해야 합니다. 저는 감정 기복이 심한 청소년이나 부모님들께 몸을 사용하는 운동이나 천천히 몸을 느끼는 활동을 권합니다. 눈이나 귀를 혹사하지 않고 전체 **몸을 인식하는 활동**이 중요해서 부모님과 청소년을 위한 온라인 마음훈련 시간에 실제로 연습해보곤 합니다. 부모님이 몸과 마음에 균형을 잘 잡으면 아이도 좋아집니다. 서로 물리적으로는 분리되어 있지만, 파동으로 사람들은 연결됩니다. 특히 가족은 더욱 그렇습니다. 고전 물리학을 넘어 양자물리학으로 이런 현상들은 설명되기도 합니다.

생각과느낌 몸마음 클리닉

20년 전 처음 개원할 때부터 생각과느낌 정신건강의학과는 명칭을 '마음 클리닉'이 아니라 '몸마음 클리닉'으로 시작했습니다. 생각과느낌 소아청소년 성인 몸마음 클리닉으로 말이지요. 그만큼 마음을 좋아지게 하기 위해 몸을 중요하게 여겼습니다. 제 스스로가 몸과 관련된 공부를 계속해오고 있었기 때문이었고, 최면이나 감각통합 같은 방법으로 몸을 변화시키면서 내담자들의 정신적인 문제가 쉽게 해소되는 것을 알고 적용해왔기 때문입니다. 그리고 지금까지 마음 건강을 돕기 위해 몸을 사용하는 방법들을 다양하게 적용해오고 있습니다.

EMDR(안구운동 민감소실 재처리 요법, Eye Movement Desensitization and Reprocessing), 펠덴크라이스 기법(Fendenkrais Method), 알렉산더 테크닉(Alexander Technique), 제레미 크라우스 어프로치(Jeremy Krauss Approach), 응용 근신경학(Applied kinesiology), Body-Mind Centering, Biomechanic CST(Craniosacral Therapy)를 넘어선 Biodynamic CST(생역동적 두개천골요법), 감각통합치료(Sensorymotor psychotherapy), 심신통합치료, 한국 전통 몸마음 수련, 몸 명상, 가족세우기(Family Constellation) 등입니다.

그래서 우리 기관 생각과느낌을 찾는 내담자들은 아이든 성인이든 빠르게 호전된다고 느끼곤 합니다.

숨 잘 쉬기

진료실에서 아이들을 만날 때 걷는 모습, 자세, 표정, 몸의 협응력 등을 관찰합니다. 그런데 자세가 좋지 않고 숨 쉬는 기능이 약해 보이는 경우가 많습니다. 오랫동안 숨을 죽여가면서 공부를 했기 때문이죠. 몸이 건강하고 뇌신경계가 잘 작동하려면 호흡이 중요합니다. 음식과 물을 안 먹어도 며칠을 버티지만, 숨은 단 몇 분만 제대로 안 쉬어도 치명적이죠? 우울증, 불안증을 느끼면 호흡이 변합니다. 숨이 작아지거나 옅어집니다. 특히 공황장애는 숨이 제대로 안 쉬어지는 증상을 보이죠. 좋은 심리치료, 약물치료를 받아도 몸이 변하지 않으면 좋아지는 데 시간이 오래 걸립니다.

호흡이 잘되면 신체도 편안해지고, 뇌에도 적절한 산소 공급이 되고, 학습 기능도 향상될 수 있습니다. 정서도 좋아집니다. 호흡은 폐가 하지만 횡격막 자체가 움직임이 좋아야 하고 흉곽이 공간 안에서 자유로워야죠. 그래서 저는 진료실과 몸마음 공부 시간에 자연스럽게 편안한 호흡 훈련을 함께 해보곤 합니다.

억지로 힘을 주어 등을 펴는 방법은 도리어 다른 긴장을 만들어 낼 뿐입니다. 횡격막을 느끼고 뇌와 연결하고, 목과 등을 인식하는 다양한 방법으로 자세와 호흡이 변화합니다. 좋은 자세는 불필요한 긴장과 에너지를 소모하지 않게 해서 목적으로 하는 행동을 효율적으로 수행하게 합니다.

하루에 5분 달리기

여러 호흡 수련 방법이 있겠지만, 자연스러운 것이 제일입니다. 틈틈이 적절히 뛰고 가쁜 숨을 쉬는 활동이 필요합니다. 저는 아이들과 부모님께 하루 5분 정도 숨이 헐떡일 정도로 뛰라는 처방을 많이 냅니다. 숨을 헐떡일 정도 하는 신체활동(달리기, 수영 등)을 중고등학교로 갈수록 많이 못하게 됩니다. 땀을 뻘뻘 흘리면서 학교에서 축구, 농구를 하는 남자아이들은 그래도 낫지만, 운동하기를 싫어하거나, 잘 못하거나, 친구관계가 원활하지 않는 남학생들, 그리고 여학생들은 더 안 움직이게 됩니다. 최근에 근처 여고에서 아침에 운동장에서 함께 달리기를 한다는 말을 들었는데 좋은 방법이라고 생각합니다.

수능 전날까지 운동하세요!

공부하려면 몸이 건강하고 체력이 받쳐줘야 합니다. 감정이 불안하고, 몸이 약한 수험생들에게는 수능 전날까지도 운동하라고 말해주곤 합니다. 심지어 수능 날에도 가능하면 아침에 걸어서 시험장에 가고, 점심시간에는 식사 후에 계단을 걷고 스트레칭을 하고 기지개를 펴고, 걸어보면서 몸을 쓰는 것이 좋습니다. **공부도 몸으로 하고 시험도 몸으로 치는 겁니다.**

몸, 마음을 잘 보살피는 새 앱 깔기

자기를 돌봐준다는 것은 어떤 걸까요? **심리적인 자신감, 자기 돌봄도 몸을 바탕으로 합니다.** 무엇보다 적절히 만져주고, 씻어도 주고, 몸을 살펴주어야지요. 잔소리를 해야 씻고, 치아 관리도 안 되고, 불을 켜놓고 잠이 드는 아이들. 때로는 너무 씻는 시간이 길어서 학교 시간에 못 맞추는 등 강박증을 의심해야 하는 아이들이 있습니다. 지나치면 병이죠. 양쪽 모두 자기 관리가 적절하게 안 되는 상태입니다. 뇌신경계에 있는 자기 관리 프로그램에 오작동이 난 것입니다.

저의 진료는 함께 오작동 앱을 지우고 효율적인 앱을 새로 설치하는 시간이기도 합니다. 휴대폰 단말기와 뇌신경계, 몸의 작동방법은 유사합니다.

집안일 시키세요

아이가 공부를 잘 안 하고 싶어 할 때는 체육활동이나 예체능 활동을 시키고, 여유 시간을 충분히 누리게 하고, 가정 내에서도 집안일 많이 하게 하세요. 같이 요리도 하고, 설거지도 하고, 과일도 깎게 하세요(단 이런 시간에 잔소리는 금물입니다). 이런 활동을 하느라 학습 시간을 뺏길 것 같지만, 절대 그렇지 않습니다. 눈과 귀와 손을 계속 훈련하면서 기본 뇌회로를 연습시켜놓는 기다림 과정입니다. 이런 기본 움직임들이 나중에 공부하는 몸으로 연결되어도 좋고, 그렇지 않다고 해도 아이는 이미 일머리가 많이 생겨 어떤 직업을 갖든지 성공 가능성이 높습니다.

> 의대생 소희 씨는 틈틈이 카페 알바를 한다. 중고등학생들 공부 과외 수업을 해주면 시간당 수입이 많지만, 최저시급을 받고 카페 알바를 하는 게 더 즐겁다. 커피를 좋아하고, 중학교 때 따두었던 바리스타 실력으로 카페라테를 만들면서 그림을 그리는 것도 재미있다. 그리고 무엇보다, 카페 일을 하면서 본인이 많이 성장함을 느낀다. 기업체를 운영하는 부모님 밑에서 부유하게 컸고, 도우미 아주머니들이 집에 왔었기 때문에 소희 씨는 집안일을 해본 경험이 별로 없다. 몸으로 하는 알바를 시작하면서 자신이 놀랄 정도로 일머리가 없다는 사실에 놀랐다. 앉아서 공부만 많이 해온 탓도 있다. 일하면서 머리와 손이 점점 연결되어가고 있다고 느끼고 동작이 능숙해졌다. 가게에 오는 손님들에게 큰 소리로 인사를 하면서 작았던 목소리도 커졌고 성격도 밝아졌다.

뇌를 살아나게 해요

저는 유치원, 초등학생에게도 집안일을 시키라고 권합니다. 청소년은 말할 것도 없습니다. 집안일하는 걸로 보상을 주는 것도 적절치 않다고 생각합니다. 가족 구성원으로서 집안일은 원래 같이 해야 하는 것입니다. 자기 옷 세탁과 챙겨 넣기, 설거지, 재활용 쓰레기 버리기, 식탁 차리고 치우는 것을 함께 해보다 나중엔 스스로 맡아서 할 수 있습니다. 차려놓은 밥상에 불러도 나오지 않고, 반찬 투정을 하게끔 버릇을 들이지 마세요. 그런데 아이들은 집안일을 하려고 해도, 부모님들이 "너는 가서 공부나 해, 그럴 시간에 가서 책을 봐"라는 말을 듣는다고 합니다. **뇌 활동을 위해서도 집안일을 시켜주세요.**

일을 하면 인생에 도움이 되어요

한국에서는 법적으로 15세 이상이 되면 합법적으로 아르바이트를 할 수 있습니다. 방학 때 학원만 다니고 남는 시간에 부모님과 싸우면서 휴대폰만 들여다볼 게 아니고, 실제로 아르바이트하면서 돈을 벌게 되면 도리어 공부에 도움이 됩니다. 노동하면서 머리도 맑아지고, 세상을 살아가는 아이디어도 얻고 공부를 어떻게 해야 할지 더 큰 시야로 바라보는 시간이 될 수 있습니다(안전하고 오픈된 곳에서 일할 것을 추천합니다).

편의점, 커피숍, 음식점 등에서 일하면서 얻는 것이 많습니다. 큰 소리로 목소리 내기, 사람을 응대하는 일, 여러 일을 동시에 처리하기, 설거지 모아서 하기, 일 순서 정하기, 모두 뇌 훈련을 시키는 것입니다. 이 모든 것이 아이가 살아가는 데 도움이 됩니다. 나중에 자기 사업을 해보려 해도, 부모의 사업을 물려받는다고 해도요.

귀한 아이들일수록 일을 시켜야 합니다. 재벌집 아들, 딸이라도 실생활 감각과 경제관념이 있어야 합니다. 그리고 흔히 부모님들 이야기하듯이 안 되면 카페라도(?) 해야 하는데 무얼 하든 성공하려면 일 경험이 있어야 합니다. 알바해 보고 너무 힘들어서 차라리 공부가 낫겠다고 마음먹고 공부를 열심히 하는 아이들도 있습니다.

운도
능력이다

입시에는 운이 작용한다

대학입시를 위해 어릴 때부터 차근차근 준비해 나간다 해도 미처 생각지도 못할 많은 변수가 생깁니다. 그중 큰 변수는 '운'입니다. 수능을 치르고 대학입시를 경험해본 사람들은 공감할 겁니다. 수능 대박이 실제로 있고, 출제 방향이나 난이도 조정이 갑자기 달라져 수능성적 계산에서 유리해지기도 합니다. 꼭 붙을 거라고 생각했던 과에 사람이 몰려서 안 되기도 하고 갑자기 추가합격 이동이 많아 생각지도 못한 좋은 과에 합격하기도 합니다. 내신도 수능성적도 좋지 않는 데도, 다양한 수시 전형 방법의 빈틈으로 평소에 갈 수 없다고 생각했던 학교에 척 붙기도 합니다. 인생의 많은 다른 일도 그렇지요. 사업의 성공, 인간관계의 인연도 마찬가지입니다. 운이 중요합니다.

오는 운에게 문을 열다

운(運)은 움직인다는 뜻입니다. 좋은 기운이 운반되고 있다는 의미로 해석할 수 있습니다. 기운(氣運)이라는 글자에도 '운'자가 들어가 있죠? 에너지가 움직인다는 뜻입니다. 흔히 운은 우리가 마음대로 할 수 없는 것으로 생각합니다. 하지만 좋은 운이 지금 이 순간에도 하늘에서 비처럼 쏟아지고 있을지 모릅니다. 중요한 것은 그렇다는 사실을 이해하고, 어떻게 자신을 흠뻑 적시고 많이 받을 수 있을 것인가를 생각하는 것입니다. 좋은 운을 쫓아간다고 생각하기보다 항상 오고 있는 운에게 어떻게 문을 열지를요.

삶의 작동원리

성공한 사람들에게 성공의 비결을 물어볼 때 "운이 좋았어요"라고 말을 합니다. 그 운을 여러 가지로 표현할 수 있을 겁니다. 종교를 가진 분들은 하나님, 예수님의 은혜, 부처님의 도우심으로 말이죠. 공통적인 것은 **"우리를 넘어선, 우리를 좋은 길로 이끌어 주는, 큰 힘"**이라고 볼 수 있겠지요. 즉 우리 노력을 넘어서 작용하는 알 수 없는 어떤 것이라고 이해해볼 수 있겠습니다.

삶의 원리와 근본, 진리가 궁금하기에 철학, 종교, 인문학, 과학 등이 발전해왔습니다. 성공의 법칙을 이야기하는 많은 책에서도 그런 원리에 관해 설명합니다. 그렇지만 각자의 삶에서 어떻게 이런 작동원리가 어떻게 되는지는 스스로 겪어보지 않으면 알기 힘듭니다. 사람들은 태어나서 죽는 삶의 과정 중에서 그 원리를 점점 더 깨칩니다. 중요한 것은 인간이 이 큰 힘 앞에서 매우 작고 나약한 존재이면서도 귀한 존재라는 사실입니다. 어쩌면 삶의 진실은 이렇게 모두 두 가지 (작고도 귀하다는) 반대되는 요소가 섞여 있는 것일지도 모릅니다.

성공이 나한테 달려 있다?

부모님과 아이들이 불안한 것은 아이의 성취와 성공을 포함한 모든 것이 본인의 노력 여하에 달려 있다고 믿기 때문입니다. 자신의 손에, 자신의 결정에 모든 것이 달려 있다고 생각한다면 얼마나 긴장되고 불안할까요?

어떤 기업가에게 성공의 비결을 물어봤더니 운칠기삼(運七技三)이라고 하시더군요. 운(運)이 7로 작용한다면 자신의 기량(技量), 즉 재주와 노력은 3이라는 말입니다. 뇌도 마찬가지입니다. 뇌신경회로(neural circuit) 즉, 신경신호를 직접 전달하는 신경세포(뉴런, neuron)가 10%라면 이런 뉴런을 지지하고 신호조절을 돕는 신경교세포(glial cell)가 뇌세포의 90%를 차지합니다. 뉴런만 중요하다고 말한다면 안 되겠죠? 우리의 삶에 있어서도, 우리가 생각하는 것을 넘어, 보이지 않는 많은 힘이 작용하면서 우리를 돕고 움직이게 하고 있습니다.

노력해야 성공한다?

운이 아무리 온다고 하더라도 이 3의 요소가 준비가 안 되었다면 운도 소용이 없겠지요. 노력도 중요합니다. 하지만 더 크게 봐야 합니다. 노력을 많이 하지만 이 7의 요소에 해당하는 운에게 자리를 양보하지 않아 도리어 이 큰 운의 요소가 작동하는 것을 막고 있는 상황이 될 수 있습니다. 부모님들이 아이들을 위해 하는 많은 노력이 이 3의 요소만을 생각하고, 나머지 7을 막고 있다고 볼 수 있습니다. 7이 없으면 3도 제대로 작동하지 못합니다.

아이들이 놀 때는 무슨 요소가 작동합니까? 부모의 입장에서는 중요한 3을 하지 않는 쓸데없는 시간 낭비이고 그냥 쉬는 시간일 수 있습니다. (그래서 실제로 많은 부모님들이 아이가 무언가를 의미 있게 배우는 학원 시간표를 짜서 뺑뺑이를 돌립니다. 시간이 아까우니까요.) 하지만 이때가 바로 7이 작동하는 시간입니다. **우리의 눈과 귀가 외부 자극에서 잠시 벗어나, 자신의 몸과 마음에 집중하며 노는 시간을 가질 때, 많은 창의적인 일들이 일어납니다. 우리가 섭취한 정보들이 하나로 연결되며, 더 큰 통찰과 깨달음이 일어나는 순간이기도 합니다.**

진인사 대천명

"진인사 대천명"(盡人事 待天命)이라는 말을 들어보셨을 겁니다. 사람이 할 수 있는 것을 다하고, 하늘의 뜻(天命)을 기다린다는 말입니다.

우리를 넘어서는 큰 하늘의 뜻이 있다는 것을 알기에 기다릴 수도 있는 것입니다. 그리고 그 힘이 작동하기 좋은 상황을 만드는 것을 인간으로서 다하자는 말입니다. 그렇다면 기다린다는 것은 무엇일까요?

제가 부모님들과 함께 하는 몸마음 공부 시간에 집중적으로 하는 것이 바로 이 기다림에 관한 것입니다. 기다릴 줄 모르는 조급한 마음이 불행을 만듭니다.

기다리는 게 지루하고, 자신을 억제하고 눌러야 하는 수동적인 행위라면 우리는 기다릴 수가 없습니다. **흥미진진하고, 호기심 넘치는 적극적인 기다림을 우리는 연습해야 합니다. 이렇게 삶의 작동원리를 알고 큰 힘에 자신을 열어 놓는 것 그리고 열심히 자신이 할 수 있는 부분을 겸허하게 하는 것이 성공의 비결, 입시의 비결입니다.**

작은 성공
그 이후

좋은 성적으로 입시에 성공하는 것, '학부모들의 바람일 것입니다. 열차의 종착역처럼 보이기도 합니다. 그렇다면 그렇게 성공한 아이들의 사연을 보면서 더 큰 성공에 대해서도 생각해보기로 해요.

우리 애도 잘 되긴 했지만

초등학교 때부터 같은 아파트에 살고 있고, 이동이 별로 없는 곳이라 대학교를 어디 갔는지도 다 소식이 들려요. 우리 아이는 여기 아파트단지 내에 있는 중학교에서 1등이라 유명했어요. 남들이 다 아는 특목고에 진학했고 너무 자랑스러웠죠. 대학도 좋은 곳으로 잘 갔습니다. 그런데 나중에 보니 우리 아이보다 공부를 잘 못했고 특목고는 생각지도 못해서 일반고에 간 아이들이 더 좋은 대학을 들어간 경우가 꽤 있네요. 축하해 주어야 할 일이지만 기분이 별로네요.

속상할 수 있어요.

그럴 수 있습니다. 이 말의 첫 번째 의미는 우리 아이가 잘 되었어도, 주위 사람이 우리 아이보다 더 잘됐다는 소식을 전할 때 기분이 별로일 수 있다는 겁니다. 인간으로서 자연스러운 감정이랍니다. 남과 비교되는 순간 사람은 기분이 묘합니다. 그래서 행복의 제1조건이 '남과 비교하지 않는다.'입니다.

'그럴 수 있습니다'의 다음 뜻은 잘 못했던 아이들이 더 잘 나갈 수 있는 것이 일어날 수 있는 일이라는 겁니다. 몇 년에 걸쳐서 또 바뀌게 됩니다. 아이들의 잘 나감은 10대 전반기와 후반기가 달라지고, 20대와 30대에 또 달라집니다. 모두들 자기 길을 따라 갑니다.

가는 곳이 다 달라요

횡단보도에 차들이 신호를 기다리고 있을 때 옆 차와 괜히 경쟁하는 마음이 들어 저 차는 무슨 브랜드냐, 누가 탔나, 쳐다보고, 누가 더 앞으로 나와 있나, 누가 조금이라도 더 빨리 출발하나 신경전을 벌일 수도 있죠. 하지만 신호등이 바뀌고 각자 목적지에 따라 길을 가는 것과 비슷합니다. 잠시 함께 머물던 14살의 학교 때는 눈에 띄지 않았지만, 근사한 목적지로 향하는 차도 있습니다. 지금 공부도 못하고, 인물도 못나 보이고, 별로 잘하는 것도 없어 보이는 아이들이 때가 되어 능력이 확 올라올 때가 있습니다. 좀 인생을 살아보신 부모님은 주변에서 많이 경험하셨을 겁니다. 그렇게 보면 지금 별 볼 일 없어 보이는 내 아이도 어떻게 잘 될지 모르는 일입니다. 인식하고 가능성을 여는 만큼 미래는 지금도 변화하고 있습니다.

찬란했던 기억에 감사

> 저희 아이는 수석으로 고등학교에 입학했어요. 의대에 유리하다고 해서 일부러 일반고로 진학을 했죠. 입학식 날 선서를 하는데 어찌나 뿌듯하던지요. 그런데 불안이 높은 아이라 그런지 수능 성적에서 삐끗해서 꿈꾸던 가장 좋은 의대에 수시로 진학을 못 하고 지방의대에 갔어요. 재수로 다시 도전했는데도 결국 안 되었습니다. 그런데 고등학교 때도 공부도 못하고 말썽만 피우던 아이들이 재수, 삼수를 해서 더 좋은 의대에 갔네요. 제 속이 좁은 건지 기분이 별로네요.

이 엄마의 사연도 앞의 사연과 비슷하죠? 이렇게 아이들의 상태는 롤러코스터를 탑니다. 똑똑한 아이를 키우고 아이가 좋은 성취를 하는 것은 부모에게 기쁨을 줍니다. 그런데 아이들은 잘 나가는 때가 다르고 효도하는 때도 다릅니다. 대학도 못 가고, 놀러만 다니다가 사업에 큰 성공을 하는 아이들도 있습니다(지금은 과거에 비해 특히 그런 성공이 가능하고 조명받는 시대입니다). 하지만 그 결과는 내가 만든 것도 아니고, 아이가 노력을 해서만도 아닙니다. **어떤 큰 흐름에 아이에게 속해 있다는 생각, 그리고 그 흐름에 의해 쓰임 받는다는 생각이 부모 마음**

을 겸손하게 합니다. 내 아이의 찬란했던 시절에 감사하면서, 또 아이의 찬란한 미래가 올 것을 넓은 마음으로 기다려 봅니다. 그리고 그 찬란하다는 의미는 남보다 앞서간다기보다 좀 더 다른 아름다운 것입니다.

친구가 잘되면 콩고물이라도 떨어진다

좋은 대학에 간 친구들이 마음에 맞는다면 친하게 지내라고 하십시오. 피해의식을 느낄 게 아니라 좋은 위치에 간 친구들은 그만큼 능력이 있는 친구들이고, 함께 교류하면서 우리 아이가 얻게 되는 것도 많을 겁니다. 서로 자극도 받고 도움이 될 수 있습니다. 잘 나가는 회사에 친구가 먼저 이직하고, 아이가 이직하는 걸 여러모로 도와주는 경우도 있고요. 정보도 얻을 수 있습니다. 그렇게 보면 완전 남보다 주변에 있는 사람이 잘 되면 내게도 좋을 수 있습니다. 질투해서 멀어지기보다 마음을 조금 넓게 쓰면 결국 나에게 유익합니다. 아이도 그런 마음을 가지려면 부모의 마음부터 넓어져야 합니다.

언제까지 이 열차가 달려야 할까요?

희수는 대치동에서 크면서 공부를 잘했고, ○○외고에 진학해서도 여전히 상위권의 성적을 유지했다. 그러나 정작 본인은 불안감에 시달렸다. 시

> 힘 때마다 너무 괴롭고 죽을 것만 같았다. 그래도 잘 이겨내고, S대 자유전공학부에 진학했고, 로스쿨 진학을 무난하게 할 정도의 성적을 또 받고 있다. 아이의 자존감을 지탱해오는 '성적'이 능력을 계속 증명해 주고 있으니 성공적인 삶이라 할 수 있을까? 하지만 희수의 삶은 불행하다. "제가 로스쿨을 나오고 최고 로펌에서 근무를 하고 계속 또 제 삶을 갈아 넣겠죠. 성공이 보장되어 있어도 저는 무서워요. 두려워요. 언제까지 이렇게 살아야 할까요?"

희수는 누구나 인정하는 능력자입니다. 하지만 이렇게 똑똑한 희수가 이제 배워야 하는 것은 행복해지는 방법입니다. 희수가 믿었던 '높은 성적'이라는 행복의 길이 이제 더 이상 행복의 길이 아닙니다.

자유로워지는 법 배우기

다른 방법을 찾아야 합니다. 희수가 자유로워지는 방법을 배우지 않는다면 불로 뛰어드는 불나방처럼 위험한 지점까지 갈 것입니다. 이제는 조금 다른 방법으로 더 똑똑해질 필요가 있습니다. 쉬지 않고 달리는 그 괴로운 기차는 종착역도 없습니다. 행복역도 지나칩니다. 지금까지 달려온 기차가 끝도 없는 지옥 역으로 향하지 않고 행복역에 도달할 수 있도록 변화하면 됩니다.

기차에서 적응이 힘들어서 어쩔 수 없이 내리게 된 아이들이 패배자로 보이나요? 그렇지 않습니다. 일시적으로는 불행처럼 보여도 결국 아이의 삶에서는 선물이 될 수 있습니다. 기찻길이 하나가 아니고 수많은 노선이 있다는 것을 이제는 아니까요. 역에서 잠깐 쉬다 보니 다음에 오는 급행열차를 탈 수도 있고요. 알고 보니 더 쾌적하고 좋은 새로운 노선의 기차를 갈아타기 적합한 때였다고 느낍니다.

대학을 잘 가는 건 작은 성공, 중간역에 불과합니다. 지속적인 성장과 성공이 가능한 몸과 마음을 만들어 주면 그 너머 무수한 행복역으로 갑니다.

행복으로 가는 열차

행복역으로 가는 다양한 열차노선

부모님들은 아이들이 '행복'하기를 바랍니다. 그래서 좋은 대학을 가기 위해 열심히 '교육'을 시킵니다. 좋은 대학이 바로 성공과 행복이라 믿는 것이지요. '행복역'이 종착역이라면 '입시성공역'은 중간역입니다. 이 입시성공역으로 가는 길도 다양한 방법이 있고 열차 노선도 많습니다. 하지만 마치 노선이 하나인 것처럼 알려져서, 모두가 같은 열차에 탑승해야 한다고 믿기 때문에 비극이 일어납니다. 어떤 때는 잘못된 열차인데 사람들이 몰립니다. 심지어 지옥행 열차를 경쟁적으로 타려고 합니다.

건강하고 행복하게 삶의 어려움들을 잘 풀어나가는 능력을 획득하는 것. 그래서 '영혼의 레벨이 높아지는 곳'이 인생의 진정한 행복 종착역이라고 말하고 싶습니다. 그 곳은 함께 잘살아야 자신도 잘산다는 것을 아는 역입니다. 그 최종 목적지를 잘 숙지하고 있는 사람들은 중간역과 노선도가 잘 보여서 길을 잘 찾습니다.

부모님들이 넓게 멀리 보는 시야를 갖고, 열차를 잘 감별해서 타고, 상황에 따라 유연하게 잘 갈아타서 종착역까지 잘 가시도록 이 책에서는 안내하고 싶었습니다.

선택할 수 있는 다양한 길을 아는 능력

저는 몸마음 공부 시간에 참석자들과 함께 몸의 길을 인식하고, 그 결에 따라 몸을 사용하는 시간을 갖습니다. 예를 들면, 팔을 쓰는 방법을 한 가지밖에 몰라 그 방법만 쓰게 되면, 어깨가 탈이 날 가능성도 많고, 연이어 허리나 고관절이 아플 수도 있습니다. 서로는 근막으로, 결합조직으로 연결되어 있으니까요. 우리 몸에 다양한 길을 사용할 수 있는 회로가 생기면, 마음도 유연해지고 자신감이 생깁니다. 우리는 몸을 쓰는 방식으로 마음을 쓰는 경향이 있습니다. 몸과 마음은 연결되어 있기 때문이죠.

아이의 삶도 마찬가지입니다. 아이가 직업을 가지고, 경제활동을 하고 살아가는 방법은 부모님이 생각하는 것보다 훨씬 다양합니다. 사회가 점점 달라지고 있는 상황에서 부모님도 함께 변화하며 길을 찾아가야 합니다. '내가 지금 믿는 것이 틀릴 수도 있다'라는 사실을 인정할 수 있는 넓고 유연한 마음이 소중합니다. 새로운 역과 노선은 계속 개통이 되고 연결되고 있는데, 과거 노선만 고집하면 안 되겠지요? 불이 붙은 위험한 터널로 열차가 진입해서도 안 되고요.

공무원하다가 SKY 갔어요

> 서유는 중학교 때 공부를 못했고, 강남구의 모 특성화고에 진학했다. 그런데 졸업 후 채용시험에 합격해 이른 나이에 구청의 공무원이 되었다. 업무가 힘들어서 우울증 치료를 받기도 했지만 잘 이겨냈고, 당차게 근무를 잘 해 나갔다. 게다가 특례로 SKY 중 하나인 ○○대 ○○○과에 합격해 휴직하고 다니게 되었다(공부만 했더라면 꿈도 꿀 수 없었던 학교라며 서유는 웃었다).

명문대는커녕 인서울 대학에 가는 것도 힘들다는 현실을 깨닫고 좌절하는 강남 일반고의 수많은 아이에 비해 좀 특이하지만 다른 길을 걸어간 서유의 경우는 함께 살펴볼 만합니다. 당장 그 특성화고가 어디고, 무슨 전형으로 명문대에 합격했는지, 궁금해서 찾아보는 부모님이 계신가요? 그렇다면 정말 중요한 것을 놓치고 있으신 겁니다.

특성화고의 졸업생이 공무원이 쉽게 되던 때가 있을 것이고, 명문대에서 현직에 있는 사람들을 위해 특별전형이 있을 때가 있었을 겁니다. 몇 년이 지나서 상황이 달라졌는데 그것만을 목표로 아이를 준비시키겠다는 것은 아니시겠죠? 큰 흐름을 읽어주세요. **인생열차, 입시열차의 역과 노선은 계속 생성되고 없어지고 있습니다. 나와 내 아이가 편안하고 즐거운 열차 노선을 알아차리고, 타고 내리는 감각이 필요합니다.**

무조건 남 따라하지 말라

서유의 경우도 처음부터 이 모든 것을 '계획'한 것은 아니었습니다. 좋지 않은 자신의 상황에 따라 거기에 맞게 최선의 선택을 하면서 걸어간 것뿐입니다. 부모님들이 한 길만 생각하고 너무 아이를 몰아세우지 않아도 된다는 걸 알려드리고 싶습니다. 무엇이 좋다 하면 한꺼번에 그 열차를 타러 몰려가면서 자신과 아이를 힘들게 하지 말라는 것입니다.

부모님이 샛길 노선을 하나 알아온다고 하더라도, 아이가 그 길을 잘 가줄 지는 또 전혀 다른 이야기입니다. 아이의 길은 본인만이 걸어갈 수 있습니다. 부모가 지도를 주고, 어두울 때 손전등을 잠시 비춰줄 수 있을지 몰라도, 대신 갈 수 없습니다. 아이들만의 농구 경기 리그에 부모가 코트로 들어가 대신 뛸 수 없듯이 말입니다. 아이들은 때로는 천천히 걷고, 어떨 때는 뛰고, 다른 교통수단으로 갈아타고 여러 변수를 스스로 판단해 목적지까지 가야합니다. 부모는 관중석에서 응원만 할 수 있습니다.

19살에 외교관된 아이

> 외국어도 재밌고 해외여행을 좋아하던 태민이는 남들이 내신 성적과 대학입시를 위해 달려가는 고1부터 공무원 시험 준비를 해서 만 19세에 외무영사가 되었다. 혼자서 인강을 듣고, 노량진의 스터디그룹에도 들어가 준비도 했는데, 학교에서는 배우지 않은 헌법 공부가 어려웠지만, 결국

> 합격의 기쁨을 누렸다. 마침 정부가 고졸 청년인재들의 공직 진출 기회를 늘린다며 5급, 7급 시험 응시 연령을 18세로 낮춘 상황이었다. 이미 9급 공무원 시험에 합격해 자신감이 생긴 상태에서, 7급 외무공무원 시험에 도전해 합격한 것이다. 꿈이던 외교관이 되어서 기뻤고, 최연소여서 인터뷰도 많이 했다. "하고 싶은 일이 있는데, 굳이 대학에서 4년을 공부하고 싶지 않았어요. 넓은 세상을 대학 캠퍼스라고 생각하고, 공부하면서 일하고 싶어요."

공무원이 안정적인 직업이라면서 공무원시험을 치르려 하는 사람들이 많아진 적이 있고, 지금도 노력하는 많은 분이 있을 것입니다. 그런데 그렇게 어렵고 힘들게 공무원이 되어서도 만족도가 높지 않거나, 그 생활이 힘들다며 그만두고 나오는 경우도 꽤 있습니다.

태민이가 고졸이라 대졸자에 비해 나중에는 불이익을 받을까요? 적극적인 태민이가 외교관을 하면서, 중간에 대학에 가서 공부하는 것은 어렵지 않은 일입니다. 그리고 세상은 그렇게 독특한 이력을 인정하고, 학벌이 아닌 능력을 존중하는 곳으로 바뀌어가고 있습니다.

다양한 사고를 하고, 선택할 수 있는 길이 많으면, 자유로워집니다. 다른 사람들이 대학에서 삶을 배우고 경험할 때, 일찍 사회 경험을 쌓으면서 일을 배우고, 또 더 하고 싶은 공부나 일을 언제든 할 수 있다는 것이 열린 사고입니다.

최연소 합격도 만들어야지

혹시 최연소가 자랑스럽게 느껴지나요? 저는 최연소 박사 학위 등 각종 영역에서 '최연소'가 되기 위해 주민등록의 생년월일을 바꾸는 경우까지 몇 번 본 적이 있습니다. 모두 부모님이 주도하에 한 일입니다. 누구보다 더 빨리 아이를 성취시키고, 돋보이게 만든 것의 결과는 어떻게 될까요? 그렇게 최연소가 된 아이는 어떤 마음일까요? 최연소를 자랑스러워하고 누구보다 더 빨리 성취하게 하여 뿌듯한 부모가 되고 싶다면 그런 마음에서 물러나는 연습을 해야 합니다.

이렇게 하면 성공하더라, 많은 아이들이 그렇게 했다더라. 이런 것에 너무 현혹되는 것도 정신 차려 경계해야 합니다. **다른 아이들이 할 수 있는 것을 우리 아이가 못할 수 있고, 다른 아이가 할 수 없는 것을 우리 아이는 할 수 있습니다.** 우리 아이를 파악하고, 부모의 성향을 잘 알아야 새로운 정보를 운용할 수 있습니다. 중요한 것은 내가 즐겁게 갈 수 있는 길을 찾는 것입니다. 찾는 데까지는 시간과 기다림이 필요합니다.

인생은 새옹지마

이 책을 읽는 많은 분은 이제 아실 겁니다. 인생은 새옹지마라고. 좋은 일이 나쁜 일이 되기도 하고, 최악의 사건이 좋은 일이 되기도 한다는 것을요. 수능 만점을 받아 부모와 함께 영상 인터뷰를 한 학생이

범죄자가 되었을 때 많은 사람이 그 영상으로 학생과 부모를 비난했습니다.

태민이의 경우도 마찬가지입니다. 19세에 외무영사가 된 것이 아이의 삶에 있어서 축복일까요, 아닐까요? 왕관의 무게를 감당할 수 있는 사람만 왕이 되는 것처럼, **좋은 일을 감당하고 누릴 만큼 몸과 마음을 닦아야 좋은 일은 더욱 좋은 일로 발전할 것입니다.**

내가 좋아하는 나다운 길을 간다

다른 아이들의 성공담은 들어보면 짜증이 날 때가 많습니다. 자극되기보다 우리 아이의 현실과 너무 다른 것을 확인할 때도 많습니다. 성공담을 듣고, 불안해지고, 내 아이를 도리어 압박하게 되지 않기를 바랍니다. 아이의 대학합격이나 자격증 시험에 합격한 것이 삶의 최종 목표가 아니라는 것도 기억해주세요.

내(또는 우리아이)가 걸어가는 길에는 나(또는 우리 아이)보다 더 잘난 사람도 나타나고, 더 예쁜 사람, 더 돈 많은 사람, 더 부러운 사람이 나타납니다. 이들을 바라보지만, 내가 할 수 있는 것은 항상 가장 나답게 내 길을 가는 것입니다. '나'를 잘 인식하고 알고 배려하면서 말이죠. 내가 좋아하는 나다운 길은 스스로 압니다. 남들의 눈에는 어려워 보여도, 내게는 균형감이 느껴지고, 평안하고 안정감이 들고 힘이 납니다.

말로 표현하기 어려운 길

많은 분이 좋아하고, 서양인들도 사랑하는 도덕경道德經)은 '도가도 비상도(道可道 非常道)'라는 구절로 시작합니다. 도(道)라고 말할 수 있는 것은 도가 아니다. 즉 내가 깨달은 잘 사는 방법(길)은 미묘해서 말로는 정확히 다 표현할 수 없다는 의미로 해석할 수 있습니다. 여러분이 정말 자신을 자유롭게 하는 길(道)을 찾게 되시기 바랍니다. 우리 모두가 도덕경의 말대로 '말로 표현하기 어렵'지만 **각자의 아름다운 길을 찾고 함께 어울려 잘 살면 좋겠습니다.**

항상 진화하고 있는 나만의 길

'도가도 비상도(道可道 非常道)'는 가도(可道)와 상도(常道)를 비교해서 진리의 길은 변하지 않는 딱 한 가지(常道)가 아니고 계속 변하고 있다는(可道) 의미로 해석할 수 있습니다. 즉 내가 찾은 방법에서 멈추는 것이 아니고 계속 변하는 상황에 맞추어 깨달음도 진화해가야 한다는 것을 의미합니다. 내가 발견한 한 가지 길만 맞다 고집할 게 아니고 마음을 열어야 합니다. 이 책에서 제가 이야기하고 싶었던 이야기입니다. **내가 찾은 길이 계속 움직여 가는 것을 인식하면서, 세상과 함께 움직여 나가야 합니다.**

이 책을 읽은 여러분이 마음의 중심을 가지고 유연하게 삶을 헤쳐 나가시는 그 '길'을 진심으로 응원합니다.

부모님을 위한 시간
함께 하는 몸마음 공부

아이들의 어려움을 해결하기 위해 내원했다가, 부모님이 개인 상담, 부부 상담을 받는 경우가 많습니다. 성과 지향성, 조급함과 절박함, 그리고 집착 같은 강박적인 생각과 감정은 열심히 살아온 부모님들에게서 많이 볼 수 있는 행동 패턴입니다. 지금까지는 힘이 되고 성공의 비결이었더라도, 아이들과 가족 전체를 살리기 위해 다른 방식으로 건강해져야 합니다.

가족세우기 프로그램으로 부모님을 만난 것도 15년이 넘어갑니다. 지금은 부모님들과 함께 몸마음공부를 하고, 에너지를 충전하는 시간으로 확장이 되었고, 지방이나 외국에 거주하는 부모님들도 쉽게 들어올 수 있도록 매주 온라인으로 실시간 함께 하는 시간을 갖고 있습니다.

이 심신통합 프로그램의 이름은 〈시간공간〉입니다. 심신통합, 시간공간(心身統合, 時間空間)을 줄여서 심공(心空)이라고 부르고 있습니다. 심공(心空)이라는 단어의 사전적 의미는, '무한히 넓고 큰 마음'입니다. '모든 장애물과 고통이 사라져 평안하게 된 마음의 상태'를 말합니다. 몸과 마음(심신心身, bodymind), 그리고 시간과 공간(시공時空, spacetime)이 어떻게 연결되어 통합적으로 작동하는지 실제로 느끼면서 자신의 삶에서의 행동이 바뀌는 시간입니다. 뇌신경계, 몸, 마음의 길과 결에 대해서 스스로 학습하고, 복잡했던 몸과 마음을 비우고 순수하고 새로운 에너지를 충전합니다.

참여하고 싶으신 분들은 아래 글을 참고하셔서 신청하시고 온라인에서 뵙겠습니다.

온라인 몸마음 공부
〈심신통합, 시간공간〉

생각과느낌 몸마음 건강연구소에서는
손성은 정신건강의학과 전문의와 함께
심신통합 프로그램을 온라인으로 진행하고 있습니다.
복잡했던 마음을 비우고 순수하고 새로운 에너지로 몸과 마음을 충전하는 시간입니다.

대상: 몸과 마음이 더욱 건강해지기를 바라는 누구나
시간: 매주 화요일 오전 10시 (1시간)
      사전 공지 후 간혹 시간 변동될 수 있습니다
장소: 각자 편한 자기만의 공간

방법
1) 조용하고 편한 공간에서 편한 차림으로 준비합니다.
2) 핸드폰이나 컴퓨터에 줌 프로그램을 설치하신 후 보내드리는 줌 회의 주소로 접속해 들어오셔요.
3) 참가 신청하실 때 접속하실 이름이나 닉네임을 알려주세요. 프로그램 진행 시간 10분 전에 줌에 접속해 대기실에 계시면, 주최자가 성함 확인 후 입장하시게 됩니다.
4) 개인 학습과 수련의 시간으로 서로 익명을 원하는 경우가 많아 마이크나 카메라는 끄고 참여하셔도 됩니다.

참가 문의와 신청 : 02-555-4634
         이메일 : putpower@nate.com